REDAKCJA: Danuta Sabała
PROJEKT OKŁADKI: Paweł Panczakiewicz/PANCZAKIEWICZ ART.DESIGN
OPRACOWANIE GRAFICZNE: Elżbieta Wastkowska

PRZYGOTOWANIE ZDJĘĆ: Anna Biała

ŹRÓDŁA ZDJĘĆ: Jacek Poremba: str. 10, 180, 244, Marek Grzelka: str. 47, Kasia Kifert: str. 62, Grzegorz Skowronek/Agencja Gazeta: str. 81, 86, 89, 183, Jakub Ociepa/Agencja Gazeta: str. 104, Szymon Szcześniak: str. 107, 140, Filip Klimaszewski/Agencja Gazeta: str. 128, Wojtek Kornet: str. 134, 243, 261, Artur Rawicz (mfk.com.pl): str. 139, 143, 175, Arkadiusz Bartosiak: str. 193, M. Lasyk/Reporter: str. 207, Jacek Domiński/Reporter: str. 208, Krystian Maj/Reporter: str. 253, Wojciech Malawski © SF Kadr: str. 166, 204

ZDJĘCIE NA OKŁADCE: Jacek Poremba

KOORDYNACJA PROJEKTU: Joanna Cieślewska

MENEDŻER ARTYSTY I PRODUCENT PROJEKTU:
Marek Gajewski / Kayax
+48 601 925 162 / marek@kayax.net

OFICJALNA STRONA ARTYSTY:
www.marekdyjak.com
www.facebook.com/dyjakpl

Warszawa 2014

ISBN: 978-83-927811-8-9
Druk: Drukarnia Perfekt

Wydawcy:

AGORA SA

Agora SA
ul. Czerska 8/10
00-732 Warszawa
www.wydawnictwoagora.pl

KAYAX MUSIC

Kayax Production & Publishing Sp. z o.o.
ul. Obrońców 2B, 03-933 Warszawa
Tel. +48 22 617 11 37
www.kayax.net
www.kayax.net/sklep

MAREK

DYJAK

Arkadiusz
BARTOSIAK

Łukasz
KLINKE

MAREK DYJAK

POLIZANY PRZEZ BOGA

ARKADIUSZ BARTOSIAK – rocznik '75. Kiedyś reporter, dzisiaj reżyser i zawodowy wywiadowca.

ŁUKASZ KLINKE – rocznik '75. Kiedyś dziennikarz radiowy, dzisiaj lektor i zawodowy wywiadowca.

Od dziesięciu lat dzielą wspólną pasję – lubią rozmawiać z ludźmi. Tylko tyle i aż tyle. Ich wywiady (już prawie trzysta) można przeczytać na stronie www.wywiadowcy.pl. Na stałe współpracują z „Playboyem". Swoje rozmowy publikowali także w „Przekroju", „Gazecie Wyborczej" i „Filmie".

Pamięci mojej Mamy, Alicji...

1

A gdyby tak zacząć od końca?

Pytacie, jak sczeznę? Nie chcę jeszcze umierać...

Ale ciągle o tym mówisz.

Bo żyję tak, że przeżycie dnia stanowi czasami problem. Śpię popołudniami, w nocy nie mogę. Dni są krótkie. Nie wiadomo jakie. Cały czas chodzę po napiętej strunie. Jak linoskoczek. Pewnie wydarzy się coś ze mną wcześniej. Nagły koniec. W nocy. Nie byłoby źle... Raz już umarłem. Pewnie skończę jak Łazarz – za drugim razem. Mam nadzieję, że nie za trzecim lub czwartym.

Może Dyjaka nie da się zabić?

Wszystko da się zabić.

Powiedziałeś kiedyś, że marzysz o śmierci z miłości.

To absolutny ideał. Ostateczna rzecz, która powinna się wydarzać mężczyźnie. Czasami mi się marzy. Ale może jeszcze nie teraz.

Jak powinna wyglądać?

Jak każda inna śmierć. Tylko że z miłości. Grzegorz Królikiewicz powiedział mi, że przypominam mu rosyjskiego poetę Jesienina. Może to on umarł z miłości?

Może. Bardzo często się zakochiwał. Miał pięć żon. Powiesił się w wieku trzydziestu lat. Zostawił list pożegnalny napisany własną krwią... Przypadek bardzo ciężkiej choroby alkoholowej.

Czyli to nie był komplement... Dziesięć lat temu byłby na pewno, ale dziś żyję jak emeryt, w tempie lekkiego zgreda, więc trochę nie przystaję do legendy Jesienina. Swoją drogą swój chłop... Jak miałem dwadzieścia lat, też byłem kochliwy. Nie stroniłem od towarzystwa kobiet. O innych podobieństwach nie wspomnę.

Jak dużo było kobiet w twoim życiu?

Niewiele. Przemiał nigdy nie był i nie będzie dla mnie celem. Nigdy nie byłem jakimś seksualnym asem. Dla mnie liczy się więź.

Może gdyby na potrzeby tej książki przepytywała cię kobieta, czułbyś się bardziej komfortowo?

Co wy pierdolicie! Powstałaby wtedy bardzo fałszywa książka. Uspokójcie się. Dużo macie pytań?

A jak myślisz?

To zadawajcie.

Wydaje nam się, że umierałeś więcej niż raz. Kiedyś dostałeś nożem w plecy...

Dość głęboko. Ale bez przesady. Ktoś mnie z kimś pomylił. I tyle. Nie ma o czym gadać.

Jak to nie ma?

Nie ma i koniec. Byłem facetem, który żył prawie jak bezdomny. Ekskluzywnym alkoholikiem uprawiającym muzykę. Mieszkałem w ciemnych dzielnicach. Na Jeżycach w Poznaniu, na Pradze w Warszawie, przy Grodzkiej w Lublinie, zanim zrobiła się tam „Starówka". W przeróżnych miejscach, w których działy się przeróżne rzeczy. Bardzo mocne rzeczy. Wszystkie mam opisywać? To byłyby tanie chwyty. A to nie ma być tania książka.

Kim jest ekskluzywny alkoholik?

Kolesiem, który często i gęsto pije za pieniądze możnych tego świata. Bo dostarcza przygód. Przecież po to mnie zabierano na Mazury, na rejsy. Oczywiście nie zawsze, bo niektóre rejsy były prawdziwe, przyjacielskie. Ale część odbywała się na zasadzie „Będzie Dyjak, będzie dym, będzie zabawa". Przecież tacy zawodnicy nie muszą zabierać kogoś takiego jak ja. A jednak zabierali. Kiedyś przyjaciel mi powiedział, że ludzie często nie mają swojego życiorysu i dlatego chcą spędzać czas z kimś, kto ten życiorys ma. Byłem więc takim dostarczycielem życiorysów. To jest oczywiście przykre. Ale mnie to zwisało i powiewało. Bo dopóki rejs trwał, miałem dostęp do szlachetnego trunku zwanego sokiem z ziemniaka. W wielu miastach miałem koleżków, którzy traktowali mnie jak rozrywkę. Urywali się z domu na dwa dni, jak lądowałem w ich okolicy. Wiedziałem o tym, ale przymykałem oko. Zaspokajałem ich pragnienia. Byłem wesoły i rozrywkowy. Część przyjaźni właśnie taka jest.

Maskotka na imprezach?

Czasem tak się czułem. Ale impreza oznacza nie tylko dostęp do wódki, często też dach nad głową. Kiedy nie masz własnego domu i odwiedzasz kogoś w jego domu, obie strony od razu są w trudnej sytuacji. „Zobacz, żyjemy tak, tutaj mamy telewizor, tu łazienkę, a to są drzwi wyjściowe".

Jak długo nie miałeś swojego miejsca na ziemi?

Od kiedy wyjechałem ze Świdnika jako nastolatek aż do teraz. Kawał czasu. Ze dwadzieścia lat. Z kilkoma przerwami.

Ale moim napędem do życia nie było znajdowanie mieszkań. Moim celem było śpiewanie. Bo ja zawsze strasznie chciałem śpiewać. Tylko tyle. Dziś też chcę śpiewać. Ale nie chcę już tak biec jak kiedyś. Chciałbym się stać lepszym człowiekiem. Mądrzejszym, spokojniejszym. Człowiek dobry jest spokojny. A ja muszę zwalczać demony, które mam w sobie. Piosenkami je zwalczam na pewno. Ta sama piosenka śpiewana przez wiele lat z czasem nabiera różnych sensów. Zmienia się. Dla mnie i dla publiczności. Życie też nabiera różnych sensów. Każdego dnia sobie powtarzam – wszystkie dramaty dzieją się w twojej głowie. Nie wiem, na jakim etapie jestem w życiu. Powiesiłem się – przeżyłem. Przede mną długa droga, żeby stać się człowiekiem. Zło przychodzi łatwo, a dobre rzeczy wynikają tylko z ciężkiej walki.

Nagranie wokali do albumu *Kobiety*, Warszawa, 2013 r.

Jak ciężka jest twoja walka?

Uczę się cieszyć najprostszymi rzeczami. Położeniem się do łóżka po ciężkim koncercie. Papierosem w wannie. Bywa, że jestem tak bardzo szczęśliwy, że fruwam pod sufit. Naprawdę.

A już baliśmy się, że ubijesz nas swoją firmową bronią – widzeniem świata tylko w czarnych barwach.

(*Śmiech*). Spokojnie, jeszcze was postraszę nie raz. Wiecie, jaka jest najgorsza rzecz, która się może przytrafić alkoholikowi? Łzy ze szczęścia. Bo często szczęśliwa sytuacja kończy się nawrotem i piciem. Niebezpieczne jest szczęście i nieszczęście. Łzy radości bolą tak samo jak łzy smutku. Odczuwa się kłucie w mostku. Wszelkie skoki emocjonalne, wszelkie dysonanse – to jest bardzo groźne.

Ciągłe zagrożenie?

Pytacie się mnie, jak mi się żyje? Jest ciężko, ale dobrze. Zakotwiczyłem w Chełmie i na stare lata raptem zostałem domatorem. Prawie nie wychodzę z domu. Wyjeżdżam tylko na koncerty, czasami coś kupię w sklepie... Wcześniej mieszkałem w wielu domach, bardzo wielu. Nie ma miejsca w Polsce, w którym by mnie nie było. Radziłem sobie różnie, bo nigdy nie byłem u siebie, nigdy nie miałem swojego miejsca.

Teraz masz?

Chyba tak. Pierwszy raz w życiu. Lubię swój dom, choć jest on tylko wynajęty. Związałem się z nim, a także z przedmiotami, które w nim są. Kiedyś będę musiał sobie sprezentować jakąś nieruchomość na własność. Mnie się nie da wywietrzyć, więc pewnie będę musiał kupić to mieszkanie. W końcu trzeba mieć jakieś miejsce, w którym można się zestarzeć.

Dyjak się zestarzeje?

Tak, ale mam wrażenie, że nie zestarzeję się tak bardzo, żeby być staruszkiem. Wcześniej coś mnie dopadnie. Pewnie już mam raka...

Przecież badałeś się niedawno.

Raka można mieć od wczoraj.

Wierzysz w przeznaczenie?

Dawno temu spotkałem się ze swoim przeznaczeniem i razem postanowiliśmy iść dalej.

Dokąd?

Wiecie co? Kiedyś po półtoragodzinnym wywiadzie w Radiu Złote Przeboje puściłem pawia. Tak bardzo lubię wywiady.

To świetnie nam wróży. Wszystkim trzem.

Pamiętajcie, że macie do czynienia z człowiekiem, który – gdyby nie pewne okoliczności – dziś pracowałby wysoko na dźwigu. Żeby ludzie nie mogli go spotykać. Nic, tylko winda z jedzeniem i sraczem...

Spokojnie, nie zapomnimy. Z pewnością nam na to nie pozwolisz.

Ta książka będzie ciężka. Jakby miała ołowiane okładki... Przed waszym przyjściem byłem tak zestresowany, że nie spałem prawie całą noc. Cały się trzęsę. Myślałem ostatnio o swoich snach. I przypomniał mi się Brodski. Czyżyk[1] śpiewa taką piosenkę:

(Marek recytuje z pamięci)

---

[1] Mirosław Czyżykiewicz. [Wszystkie przypisy, o ile nie zaznaczono inaczej, pochodzą od autorów].

(...) Dzień tu smutny. Po nocach reflektorów światło
przecina duszne powietrze i łatwo
wykazuje, że jeśli ktoś tu krzyknął znów
to nie z przyczyny złych snów.

Bowiem sny nie są tutaj złe – najwyżej mokre
od krwi kogoś jak ty, kto próbował samotnie
włóczyć się gdzie nie trzeba, po czym w jego głowie
sny zastąpiono ołowiem (...)

Przyjdź pod ten mur, wydanie i lepsze, i nowsze
murów rzymskich czy chińskich, ich starte trzonowce
zazdroszczą kłom stalowym, które, mierząc w niebo,
błyszczą, świeżo obmyte z krwi twego bliźniego.

Świergot ptaka wdzięczniejszą byłby kołysanką.
Lecz jeśli masz coś przeciwko skrobankom
(lub konowałom, którym słono trzeba płacić),
przyjdź pod ten mur – popatrzyć[2].

Melodia berlińskiego muru.

Piękny wiersz.

Kiedy opublikujesz swoje?

Nigdy! Bardzo dawno temu coś pisałem, teraz już nie. Wiem mniej więcej, jak powinna wyglądać poezja. Dlatego się do niej nie biorę. Mnie się trudno skupić na krótkiej formie, jaką jest piosenka. Sumienie kończy mi się po jednym pięknym zdaniu. Góra dwóch. Jak ja mam myśleć o pisaniu wierszy?

Ludzie często cię biorą za poetę.

Bo przyjmuję na siebie odpowiedzialność za wartość wierszy, które śpiewam. Wolę szukać w cudzych tekstach tego,

---

[2] Przekład Stanisław Barańczak.

co jest związane ze mną. I w ten sposób odpowiadam za poetów. A to jest ciężar. Jakbym sam wziął się jeszcze do pisania, to ta zbiorowa odpowiedzialność by mnie przygniotła.

Przed rokiem powiedziałeś nam: „Jak już będę chciał zakończyć karierę muzykanta, to zacznę pisać. Wtedy pozamykam sobie wszystkie drzwi".

I umrę z miłości *(śmiech)*. Byłoby fajnie. Nie mam zaufania do tego, co piszę. Ludzie mogliby wtedy usłyszeć Dyjaka, który obnaża swoją własną głupotę. Dyjaka nieradzącego sobie z zapisywaniem myśli. Z najprostszymi zdaniami. Gorzej – mającego coraz mniej do powiedzenia. Kiedyś spotkał mnie skromny, młody, początkujący poeta z Chełma. Wręczył swój tomik poezji i powiedział, że czeka na recenzję. Spotkaliśmy się następnego dnia. Oceniłem go następująco: „Piszę tak jak pan. Dlatego nie piszę". Facet nie załapał. Przez jakiś czas dostawałem od niego kolejne tomiki.

Wiecie co? Żaden z was nie pali papierosów. I to jest bardzo złe. Papieros to przerwa. Pauza. Odetchnienie. Nie można przecież gadać non stop. Mam już dość na dzisiaj.

Dopiero zaczęliśmy. Widzimy, że jeszcze masz dużo sił.

I co z tego? Uważam, że fizyczność oddala od duszy. Siłą się książki nie napisze. Jak sądzicie, co sobie myśli człowiek, kiedy jest na siłowni? Oni tam mają lusterka. Po co? Żeby siebie podziwiać.

Jak można zachwycać się sobą, będąc człowiekiem... Nie rozumiem. Patrzę czasem na moich kumpli, którzy się przeglądają w wystawach sklepowych. Sprawdzają, jak wyglądają. Noż, kurwa...

Andrzej Garczarek napisał kiedyś świetny tekst:

(Marek recytuje z pamięci)

Nie przystawiaj lustereczka
Nazbyt blisko twarzy,
Ręko, ty masz pisać wiersze,
Żeby łatwiej było marzyć...[3]

Ty się nie przeglądasz w lustrze?

Mam słaby zarost, więc się golę bez lusterka, siedząc w wannie. Głowę też całe życie goliłem sam. Ale był taki czas, kiedy mieszkałem w Warszawie na Ząbkowskiej pod numerem 40, że chodziłem do fryzjera. Świetny facet. Miało się u niego poczucie, że jest się kimś wyjątkowym. Wyglądałem jak topielec, bo tyle wtedy piłem, a u niego i tak czułem się idealnie.

A jak już przypadkowo spojrzysz w lustro, to kogo widzisz?

Kolesia poszarpanego przez los. Jak na siebie patrzę, to dostaję szału. Tak się sobie nie podobam. Nigdy nie lubiłem swojego wizerunku. Byli ludzie, którzy mi mówili: „Ty wyglądasz jak jakiś morderca, zabójca". Do cholery, jaki ze mnie morderca? Parę nosów i szczęk złamałem, ale nie jestem żadnym mordercą. Każdy w życiu jest po trosze Raskolnikowem. Ale też po trosze Porfirym Pietrowiczem, po trosze Lizawietą i po trosze Sonią. A także tym wszystkim, co ich łączy.

Masz w sobie dużo cech żeńskich?

Nie widać? Cały ten beksalalizm... Zresztą wy też je macie. Wbrew pozorom wszyscy jesteśmy do siebie podobni, tylko wybraliśmy inne drogi. To właśnie chciałem powiedzieć.

Może wszyscy są podobni, ale ty, Marek, jesteś szczególny.

Każdy człowiek przeżywa w życiu stan, w którym klęka. Nie ma wyjątków.

---

[3] Fragment piosenki *Nie jest mi dobrze tak do końca.*

Kiedy ostatni raz klęczałeś?

Wczoraj wieczorem. Klęczę codziennie, modląc się o moją córkę, z którą nie mam kontaktu. Każdej nocy o nią się modlę i do niej się modlę. Oraz do Boga, żeby wyręczył mnie z opieki, którą to ja powinienem jej zapewniać. Każdego dnia jest mi coraz trudniej. Czekam na kontakt z nią i to się kiedyś wypełni...

Kończymy na dzisiaj. Nic już z tego nie będzie. Wam się zdaje, że to jest łatwe?

Na pewno nie.

Odpuśćmy, bo tak się już spiąłem, że mam problem z mówieniem. Musimy zrobić przerwę...

Zobaczymy się jutro. Każdy dzień przynosi inne odpowiedzi.

2

Na dwa sprzęty nagrywacie? Dobrze. Gdybym działał jak wy, pewnie żyłbym trochę inaczej. Bezpieczniej.

Czyli jak?

Cała moja dorosłość była pijana. To jest jedno wielkie niebezpieczeństwo. Człowiek wtedy nawet dla siebie nie jest opoką, a co dopiero dla kogoś innego. Przecież ja nie mogłem mieć choćby kwiatka. Nawet teraz usychają. Kwiatki się przy mnie duszą. Umierają od dymu z papierosów. Patrzcie na te – już padają.

Rzuć palenie.

W dniu, w którym rzucę fajki, przykryją mnie wieczną płytą. Jak już miałbym je odstawić, to nie dlatego, że zabijają, ale dlatego, że teraz produkują jakieś lakierowane lotonem skurwysyństwo, którego nie da się palić. Napiszcie, że praca nad tą książką przypadła na dziwne czasy – fajki nie miały już klasy, a Ukraina pogrążała się w wojnie...

Większość moich życiowych odruchów jest związana z paleniem. Palę więc papierosy, które kosztują tyle, ile kilogram schabu. Czasami kupuję jeszcze rosyjskie, bo są lepsze niż polskie. Nasze smakują, jakby miały nie smakować. A ja lubię papierosy smaczne i mocne. Niestety, dziś prawie wszystkie faje jadą perfumowanym dobrobytem. Żenada.

Próbowałeś skręcać?

Na początku taki skręcany tytoń nawet mi smakuje, ale potem jakoś się psuje. Być może to skutek wadliwej techniki, bo moja technologia skrętu jest taka jak ja. Nieco pokręcona (*śmiech*). Nie macie jakichś normalnych pytań?

Mamy. Czy ty w ogóle miewasz takie dni, że wszystko jest OK i nic cię nie uwiera?

Alkoholik na suchym kacu to człowiek bez skóry. Rozumiecie? Niezdolny do ochrony przed bodźcami z zewnątrz. Ból sprawia wszystko, co cię dotyka. Nawet najbardziej zdrowy człowiek, pogryziony na maksa przez komary, nie jest w stanie normalnie funkcjonować. Ja jestem cały pogryziony przez takie rzeczy, że komary to przy nich kwietny pyłek.

Porozmawiajmy o tych pogryzieniach.

Nie teraz.

Dlaczego?

Wam się zdaje, że kim ja jestem?

„Zawodowym refrenistą" – jak sam lubisz powtarzać.

No właśnie. To gadajmy o refrenach.

Z przyjemnością. Pamiętasz pierwszą piosenkę, którą zaśpiewałeś?

To był w ogóle mój pierwszy występ publiczny. W czwartej klasie występowałem w szkole. Zaśpiewałem *Matko moja, ja wiem*, bo był akurat Dzień Matki. Chyba już wtedy zacząłem się przyzwyczajać do publiczności, która płacze.

Wszystkie mamy się popłakały?

Przede mną siedziały same kobiety, w rządku. Po chwili wszystkim leciały łzy. Jak to zobaczyłem, też się popłakałem

Siedmioletni Marek z mamą, Świdnik, 1982 r.

i uciekłem z sali. Gdy matka płacze, to i dziecko płacze. Myślę, że tamten dzień odcisnął się jak pieczęć na całym moim życiu. To wtedy ktoś zdecydował, że będę śpiewał fado.

Chociaż nie wiedziałeś jeszcze, co to jest.

Myślicie, że małe murzyńskie dziecko wie, że to, co widzi, to słoń? Nie. Po prostu jest i tyle.

Jak na twój występ zareagowała mama?

Była zachwycona. Wiedziała, że od zawsze byłem muzykalny. Nigdy nie miałem problemów z dźwiękami. Słyszałem je, rozumiałem. Może nawet lepiej niż dzisiaj. Od zawsze też czułem potrzebę śpiewania. Taki dar od Boga, który ze mnie wyłaził. Ciężko było przejść obok tego obojętnie. Od dziecka zmuszałem ludzi dookoła, żeby mnie słuchali. Lubiłem się popisywać. Kiedy miałem siedem lat, mama kupiła mojej siostrze pianino Calisia. Ale Ewka nie chciała się uczyć, więc do klawiszy dorwałem się ja. Podobno grać nauczyłem się całkowicie sam. To sprowadzone z Warszawy pianino było nie lada wydatkiem. Nie było nas na nie stać. Żyliśmy biednie. Ale od czasu do czasu mama robiła takie rzeczy, żebyśmy nie czuli się gorsi od innych. Pomagała się nam rozwijać...

Co się stało z tym pianinem?

Zostało sprzedane, bo brakowało pieniędzy. Mama oczywiście twierdziła, że zabierało zbyt dużo miejsca. Ostatnio dostałem od Wojtka[4] taką samą drewnianą Calisię, tyle że brązową. Sześciu facetów przytargało ją na górę. To przywołało wszystkie wspomnienia. Ostatnio wróciłem też po wielu latach do gitary. Nigdy nie była to moja mocna strona. Grałem na niej tylko, kiedy musiałem.

Dom zawodowego refrenisty – pianino, gitara...

I telewizor! (*Śmiech*). Dom refrenisty bez telewizora, w którym na okrągło ogląda się filmy dokumentalne o II wojnie światowej, nie byłby prawdziwym domem. Tak jak nie ma prawdziwego domu bez matki. Dzisiaj moja mama jest bardzo chora. Po wylewie ma uszkodzony pień mózgu. Kiedy jadę do niej w odwiedziny, nie wytrzymuję dłużej niż piętnaście minut. Serce mi pęka. Zostawiam pieniądze, jedzenie i muszę uciekać. Mam świadomość jej życia. Nieszczęśliwego i świętego. Mama już nie mówi. Pisze do mnie i do Ewy listy – wspomnienia, w których łagodzi wszystkie grzechy tego świata.

(Marek idzie szukać zapisków mamy, po chwili wraca i czyta).

---

[4] Wojciech Malawski jest przyjacielem i menedżerem Marka.

„Przychodził ze szkoły i śpiewał, i grał na pianinie. A ja musiałam go słuchać i mówić, że bardzo ładnie. Załatwiłam mu technikum. Miał tylko chodzić. Po pół roku dowiedziałam się, że nie chodzi. I droga zamknięta, żeby się uczyć. On by tylko śpiewał. Zapisałam go na francuski. Też nie chodził. Ale był kochany. A gitary to ja mu kupiłam trzy... Jak miał piętnaście lat, wróżka powiedziała, że będzie sławny".

Karierę miałeś zapisaną w gwiazdach.

Do dziś matce te wróżki zostały. Nawet dwa razy w tygodniu.

Powiedziałeś, że zmuszałeś innych, żeby cię słuchali, kiedy śpiewasz. Jak odbierali to rówieśnicy na podwórku?

Ja byłem tak nadwrażliwy, że dla młodych chłopaków, a właściwie dla wszystkich dzieci, byłem kompletnym dziwolągiem, odmieńcem. Ale wciąż starałem się, żeby mnie zaakceptowali. Dlatego też stałem się konfabulantem i mitomanem. Na użytek chwili zmyślałem najdziwniejsze historie, przerysowywałem fakty, przedstawiałem je piękniejszymi, niż były w rzeczywistości. Być może dlatego, że chciałem postrzegać świat inaczej niż reszta, która traktowała mnie jak zwykłego kłamczucha. A ja i tak wymyślałem różne sytuacje, żeby przebojem wejść w jakieś towarzystwo. Zwykle już po dziesięciu minutach kończyło się to dla mnie źle. Nikt tego nie łykał. A jak wiadomo, dzieci potrafią być gorsze od SS. Zwyczajnie bezduszne. Ciągle się ze mnie śmiały, szydziły. Nie mogłem tego wytrzymać. Dlatego wciąż popadałem w konflikty. I wciąż dostawałem łomot. Do czasu. W wieku piętnastu lat byłem już groźny. Wtedy swoje zdanie mogłem narzucać innym.

Przydał ci się boks, na który zapisała cię mama.

Nie dość, że wracałem do domu pobity, to jeszcze matka miała problem z okiełznaniem mnie. Kiedyś na tak zwanych Wilczych Dołach wykopałem z kumplem, dziś policjantem, pociski i ładunki wybuchowe. Przyszedłem z całym workiem tego badziewia do domu. Jak matka to zobaczyła, to się przeraziła i kazała mi natychmiast zrobić z tym porządek – byle jak najdalej od domu. Poszedłem więc na komisariat, położyłem wszystko przed dyżurnym i uciekłem. Nie wiem, co z tym zrobili. Mama miała ze mną utrapienie. Poza tym byłem otyły. Uznała więc, że zapisze mnie do sekcji bokserskiej Avii Świdnik, co rozwiąże kilka problemów naraz. Po roku trenowania byłem jak żyleta. Ludzka sprężyna.

Obóz wędkarski w Starosielu k. Dubienki nad Bugiem, 1988 r.

W jakiej wadze startowałeś?

Nie pamiętam. Średniej, może półciężkiej? To nie ma znaczenia. U mnie zawsze było tak, że potrafiłem ważyć siedemdziesiąt pięć kilogramów, a po trzech miesiącach – sto dwadzieścia kilogramów. I na odwrót. W ringu stoczyłem parę walk, ale to było nie dla mnie. Próbowałem boksować do czasu, aż kumpel z klatki – Rzepecki – mnie nie znokautował. Po prostu jak kogoś lubiłem, nie potrafiłem go uderzyć.

Co u niego?

Żyje z żoną. Szczęśliwy...

W boksie najbardziej przeszkadzały mi zasady. Uważałem, że są bez sensu. Dlatego najlepiej czułem się na ulicy. Pamiętam, że byłem wtedy tak wysportowany, że co chwila kogoś lałem albo ktoś lał mnie. Bo jak komuś przyłożyłem bez powodu, to przy następnej wypłacie to ja załapywałem się na wpierdol. Czyli sprawiedliwość istniała (*śmiech*). Można powiedzieć, że prowadziłem wtedy tryb życia agresywny ruchowo.

Jak często się biłeś?

Prawie codziennie. Mam taką strukturę duszy, że nie potrafię być oportunistą. Jak wszyscy coś mówili, to ja chciałem na odwrót. Brodski pisze: „Wśród wyznawców każdej wiary/ są mordercy i ofiary –/ twe milczenie wskaże teraz,/ kogo wspierasz”[5]. Zawsze trzeba było być po jakiejś stronie. A ja nie przystawałem do żadnej. Od kiedy pamiętam, wiecznie stawałem okoniem. Sprawiało mi to największą radość. A potem bardzo namiętnie zwalczałem swoich wrogów. I zawsze stosowałem tę samą sprawdzoną strategię – pełne natarcie. Bez chwili zastanowienia.

---

[5] Josif Brodski, fragment wiersza *Giną ludzie*, przekład Roman Kołakowski.

I mamy uwierzyć, że z wrażliwca zamieniłeś się w nieczułego boksera?

Nic z tych rzeczy! Nadal bez problemu doprowadzałem się do płaczu. Wzruszały mnie takie rzeczy, które ludzie kompletnie olewali. Pamiętam, że kiedy jako dziecko pierwszy raz zobaczyłem żebraka pod kościołem, to nie mogłem przez parę miesięcy dojść do siebie. Jako nastolatek miałem tak samo. Zbiłem kiedyś koleżkę. Bez sensu. Za nic. A potem jak chodziłem po obozie na Majdanku i przyglądałem się zdjęciom, uświadomiłem sobie, że byłem dla niego esesmanem. I oczywiście w płacz. Byłem zielony jak szczaw, nic nie wiedziałem o życiu, a jedyne, czego się nauczyłem, to kierowanie się instynktem. W ten sposób pojawił się Wojaczek, miłość do Chopina oraz *Dama kameliowa* Dumasa. To wszystko przerastało mnie intelektualnie. Niczego nie rozumiałem, ale brnąłem coraz głębiej, bo czułem, że to mnie dotyka i kształtuje. Lubiłem wyobrażać sobie świat jako lepszy niż w rzeczywistości. Może nawet nie lepszy, ale bardziej natchniony. Miałem wtedy wielką kondycję fizyczną i wielką wrażliwość. Naprawdę wybuchowa mieszanka. Kompletnie nie wiedziałem, w którą stronę iść i co ze sobą zrobić.

Jak to się stało, że zacząłeś słuchać Chopina?

Byłem w zawodówce hydraulicznej w Lublinie, a moja siostra Ewka uczyła się wtedy tańca i choreografii na Uniwersytecie Ludowym w Gardzienicach. Mieszkała w akademiku. Pewnego razu postanowiłem ją odwiedzić. Poznałem jej znajomych, a wśród nich dziewczynę, która natychmiast zawładnęła moją duszą. Oczywiście była starsza i nawet nie chciała na mnie spojrzeć, co rzecz jasna tylko pogłębiło mój naturalny ból istnienia. Dostałem wtedy od siostry kasetę z *Preludium e-moll* Chopina. Słuchałem tego i nagle coś we mnie pękło... Doznałem dziwnego olśnienia. Stałem się jeszcze bardziej wrażliwy, uczuciowy. To nadmierne zastanawianie się nad sobą pojawiło się razem z miłością, na którą kompletnie nie byłem przygotowany. Zrozumiałem jednak, że łamiąc nosy nie dojdę za daleko, a już na pewno nie zrobię wrażenia na koleżance mojej siostry. Zacząłem pisać wiersze i wymyśliłem sobie, że będę poetą. A może też i śpiewakiem. Nieświadomie zacząłem się tak kreować. Przecież wiedziałem, kim jest poeta – to facet, który wychodzi z księgarni przez okno. Jak Rafał Wojaczek. Zacząłem hurtowo czytać jego wiersze. A jeszcze wcześniej zabrałem Ewce *Damę kameliową*. Sięgnąłem po nią zaraz po zauroczeniu Chopinem. Wsiąkłem. Wielki dramat. Fado. Tego właśnie wtedy potrzebowałem. Lektury rozdzierającej serce. Wcześniej miałem do czynienia tylko z prasą wędkarską. Uderzenie było więc nokautujące.

Czy ten romantyczny nokaut przełożył się jakoś na relacje z koleżanką siostry?

Przede wszystkim nie chciałem, żeby ta dziewczyna widziała we mnie chłopaka z zawodówki. Nie miałem więc wyjścia – okłamałem ją. Powiedziałem, że jestem muzykiem. Obiecałem nawet, że jak przyjadę za tydzień, to jej zagram i zaśpiewam. Wybrałem *Serce z rysą* Jana Kondraka i z wielką nadzieją słowa dotrzymałem. Ale... nic się nie wydarzyło. Byłem chłopcem, a ona kobietą, która wkrótce znalazła sobie poważnego narzeczonego. To była jednostronna, szczenięca miłość. Ja w ogóle bardzo późno dojrzałem. Taka jest przypadłość facetów z mojej rodziny – późno dojrzewają i długo żyją. Poza tym mężczyźni zwykle się mylą i grają tym dziewczynom, które wcale nie chcą ich słuchać.

Często grałeś kobietom prosto w oczy?

Kiedyś tak. Dziś już tego nie robię. Konsekwencje bywają dziwne. Granie w oczy to tak naprawdę granie w serce.

Zdarzało się, że w ten sposób szukałem miłości. Tak więc już wiecie, dlaczego dziś tak nie gram.

Nie szukasz miłości?

Mam ją. I jestem szczęśliwy. Mieszkam z kobietą w spokojnym mieście, mam pracę, koncertuję. Dobrze mi.

Wróćmy jeszcze do tej pierwszej, niespełnionej miłości. Rozumiemy, że tamto doświadczenie zmieniło twoje podejście do łamania nosów...

Niestety nie. Esesman nadal we mnie siedzi, choć jest go już zdecydowanie mniej. Wraca jednak z różną siłą przez całe moje życie. Dobrze, że mogę śpiewać. Przynajmniej wtedy jestem *very romantic* i usypiam na jakiś czas tego złoczyńcę w sobie.

Nie można być złoczyńcą i muzykiem jednocześnie?

Zadajcie mi to pytanie, jak będę śpiewał w Rammsteinie. To zespół, który brzmi jak klasowy diesel. Głos często jest odzwierciedleniem cielesności, a nie serca.

Słuchajcie, dość już tego. Za dużo mówię. Możemy już kończyć? Jakoś źle się czuję.

Dasz radę. Może porozmawiamy o Świdniku?

Po co?

To twoje rodzinne miasto.

Dla mnie Świdnik zawsze był i będzie tylko zakurzonym rowkiem w stole. To miasto znane ze śmigłowców i z syfilisu. W latach siedemdziesiątych przyjechały tam rzesze ludzi za pracą. I wszyscy potęgowali się na potęgę. A ponieważ technologia prokreacji była wtedy ruchoma, sytuacje weneryczne były na porządku dziennym. Świdnik to sztuczne miasto wymyślone wokół lotniska. Zygmunt Kałużyński opisywał je kiedyś jako „małą wioskę, w której mieszkało dużo Żydów". Tak zwane miasto Świdnik ma dopiero sześćdziesiąt lat.

I słynie nie tylko z lotniska, ale też z motocykli WSK.

Ten skrót zawsze oznaczał dla nas „Wieśniaku Śmierć Kupiłeś".

Miałeś?

Nie, ale parę razy pożyczyłem sobie WSK-ę bez zgody. Kiedyś się jednak ostro wywaliłem i od tamtej pory nie używam. Zrozumiałem, że nie dla mnie taka moc.

Są jeszcze świdnickie susły perełkowane.

Pewnie dlatego wszyscy mają tam nieustanny Dzień Świstaka.

Na jakim osiedlu mieszkałeś?

Na zwykłym. W całej Polsce jest masa takich samych osiedli. Mieszkało tam kilku osiłków ze skrzywionym horyzontem. Było też paru koleżków, którzy przez całe życie widzieli przekrzywione niebo.

A ty co widziałeś ze swojego okna?

Drugi budynek. Taki sam jak mój. Zresztą na którąkolwiek stronę bym spojrzał, widziałbym dokładnie to samo. Trzy identyczne bloki i ja w środkowym. Przy ulicy Środkowej.

Nie było planów, żebyś zaczepił się w fabryce śmigłowców?

A po co? Przecież ja sam jestem śmigłowcem. Śmigłowce nie mogą być projektowane przez śmigłowce. Mnie technika nie tyka. Jedyne, co mnie łączy z tymi maszynami, to pomnik Mi-1 na wjeździe do Świdnika. Często wchodziło się tam do środka i imprezowało. Jak zakładali kłódkę, to przecinaliśmy i dalej impreza. W tym Mi-1 wielu kolesiów zaczynało swoją chorobę alkoholową. Ja także. Świdnik jest dla mnie ważny tylko przez wzgląd na mamę oraz ojca i kumpli na cmentarzu. Co prawda to ja żyłem tak, żeby tam trafić przed nimi wszystkimi. Okazało się jednak, że wielu spełniło się szybciej ode mnie. Po piętnastu minutach przebywania w Świdniku dostaję gorączki, padaczki i nie wyrabiam. Jan Kondrak śpiewał: „Nad Świdnikiem znów szybowiec, to normalna tutaj rzecz. Ciebie nic już nie porywa, bo lądować nie masz gdzie"[6]. Wszystko i na temat.

Jak wspominasz swój świdnicki koncert w kinie LOT?

Popłakałem się wtedy. Ciężko śpiewać w swoim własnym mieście, mając opinię menela – syna menela. Do tego mama na widowni, koleżanki mamy. Bardzo trudny koncert.

Świdnik wydał na świat wielu bardów i poetów.

Mówiłem już, że to zakurzony rowek w stole. Ten kurz to właśnie świdniccy poeci. Jan Kondrak, którego już cytowałem. Mirek Kasprzak, filozof po KUL-u, który założył rodzinę i to go zgubiło. Popełnił samobójstwo. Nadwrażliwy Artur Tusiński, który poderżnął sobie gardło. To jeden z bardziej efektownych zgonów Świdnika. Artur parał się muzyką i poezją. Śpiewał bardzo nisko. Uprawianie poezji i śpiewanie Cohena w moim mieście było bardzo popularne i zwykle puentowało się źle. Gdybym nie wyjechał tak wcześnie, pewnie też by mnie już nie było.

Nie każdy chłopak ze Świdnika wychodził na ludzi, jak mój serdeczny koleżka Mirek Barszcz – minister budownictwa w rządzie Kaczyńskiego. Na szczęście Mirek wycofał się z tej

---

[6] *Przypowieść o porażeniu.*

„kariery", co pewnie uratowało mu życie. Spotkałem się z nim parę razy, jak już nie piłem, ale byłem wtedy jeszcze na tyle pierdolnięty i schorowany, że mógł mnie potraktować jak absolutnego świra.

Sam czułeś, że się dziwnie zachowujesz?

Zawsze się dziwnie zachowywałem. Tak już mają ludzie sławni i bogaci *(śmiech)*.

Bez dwóch zdań jesteś najsławniejszym świdniczaninem.

Świdnik to nie Nowy Jork. Ale dobre i to *(śmiech)*. Ja w Świdniku, Jurek Małek w Chełmie. Ostatnio pewien dziennikarz nazwał go „chełmskim Zbyszkiem Wodeckim". Na tej zasadzie w Polsce mamy wiele Świdników. Zamość, Kraśnik, Chełm – to miasta, w których poziom Świdnika jest dosyć wysoki.

Słyszeliśmy, że naokoło Świdnika wysokie to były maki.

Nawet się trochę przygotowaliście, jak widzę... Rosło tego dużo, fakt. W trakcie mojego dzieciństwa przez Świdnik przeszła fala heroinowo-makowych sytuacji. Zebrała krwawe żniwo i skończyła się, gdy byłem dorosłym facetem. Kolegowałem się przez pewien czas z Krzyśkiem Markowskim. To był ciekawy, nieco dziwny gość – punkowiec. Zabiła go heroina. Kultowa w Świdniku punkowa kapela Przejebane[7] śpiewała: „Zielona makówka, a biały jest sok, kapselek po wódce, wspaniały był kop".

Ale chyba nie będziemy gadać o estetyce punk rocka i ćpaniu?

Dlaczego nie? Byłeś punkiem?

Jakieś dziesięć sekund. Czy można być punkowcem, jak się wcześniej poznało muzykę Chopina? Słuchałem punka góra

---

[7] W późniejszym czasie Nie Jest Dobrze, Czerwień Pierwszej Menstruacji i Screwed Up, laureaci Jarocina '94.

przez tydzień. Rozkręciłem tę maszynerię, zobaczyłem, że to żenada, i odpuściłem. Jak długo można ulegać prostackiemu brzmieniu i znosić zaśpiewy w stylu *Avanti o popolo, alla riscossa,/ Bandiera rossa...*?

***No future* równa się czerwony sztandar?**

A co, nie? Punk rock to nie jest nawet styl muzyczny. Jak się wsłuchasz, to wydaje się po prostu żałosny. Tak jak i sami punkowcy. Zresztą ja ze wszystkimi subkulturami miałem problem. Niewątpliwie zawsze chciałem należeć do jakiegoś towarzystwa. Ale każda grupa nudziła mi się najdalej po tygodniu. Od razu wszędzie widziałem miałkość.

To czego, oprócz Chopina, słuchałeś w młodości?

Wszystkiego, w czym słyszałem melodię. Dlatego do dziś nie znoszę techno i drum'n'bass. Nie interesuje mnie stukanie, tylko harmonia. Kolesie, którzy rysują płyty, nie są dla mnie muzykami. Był czas, że na tornistrze narysowałem sobie logo Iron Maiden. Zdarzało mi się posłuchać Turbo. I KAT-a, bo oni przecież też grali melodie...

(*Marek zaczyna śpiewać*)

Mój plan jest nadzwyczajny, mój plan głowy wzniesie ponad mur,
Mój plan zada cios nieobliczalny, by codzienności złamać bicz.
Mój plan jest dla sfory dzieci, dla których żyć to jeszcze nic.
Mój plan to z życia ram wyłamać realności dzienny kicz[8].

---

[8] KAT, *Noce Szatana.*

A pamiętasz pierwszy koncert, na którym byłeś?

KSU w kinie LOT. Wyszedłem po trzech numerach, tak mnie znudzili. Szybko przerzuciłem się na jazz. Koncert Elvina Jonesa to było coś – prawdziwe wydarzenie. Przyjechał z fajnym składem: Ravi Coltrane – saksofon, Yutaka Shiina – fortepian, Nicholas Payton – trąbka, Greg Williams – bas oraz kompozytorka Keiko Jones – czyli żona Elvina, która najpierw rozkładała dywany, potem perkusję, a na koniec stroiła bębny męża. Miałem nawet z Elvinem zdjęcie, jak razem stoimy przed kinem. To był silny wielkolud, który parę razy siedział w więzieniu. Prawdziwy mistrz. Wielki muzyk.

1996 rok. Pierwszy świdnicki Jazz Festival.

Byłem jednym z wielu, którzy ten festiwal wymyślili. Parę towarzyskich rozmów przy wódce skończyło się jazzowym konkretem.

Świdnik Jazz Festival działa do dziś. Dostałeś kiedyś zaproszenie, żeby tam zagrać?

A czy tamci ludzie w ogóle kojarzą mnie z muzyką? Szkoda gadać. Możemy zejść z tego Świdnika? Już mnie to męczy...

Jeszcze tylko jedna rzecz: jak zapamiętałeś strajk – „świdnicki lipiec"?[9]

Kojarzy mi się głównie z tym, że nocowali u nas żołnierze. Golili się, jedli, pili, odpoczywali. I tyle. Nie sądzę, żeby ktoś z mojej rodziny działał w opozycji. Poza mną *(śmiech)*.

Koniec na dzisiaj. Mam, kurwa, dość.

---

[9] Między 8 a 11 lipca 1980 r. w WSK PZL Świdnik trwał wygrany przez załogę protest, który zapoczątkował falę strajków na Lubelszczyźnie [przyp. red.].

3

Spotykasz się z zarzutami, że twoje śpiewanie jest manieryczne?

Całe życie spotykam się ze wszystkimi możliwymi zarzutami. W muzyce też.

A konkretnie?

Na przykład, że Dyjak to maniera małego dziecka. Zresztą to bardzo prawdopodobne. Przypatrzcie się, jak się zachowuję, kiedy śpiewam. Przecież to jest dziecko przebrane za wnuczka E.T. Rozpuściłem sobie duszę w alkoholu. A wódka często robi z dorosłych dzieci. Jest taka książka *Żelazny Jan* Roberta Blya. Czytaliście? Polecam pierwsze dwadzieścia stron. Później można wyrzucić. Tak jak z *Szeregowcem Ryanem*. Po dwudziestu minutach lepiej nie oglądać, bo dalsza część filmu nie dotrzymuje kroku harmonii ekspozycji.

A wracając do zarzutów...

No, na przykład, że naśladuję Gintrowskiego. To jest tak, jakby zarzucać Coltrane'owi, że naśladuje Parkera z jego wcześniejszych gospelowych solówek. Nonsens. Wiadomo, że zawsze jest jakaś inspiracja. I Gintrowski nią był.

Czy kiedykolwiek jakoś cię ocenił?

Nawet jak komuś coś o mnie powiedział, to ja nie znałem tego kogoś.

A jego poznałeś?

Na żywo widziałem go raz w życiu. Nie można tego określić mianem spotkania. Było to raczej mignięcie. Namiętnie go za to słuchałem, co pewnie słychać w moim głosie. Czasami podobnie akcentuję niektóre frazy. Ale na tym koniec. Tematyka jego utworów była inna. On nawet nie myślał o rzeczach, o których ja zawodzę. Gintrowski zajmował się kondycją polityczną Polski, śpiewał innego rodzaju teksty i nie przeżywał ich treści tak jak ja. Nie transakcentował. Był wielką postacią, prawdziwym artystą. Jesteśmy zdecydowanie z innej parafii.

Ale działaliście w obrębie jednego środowiska.

On zawsze był osobny, co mu się chwali. Poza tym w Polsce znamiona środowiska miał tylko ZSMP.

Ty też jesteś osobny. Ale kiedyś mówiono o tobie „nowy Kaczmarski".

Ludzie lubią szufladkować. Łatwiej im się wtedy żyje. Dlatego dla niektórych jestem polskim Waitsem, nowym Kaczmarskim albo starym Gintrowskim. To pewnie jest nawet rodzaj komplementu, ale jak dla mnie to jednak takiego, kurwa, skrzywionego.

Jacka bardzo szanuję. Zawsze traktował mnie dobrze. Nie jak jakiegoś małolata. Byliśmy na ty. Brałem udział w wielu imprezach, na których i on się pojawiał. W Krakowie był w jury Studenckiego Festiwalu Piosenki i chyba jako jeden z niewielu na mnie wtedy głosował. Na FAM-ie również bardzo mu się podobałem.

Potem, już w Warszawie, występowaliśmy razem w TVP 1 w programie *Kraina łagodności* Janusza Deblessema. Nigdy nie zapomnę tych fantastycznych chwil w parku Skaryszewskim... Graliśmy też koncert w oranżerii w Radzyniu Podlaskim – on, Janek Kondrak i ja. Potem we trzech byliśmy tam jurorami. Pierwszą nagrodę otrzymał wtedy świętej pamięci Marcin Różycki. To było moje ostatnie spotkanie z Kaczmarskim. Potem jeszcze dostałem od niego zdjęcie-pocztówkę z połowu ryb w Australii. Stał do pasa w wodzie i trzymał przed sobą ogromną australijską rybę. Nikt nie wierzył, że Jacek wysłał mi kartkę. „Do ciebie? A kim ty dla niego jesteś? Coś ściemniasz, Marek...".

Byłem w niego zapatrzony. Palił papierochy, lubił strzelić kielicha – ciężko go było nie lubić. Ale muzycznie wcale mi nie było do niego bardzo blisko.

Bo ty wyrosłeś z tego środowiska, ale różnisz się od tak zwanych bardów.

No pewnie. Inaczej frazuję. Raczej nie jestem też wokalistą jazzowym. Ale refrenistą jazzowym mogę powiedzieć, że tak. Zaśpiew mam, co prawda, wschodni. Lubię skale żydowskie, lubię też siedem ósmych, czyli Jugosławia i całe Bałkany. Ale śpiewać uczyłem się głównie w czasie jamów jazzowych w Krakowie.

A nie na ulicach w Świdniku?

No coś tam wyłem po nocach...

Na przykład na licealnym boisku.

Dzisiaj to jest orlik. Zbieraliśmy się tam bandą przyjaciół. Było więc paru słuchaczy, na ogół takich samych jak ja. Bywał tam z nami świętej pamięci Artur Tusiński. Przesiadywał też bardzo młody Daniel Chyżewski – jeden z moich wieloletnich przyjaciół. I „Śnięty", czyli Paweł Ślepaczuk. Szlajaliśmy się razem i próbowaliśmy muzykować. Daniel jest o trzy lata młodszy ode mnie, więc dzisiaj już w podeszłym wieku, a „Śnięty" był i zawsze będzie wielką tajemnicą. Nawet dla mnie. Dziś pracuje w teatrze w Irlandii. Daniel zaś tworzy i remontuje instrumenty muzyczne.

Były jakieś dziewczyny?

Zachwycaliśmy się raczej kobietą, którą jest poezja *(śmiech)*. Pamiętam, że któregoś razu darłem się w nocy do ludzi, śpiewając – skądinąd piękną – piosenkę *Na piechotę*. Przypadek sprawił, że obok nas przechodził Jan Kondrak...

Najbardziej znany świdnicki poeta i bard.

Znany, ale nie dla mnie – przynajmniej z wyglądu. Janek po prostu usłyszał swoją piosenkę i postanowił „wstąpić". Nawet nie wiedziałem, że śpiewam jego utwór. Dodajmy – bardzo trudny utwór, szczególnie dla mnie. Kondrak ma nieskończoną skalę głosu w wyższych rejestrach, więc dla niego to normalka. U mnie jest inaczej. Ktoś mi wreszcie dał znać, że ten wąsaty facet to kompozytor, tekściarz i wokalista. Kondrak stanął nade mną i powiedział, że właśnie zaśpiewałem jego tekst. Zaprosił mnie też do siebie do domu, bo chciał mi pokazać, jak się to powinno robić. Tamten czas był dla niego najbardziej twórczym okresem. Inspirował się głównie Stachurą. Napisał całą moc pięknych utworów. Do dziś dziwię się, że nie zrobił wielkiej, ogólnopolskiej kariery. Starał się, ale nie wyszło. Uważam jednak, że jeżeli ja zrobiłem jakiś ruch do przodu jego utworem, to tak naprawdę zrobiliśmy go razem.

Poszedłeś do niego do domu i co dalej?

Od tego momentu nawiedzałem go właściwie codziennie. Zamęczałem swoją osobą. Wchodziłem w jego rodzinny świat, kiedy mnie chciał, i wtedy, kiedy mnie nie chciał. Wolałem spędzać czas u niego w domu niż w szkole. Nie miał chwili spokoju ode mnie. Jest ojcem pięciorga dzieci. Ja byłem szóstym. Zresztą przez całe swoje życie przechodziłem przez konstrukcje różnych ludzi jak szarańcza. Burzyłem im święty spokój. Dlatego tak im podpadałem. Poza tym często przebywałem w towarzystwie ludzi, którzy mnie ewidentnie mieli dość, ale nie potrafili mi o tym powiedzieć.

Kondrak opowiadał w jednym z wywiadów, że jako adept zawodówki hydraulicznej naprawiałeś u nich w łazience cieknący kibel. Skułeś kafelki i... na tym poprzestałeś.

Było coś takiego. Ale na pewno nie tak, jak mówicie. Niestety, w mieszkaniu Kondraków przydarzyła mi się gorsza wpadka. Ponieważ czułem się tam jak jeden z domowników, któregoś razu wziąłem sobie u nich kąpiel, a że wąż odpływu od pralki drapał mnie w plecy, to go po prostu wyjąłem. Oczywiście nie zauważyłem, że pranie trwa w najlepsze. Zalało im całe mieszkanie. Większość płytek na podłodze odpadła, parkiet wstał. Potem z moim kumplem poetą Marcinem Różyckim kleiliśmy Jankowi ten parkiecik. Oczywiście nie podołaliśmy zadaniu, więc szybko stamtąd spierdoliliśmy. Kondrak był załamany, a Baśka – jego cudowna żona – wkurwiona. Do dziś mam wyrzuty sumienia.

Wasze relacje jednak chyba nie ucierpiały?

Nigdy nie mieliśmy relacji przyjacielskich, tylko mistrz – uczeń. Janek do mnie przemawiał, a nie mówił. Jak na rebego przystało – do dziś tak się do niego zwracam. W tamtym czasie Kondrak śpiewał: „Chcesz mieć piwa pełen dzban, idź do rebe, on ci da". Słowo „rebe" bardzo mi się podobało. Nie do końca rozumiałem, co znaczy, ale najwyraźniej idealnie rzecz wyczułem. Zresztą wtedy zaczynałem już walczyć z dziwacznym postrzeganiem Żydów w Polsce. Pamiętam, że w kiosku pod blokiem pracował mój sąsiad, pan Czuwara. Pewnego razu zajrzałem do niego po „Wyborczą". Zapytał mnie: „Dlaczego kupujesz tę żydowską gazetę?". Więc wypaliłem: „Bo jestem Żydem". Sąsiad zamknął gębę, a Kondrak, który stał obok mnie, dostał ataku śmiechu. Z dnia na dzień coraz bardziej się bratališmy, ale zawsze w relacji mistrz – uczeń. Janek bardzo chciał być moim mentorem. I był.

Byłeś jego jedynym uczniem?

Miał takich gagatków kilku, ale tylko ja zajmowałem się tatarskimi najazdami na jego domowe pielesze. W ten sposób zostałem naduczniem. Zresztą „dyjak" po węgiersku to „uczeń". Żartuję *(śmiech)*.

Kondrak wziął cię więc pod swoje skrzydła...

Raczej próbował wziąć. Branie mnie pod skrzydła to jak łapanie wiatru w słoik po ogórkach. Nigdy się nie uda. Z pewnością jednak bardzo dużo mu zawdzięczam. Był pierwszym człowiekiem, który tłumaczył mi zależności w życiu. Uczył myślenia przyczynowo-skutkowego, ale innego niż w barakowozie czy zawodówce. Uczył manier, zasad języka polskiego. Opowiadał o interpretacjach wierszy.

Zawsze też mnie przestrzegał, że Bóg nie lubi twórców i szybko ich ujarzmia. Miał rację.

Pokazywałeś mu swoje wiersze?

Jasne. Przecież wtedy uważałem się za poetę, a nie muzyka. Praca fizyczna była dla mnie zawsze marnowaniem losu. Myślałem – skoro jestem poetą, to jestem zobowiązany do czegoś. Milczeć na taki temat, mówić na inny. Oczywiście poetą byłem tylko dla siebie. Pierwsze podzielenie się tym, co piszę, z Kondrakiem odstraszyło mnie od całego świata. To, co mu dałem, ocenił agresywnie. Powiedział, że jest chujowe jak nieszczęście i żebym więcej tego nie robił. Wystarczyło. Utwierdził mnie w przekonaniu, że, jak sam mówił – jestem na tyle pojebany, że śpiewanie jest jedyną rzeczą, którą mogę się w życiu zajmować.

Jakie są dzisiaj wasze relacje?

Nie wiem. Rzadko się widujemy. Przez lata mojego pijaństwa i wędrówki po Polsce nie mieliśmy okazji się spotykać. Ale przypuszczam, że Janek może być na mnie permanentnie wkurwiony. Myślę, że to, co robię, to dla niego hodowla ogórków albo produkcja słoików. Cóż... jak go widzę, zawsze mówię: „Witaj, rebe", i to się nie zmieni.

Zastanawiałeś się, co by się z tobą działo, gdyby Jan Kondrak nie spotkał cię wtedy na szkolnym boisku?

Mój pomysł na samego siebie był bardzo silny. Janek mnie tylko ukierunkował. Prawdopodobnie dzięki niemu „nie poszłem" w polskiego rock'n'rolla, który dzisiaj mnie brzydzi. Wszystko jest pościągane, nieoryginalne, jakieś takie do dupy. Polski rock mnie wkurwia, a polscy rock'n'rollowcy nie napawają mnie żadną nadzieją intelektualną. Może dlatego, że nie grają w Dire Straits...

Kondrak niewątpliwie mnie namaścił. Wymyślił repertuar. Ale to ja stworzyłem zespół, z którym wystąpiłem na festiwalu w Krakowie. Dzięki Jankowi błyskawicznie dobiłem do towarzystwa wielkich w świecie poezji śpiewanej. Po paru miesiącach z większością byłem na „ty".

Czyli gdyby nie on, dzisiaj byłbyś kimś innym?

E tam. Równie dobrze moim znajomym mógł być Karol Wojtyła.

Krakowski Studencki Festiwal Piosenki w 1995 roku to twój pierwszy poważny występ na scenie?

Nie. Bo każdy jest poważny. Jeszcze przed poznaniem Kondraka, w klubie Iskra w Świdniku, zaśpiewałem piosenkę Jacka Kaczmarskiego *A my nie chcemy uciekać stąd*. Oczywiście za darmo. Pierwsze pieniądze za występ zarobiłem chyba w 1993 roku w Art Zine Gallery w Zielonej Górze. Muniek Staszczyk też tam wtedy grał. Śpiewałem Rafała Wojaczka. Dostałem parę groszy, ale pamiętam je do dziś.

W ogóle zanim zdobyłem nagrodę w Krakowie, występowałem na różnych festiwalach poezji śpiewanej z wierszami Bursy i Wojaczka, ale nikt nie zwrócił na mnie uwagi. Dopiero kiedy Kondrak stworzył mi repertuar, czyli *Pięknego instalatora*, ludzie zaczęli mnie zauważać.

Twój występ w Krakowie okazał się na tyle kontrowersyjny, że wycięli cię z transmisji na żywo.

I dobrze zrobili. Sam bym się też wyciął. Forma, w jakiej przekazywałem treści, była nie do przyjęcia na tej imprezie. Nie powinno się wpuszczać do klasztornych ogrodów, gdzie odbywał się festiwal, ludzi wyjących o sraczach i kutasach. *Piękny instalator* może i był patriotyczny, ale również wulgarny. Dla Kondraka ta cenzura TVP była wielką potwarzą. A ja miałem to serdecznie w dupie. A nawet się cieszyłem. W PRL-u wycinali prawie wszystko. Teraz jestem więc dumny, że i mnie wycięli.

Rebe nie był jednak zachwycony.

On stworzył brutalny hymn o Polsce, który dwudziestolatek po zawodówce miał odśpiewać gawiedzi przed telewizorami. Plan był perfekcyjny, ale nie wypalił. Pewne zwycięstwo okazało się sromotną porażką. Jak dziś na to patrzę, to myślę, że taki gnojek śpiewający o śmiertelnie poważnych sprawach związanych z nową Polską był niejadalny i niewiarygodny. Szczególnie gnojek po zawodówie. Dzisiaj ludzie łyknęliby mnie takiego, bo młody już nie jestem. Gdybym chciał, mógłbym teraz śpiewać *Pięknego instalatora*, ale nie chcę. Słusznie mnie wycięli i tyle.

Dzisiaj też cię „wycinają"?

Raczej pomijają. Od dwudziestu paru lat. Ale Bajora też niby nigdzie nie ma, a cały czas gra koncerty i sprzedaje płyty. Jakie to ma znaczenie? Zresztą sprawy się zmieniają. Pierwszy raz mam wydawcę, który dba o takie rzeczy jak promocja. Widziałem nawet billboard ze swoją gębą.

Kiedy?

Dwa lata temu w Krakowie. Przy okazji Męskiego Grania. Wyglądało to tak, jakbym reklamował piwo. To akurat zabawne. Ale też dziwne, bo reklama powinna być ładna. A ani mój ryj nie jest ładny, ani blok, na którym wisiał, ładny nie był.

Powiększenie mojej twarzy to tylko powiększenie problemów, które są na niej wypisane. Poczułem ciężar odpowiedzialności. Ja tu i ja tam, na górze, to jednak nie te same osoby. Pomyślałem, że mogę nie dać rady takim powiększonym oczekiwaniom, bo jestem za mały i za cienki. Tylko tyle. Przecież nie mogłem napawać się swoją własną wielkością. Owszem, jestem pierdolnięty. Ale nie mogę się podniecać, że mam trzymetrowe blizny na twarzy, bo by mnie zamknęli w psychiatryku. A psychiatryków było już dość w moim życiu.

Fachowcy od Photoshopa nie wyretuszowali ci twarzy?

Fachowcy wolą mnie na ogół jeszcze obrzydzić. Jestem dla nich najwyraźniej za śliczny. To działa za każdym razem, bo jak się widzę na zdjęciach, to zawsze myślę, że jestem na nich brzydszy niż w rzeczywistości. Na szczęście na Męskim Graniu wszyscy, poza Kasią Nosowską, są urodziwi inaczej. Nie byłem więc wyjątkiem.

Wyjątkiem byłeś na festiwalu w Krakowie.

Fakt. Poza tym uważałem się za oddzielną konkurencję, w której byłem jedynym zawodnikiem. Dostałem nagrodę i byłem szczęśliwy jak skurwysyn. Konkurs wygrał Marek Andrzejewski z Lublina. Ja zająłem drugie miejsce, *ex aequo* z Grzegorzem Halamą. On, podobnie jak ja, debiutował. Śpiewał wtedy piosenkę *Dziwny jest ten flak*.

Miałeś tremę?

Cholerną! Dziś też mam. To mój ogromny ból. Oczywiście, jak piłem, to nie miałem tego problemu. Ewentualnie to scena miała problem ze mną *(śmiech)*.

W Krakowie i parę miesięcy później w Świnoujściu na FAM-ie, którą wygrałeś, śpiewałeś po pijaku?

Nie. Wtedy bardzo lubiłem pić wódkę, ale jeszcze nie musiałem jej pić.

Jak każdy facet w tym wieku.

Obawiam się, że sformułowanie „jak każdy" słabo tu pasuje *(śmiech)*. Wypaliłem z wielką energią, która bardzo szybko się stopiła. Potem były już tylko zrywy, bo wódka nie pozwalała na inne funkcjonowanie w muzyce. Pazerka mnie zgubiła. Nie miałem umiaru. W niczym. W odczuwaniu również. W moim zawodzie taka cecha się przydaje, ale jednocześnie jest wielkim problemem.

Jak się urodziła Olga, byłem już alkoholikiem. Miałem dwadzieścia pięć lat.

4

Pamiętasz, na czym wczoraj skończyliśmy?

Jak mógłbym zapomnieć? Całą noc przez was nie spałem.

Byłeś przy narodzinach Olgi?

Oczywiście. Ale odpuśćmy dzisiaj. Nie ma co drążyć. Zróbmy przerwę...

Dopiero zaczęliśmy!

Już po urodzeniu nie była dziewczynką, tylko kobietą. Dorosłym człowiekiem. Zdarzają się tacy ludzie. Od razu miała w sobie godność i dumę. Mądrość w oczach...

Boże! Czy wiecie, że częścią mojej osobowości jest niezidentyfikowany lęk? W moim życiorysie nie ma prostych tematów. A ten jest z nich najcięższy.

Kiedyś musisz się z nim zmierzyć.

Mierzę się każdego dnia. Teraz, kiedy wreszcie uporządkowałem trochę życie i mógłbym spotkać się z córką, nawet nie oblatuje mnie strach. Na samą myśl o takim spotkaniu staję się duchem. Jestem przezroczysty z przerażenia. Olga to jedyny powód, dla którego znikam we własnych oczach. Niedługo skończy czternaście lat. Jest już młodą kobietą... Ja sobie cicho czekam. Jeśli zapragnie kontaktu, będę natychmiast.

Dlaczego sam nie wyjdziesz z inicjatywą?

Chciałbym. Ale wątpię, żeby moje próby się udały. Też jestem człowiekiem z rozbitej rodziny... Czy ona to zrozumie?

Aniołku! Moje życie jest jak zagubiona torpeda, która wyszła poza kurs. Los i przeszłość dręczą mnie. Często czuję pogardę dla siebie za wiele rzeczy, które zrobiłem. Mimo że nie są to morderstwa, kradzieże i wyłudzenia.

Jak będziesz za długo czekał...

Chcecie mi coś powiedzieć o czekaniu?! Ja jestem królem peronów...

Zrozumcie – stany, w których się znajdowałem, mogły poważnie zaszkodzić mojej córce. Wszystkie błędy, które popełniałem w życiu, wynikały z grzechu zaniedbania i lęku przed odpowiedzialnością. Podejrzewam, że za pomocą awantur czy jakichś innych rzeczy mogłem o ten kontakt zabiegać, ale wiem na pewno, że zniszczyłoby to życie tej dziewczynce. Ona dziś cierpi. O ile cierpi... Ale cierpiałaby znacznie bardziej, gdybym pojawiał się przy niej w tamtym stanie.

Dzisiaj jesteś w innym stanie.

Sercem jestem cały czas z nią. Cały czas. Jest gościem w moich snach.

To może być dla niej za mało.

Jej muzykowanie nie wzięło się znikąd. Jest zdolna po kimś.

Dłużej tego nie wytrzymam. Gram dzisiaj koncert. Czy wy wiecie, co to znaczy? Jak zaraz nie skończymy, nie dam rady zaśpiewać.

I to będzie nasza wina?

A czyja?! Patrzcie, papieros mi się krzywo pali. Ktoś o mnie myśli...

5

Jak się dziś czujesz?

Chujowo, czyli wszystko w porządku. Możecie mnie męczyć.

Mama w liście, który nam czytałeś, pisała: „Załatwiłam mu technikum".

Ona żyje w innej czasoprzestrzeni. Ja mam odmienne zdanie na ten temat. Czy z samymi dwójami można było wylądować gdzie indziej niż w zawodówie? Jak ktoś nie potrafi dogonić świni, to je żabę.

A skąd pomysł, że masz się kształcić na hydraulika?

Nie pamiętam. Na pewno nie przyczynił się do tego sąsiad z klatki. Facet opowiadał, że hydraulik to świetny zawód, bo non stop jest dostęp do sprzętu. „Ja pracuję na budowie. Wiesz, ile sobie kabla mogę zajebać po kryjomu? A hydraulik? Taki to pożyje". Wymarzony zawód, nie ma co.

Szkołę jednak jakoś skończyłeś.

Sam nie wiem jak, bo prawie w ogóle tam nie chodziłem. Z okien szkolnych było widać dawny obóz na Majdanku. Wolałem tam przesiadywać, niż tracić czas na lekcjach. Dlaczego mam słuchać pierdolenia jakiejś przemądrzałej nauczycielki z małego miasteczka? Historyczki, która o historii wiedziała mniej ode mnie... Powiedzcie mi, kto mógł uczyć w zawodówce? Brali jakieś trombocyty po studiach, które musiały udawać, że coś potrafią.

Nie pałasz miłością do systemu powszechnej edukacji.

Od małego nie chciałem chodzić do szkoły. Mało tego, wiedziałem też, że w ogóle nie chcę pracować. Na swój sposób cel osiągnąłem *(śmiech)*.

Do dziś wkurwia mnie każda szkoła. Nauka i jakakolwiek systematyka, czyli rzeczy, dzięki którym łatwiej się żyje, zawsze mnie doprowadzały do szału. Uważałem je za kompletnie niepotrzebne.

W podstawówce, jak wracałem do domu po lekcjach, to liczyłem płytki chodnikowe – wydawało mi się to ważniejsze i weselsze od patrzenia na bankructwo umysłowe, którego się dopuszczali niektórzy nauczyciele.

Do szkoły często chodzi się przynajmniej dla dobrego towarzystwa.

Od razu widać, że chodziliśmy do różnych szkół. W mojej klasie w zawodówie góra dwie osoby potrafiły cokolwiek napisać po polsku. I nie chodzi mi o ortografię, tylko o sens.

A miałeś jakieś koleżanki w klasie?

Ochujeliście?! Dziewczyny były na praktykach, ale nigdy ich nie widziałem. Podobno malowały barierki. Inna specjalność.

Ty też malowałeś. A raczej rysowałeś...

Chodzi wam o Majdanek? To było zdecydowanie ciekawsze niż ślęczenie w szkole. Przesiadywałem na terenie dawnego obozu całymi godzinami. Rysowałem baraki, a wokół nich wieżyczki.

Czasami, co na pewno wyglądało mocno niebanalnie, przyczepiałem się do wycieczek i wymądrzałem się jak rasowy przewodnik. Musieli mnie brać za dziecko specjalnej tro-

W Nowej Soli, 1995 r.

ski. Nieraz dostawałem od ludzi parę groszy albo jakiś drobny prezent. Taki już byłem – gdziekolwiek się pojawiłem, zawsze musiałem namieszać. Przez całe moje życie narobiłem takich rzeczy miliony.

Przeganiali cię stamtąd?

Malarza mieli gonić? *(Śmiech)*. Uspokójcie się.

O czym opowiadałeś wycieczkom?

W wieku siedemnastu lat wie się wszystko. Jest się posiadaczem całej wiedzy świata. Ja akurat o Majdanku wiedziałem sporo. Nie miałem problemu z nawijką.

Pamiętam, że zastanawiało mnie, dlaczego ludzie zbierają do reklamówek pieczarki między barakami. To rodzaj jakiegoś obłędnego, chorego wyluzowania.

A wiecie, że krematoria na Majdanku zbudowali Szwajcarzy? Mistrzowie precyzyjnej roboty. Niektórzy pewnie nosili zegarki w kształcie kominów.

Kiedy byłeś tam ostatni raz?

W styczniu. Zabrałem ze sobą Jurka Małka. Miał kaca i doszedłem do wniosku, że to najlepsze miejsce na taką okoliczność. Wstrząsające. Wielkie pole, wiatr i duchy. Pamiętam, że było przeraźliwie zimno.

Dziś już nie widać Majdanka z okien mojej szkoły. Postawili tam nowy budynek.

Władze szkoły zaprosiły cię na pięćdziesięciolecie istnienia. Zagrałeś?

Nie. Ta propozycja przypomniała mi tylko ten smutny czas. Na „półmetek" zawodówki również nie poszedłem. Nie mogłem iść na coś, co brzmi tak nonsensownie.

Jak dzisiaj idzie ci rysowanie?

Nie rysuję, więc nie wiem *(śmiech)*.

Niedawno zrobiłem pejzaż dla Wielkiej Orkiestry. Tytuł *Poziom Boga na Bugu*. Sprzedał się na Allegro bodaj za tysiąc złotych. Ale wiadomo, że ludzie chcieli pomóc dzieciakom, a nie kupić mój obraz. Nie przesadzajmy.

Jak zwykle udajesz skromnego. A my wiemy, że malowałeś akwarele i oleje na płótnie...

Mieszkałem kiedyś z grupą plastyczną Pławna 9 pod Jelenią Górą u Darka Milińskiego. Jeździłem na plenery malarskie z ludźmi, którzy wykładają malarstwo. Namalowałem wtedy parę olejnych obrazków, które potem były w polsko-niemieckim katalogu *Sztuka na granicy*. Moje malarstwo nazywali linearnym. Ale jakie było, nie wiem. Zawsze malowałem drogę, która szła w niewiadomym kierunku. Świat widziany z perspektywy drogi. Te obrazy były jak ja. W końcu przez całe życie udawałem się gdzieś tylko po to, żeby przeżyć podróż i przygodę. Cała reszta i obudowa moich ruchów to sztuka pretekstów.

Gdzie można dziś zobaczyć twoje obrazy i rysunki?

Moja przyjaciółka, fotografka pracująca między Warszawą i Londynem Kasia Kifert ma dużo moich rysunków. Znamy się od lat. Dużo rzeczy u niej zostawiałem. Ale to nie ma znaczenia...

A namalujesz coś do tej książki?

Autoportret? Nie żartujcie. Nie będę się wygłupiał. Jak coś się urodzi, co będzie wymagało ilustracji, to spróbuję skomentować obrazkiem. To wszystko.

Nie szkoda ci tego talentu?

Błagam. Nie można być wszystkim. Nie wystarczy być po prostu refrenistą?

Kto wymyślił to określenie?

Adam Galas, menedżer Perfectu. Wspaniała, wielka postać. Nazwał mnie refrenistą, bo często nie mogłem zapamiętać całych tekstów piosenek i na koncertach w kółko powtarzałem refreny (*śmiech*).

Tak jak Janek Kondrak zaraził mnie piosenką z tekstem, tak Galas zaciągnął w stronę rocka.

A mnie i tak odmienił jazz. W Krakowie poznałem mnóstwo zdolnych muzyków jazzowych. To dzięki nim przestałem występować na festiwalach i przeglądach piosenki poetyckiej.

Zanim jednak zostałeś „odmieniony" przez jazz, pojechałeś do Świnoujścia na FAM-ę.

Nie miałem wtedy swojego zespołu. Wszystko działo się spontanicznie. O pomoc poprosiłem muzyków Maryli Rodowicz. Między innymi Janusza Musa, który grał też z Renatą Przemyk, a potem założył Brathanki. Na drugi dzień zrobiliśmy próbę, a trzeciego dnia wygrałem z nimi FAM-ę. Śpiewałem znacznie dojrzalszy materiał niż w Krakowie – *Czlaka zbuntowanego*, *Piosenkę w samą porę*, *Na krawędzi szkła* oraz piosenkę Andrzeja Garczarka *U Tereski Zajęczycy*.

Jak poznałeś Galasa?

Był wtedy menedżerem Maryli. Pamiętam, że wymyślił, żebym wszedł na scenę i wręczył jej różę. W ten sposób w moim życiu zaczął się kolejny rozdział.

Adam przejął mnie od Kondraka i wziął na dalsze życiowe nauki. A trzeba wiedzieć, że nauka u niego to najlepsze studia świata. Dzięki Galasowi całkowicie odpuściłem sobie Świdnik. Ten facet zaczął mnie wychowywać społecznie. Dawał siano, regulował kreski w barach, wybierał ciuchy i wszystko tłumaczył. Często robił to w tandemie ze swoim największym przyjacielem reżyserem Adkiem Drabińskim.

Któregoś razu sprezentował mi worek amerykańskich *marines*. Przez długie lata ten worek był moim jedynym domem. Przebywanie obok Galasa, do którego zawsze mówiłem *efendi*[10], wspominam jak parę lat picia soku malinowego. Dla mnie to nadkozak. Człowiek dziwny i bardzo uczciwy. Najważniejszy nauczyciel w moim życiu. Opiekował się mną jak ojciec. Byłem wtedy głupkowaty, więc często mnie opierdalał. Zawsze mi mówił, że składam się z prawie samych wad, ale zalety, które posiadam, są niezwykle rzadkie.

---

[10] W języku tureckim wielmożny pan, władca, uczony w piśmie.

Ciężko się nie zgodzić.

Staram się być dobrym człowiekiem, ale przez swoje rozliczne wady często wychodzę na durnia. Zawsze byłem podpalaczem baków z benzyną. Czasem z premedytacją, ale w większości przypadków z czystej głupoty. Całkowicie niechcący.

Zupełnie jak Leslie Nielsen w roli porucznika Franka Drebina[11]. Kojarzycie? Moja ulubiona postać filmowa. Cały Dyjak (*śmiech*).

A wracając do Adama Galasa...

To facet z dwustuprocentowym poczuciem humoru. Kiedyś u siebie w domu zastawił na mnie pułapkę. Na wierzchu zostawił same whiskacze i inne wódy na myszach, a w zamykanym barku wyborową i colę. Wiedział, że nie cierpię śmierdzących alkoholi, więc niby od niechcenia pokazał mi zawartość barku i poszedł spać. Oczywiście odczekałem, aż zaśnie, i zacząłem się dobierać do wyborowej. Otworzyłem drzwiczki i nagle... włączył się alarm. Syrena wyła na cały dom. A Galas prawie umarł ze śmiechu. Na pewno jest jedną z tych osób, dzięki którym nie upadłem na samo dno.

Jak jest między wami dzisiaj?

Niestety, w czasach kiedy się przyjaźniliśmy, nie potrafiłem być wdzięczny. Coraz bardziej pogrążałem się w wódzie i stawałem się niezdolny do niczego. Byłem człowiekiem składającym się z chloru i kwasu solnego. A ponieważ nigdy się nie odwracałem i zawsze szedłem przed siebie, zaniedbałem naszą przyjaźń.

Przebrałem miarkę i Adam od lat jest na mnie obrażony. Pewnie ma rację.

---

[11] Główny bohater filmów komediowych z serii *Naga broń*.

Wiesz za co?

Była taka sytuacja w knajpie W Oparach Absurdu na Ząbkowskiej w Warszawie. Grałem tam za żarcie i wódkę. Któregoś razu przyszedł Adam ze swoimi przyjaciółmi. Chwilę pogadaliśmy. Potem powiedziałem, że znikam na chwilę i zaraz wracam. Oczywiście nie wróciłem. Wyszło na to, że się na nich wypiąłem.

Ale ja wtedy byłem w najgorszej fazie alkoholizmu. Wypijałem nawet cztery litry wódki dziennie. Non stop rzygałem krwią. Cień człowieka. Chodząca śmierć. Rozpuściłem sobie duszę w alkoholu.

Zróbmy przerwę. Już nie mogę. Strasznie się męczę tymi opowieściami. Mam je wszystkie nieprzemyślane. Niepoukładane. Bo największe dramaty działy się zawsze i tak w mojej głowie, a nie w rzeczywistości. Cały czas przyłapuję się na postępkach, które wyprzedzają idee. Niechcący wywołaliście demona, który powoduje, że cały czas myślę o swojej przeszłości i bykach, które popełniłem. A przecież nie wypada mi mówić o dobrych uczynkach...

(Marek wychodzi zapalić papierosa. Po trzydziestu sekundach wraca).

Adam Galas wydał twoją pierwszą płytę.

Sznyty. Tytuł wymyślił Adek Drabiński. Bez sensu.

Ty masz w ogóle jakieś sznyty?

Pojebało was? Nie bawmy się w piaskownicę. Moje wizyty w szpitalach psychiatrycznych wynikały tylko z alkoholizmu. Nigdy się nie ciąłem. Nigdy też nie miałem przekonania do *Sznytów*. To był jeszcze głos Jana Kondraka – jego teksty i muzyka. Właściwie to on powinien zaśpiewać na tej płycie, nie ja. Po nagraniu materiału zagrałem tylko jeden koncert promocyjny w Krakowie. W ten sposób skończyła się moja przygoda z tym albumem. *Sznyty* to nie ja. Są tam stany społeczne, a ja nie jestem społecznikiem. Wolę stany Dyjaka, czyli uczciwy egoizm. Nie czuję z tą płytą żadnej więzi. A tytuł mnie wręcz odstręcza. I chociaż wielokrotnie stawałem w jego obronie, to sam, za chuja, nie potrafiłem znaleźć argumentów na tę obronę. To była poważna produkcja, bo tylko do takich brał się Adam Galas. Nic jednak z tego nie wyszło. Nikt nie zauważył *Sznytów* – płyta sprzedała się fatalnie. Zresztą wszystkie moje płyty, poza *Ostatnią* i *Kobietami*, sprzedały się słabo.

Jest jakiś utwór ze *Sznytów*, który jednak cenisz?

Tylko jeden – *Człak zbuntowany*. Reszta mnie nie interesuje. Właściwie nie interesowała mnie już w trakcie nagrywania. *Sznyty* to zmarnowany czas. Mój, Kondraka i Galasa.

Próbowałeś to jakoś im uświadomić?

Siedemnaście lat temu byłem kompletnym półgłówkiem. Dziś też nim jestem, ale mam pewien potencjał doświadczeń. Byłem szczawiem podnieconym samym faktem nagrywania płyty. Dlatego z premedytacją wszedłem w gówno. Poza tym czy na świecie żyje choć jedna osoba, która próbowała uświadamiać Adama Galasa? (*Śmiech*). Byłem w niego dość mocno zapatrzony.

Nagrywałeś na trzeźwo?

Ciężko powiedzieć. W nocy popijałem za trzech, poznawałem Kraków, a potem szedłem spać na ławkę przed studiem. Rano przychodzili panowie i zgarniali mnie na nagrania.

Czyli kac.

Cholerny. Ale byłem młody, nie do zajebania. Do Krakowa dojechałem jakoś jesienią, po wszystkich ekscesach na

FAM-ie. Wiedziałem, że muszę się wyrwać ze Świdnika. Może było to nieodpowiedzialne? Wszystko jedno.

Moją jedyną znajomą w Krakowie była wtedy piosenkarka Dominika Kurdziel.

Skąd ją znałeś?

Z jakiegoś festiwalu. Wygrała wtedy nagrodę. Nie pamiętam, co to było. Bardzo w porządku dziewczyna. Przyjęła mnie na chwilę, a potem znalazła inny nocleg. Kombinowała też jedzenie. Jedynym zajęciem, jakim się parałem na co dzień, było wtedy szukanie miejsca do picia i spania.

Z czego wtedy żyłeś?

Z przyzwyczajenia.

A co jadłeś?

Jak coś było, to jadłem. Ale co to w ogóle za pytanie? Ja byłem wtedy niezniszczalny. Jadło się przy okazji. Albo się nie jadło.

Co miałeś ze sobą?

Nic. Tylko to, co na sobie.

A byłeś już wtedy marynarkowy?

Tak. Od Galasa się nauczyłem. Czarne spodnie, czarne buty, czarna marynarka, biała koszula albo koszulka w serek. Adam przywoził takie ciuchy z Nowego Jorku. Od czasu do czasu coś tam mi przypadało w udziale. Nie miałem kluczy, nie miałem portfela. Byłem wędrownikiem. Ale nawet worka na kiju nie miałem. Taki rodzaj zakonu *(śmiech)*.

Dokumenty?

Nie miałem i nie potrzebowałem. Ale przecież nic takiego nie robiłem, żeby policja... Wpadałem tylko co wieczór w wir

Rynku i potem się działo. Na ogół lądowałem na Kazimierzu. Róg Estery i Izaaka – klub Singer. To, co się tam wyprawiało, to było jedno wielkie piękno. Krystalicznie czysty Bukowski. Wir, po prostu wir. Nie wiadomo, kiedy robiło się widno. To była taka knajpa, że jak w nocy goście połamali krzesła i stoliki, to już rano stała kolejka miejscowych z krzesłami na sprzedaż. Spotykały się tam Akademie: Muzyczna, Teatralna i Plastyczna, oraz najróżniejsi artyści z dziwnymi pomysłami na siebie.

Poznałem tam Bogusia Łyszkiewicza z Chłopców z Placu Broni i tysiąc innych osób. Wplątywałem się w jakieś dziwne romanse. Namiętności, które nie miały żadnego przełożenia na przyszłość. A byłem szczawiem kompletnym. Działo się. Urządzałem różne formy rozrywki. Były rozliczne bójki...

Sprawiedliwe? Raz dawałeś po mordzie ty, a raz dawali tobie?

Nie pamiętam, żebym gdzieś w Krakowie dostał wpierdol. Byłem prędki. Wytrenowany. W świetnym wieku i świetnej formie. Niezatapialny. Superkiller. Avia Świdnik w locie (*śmiech*).

Nie było na ciebie kozaka?

Był jeden. Chłopak z Bielska-Białej – Krzysiek Dziedzic. Równie szybki. Ale nigdy nie doszło między nami do dymu, mimo że wielu chciało to zobaczyć. Szły nawet zakłady, kto by wygrał: Dyjak czy Dziedzic. To świetny zawodnik – bębniarz. Mój przyjaciel kochany. Chodziliśmy razem od baru do baru. Szukaliśmy ludzi, z którymi moglibyśmy pojamować.

Poznałem wtedy całe krakowskie środowisko jazzowo-rozrywkowe. Najróżniejszych muzyków i kapele. Pomieszkiwałem w akademiku z pianistą Pawłem Węgrzynem, saksofonistą Marcinem Ślusarczykiem i Olegiem Dyjakiem z Ukrainy, który grał na świni[12]. Było nas wtedy dwóch Dyjaków.

Co chwila zmieniałem miejsca pobytu, więc poznawałem masę ludzi. Gościł mnie między innymi Robert Kasprzycki.

Występowałeś w Piwnicy pod Baranami?

Przez pół roku byłem tam przyklejony. Dzięki Grzegorzowi Turnauowi i Szymonowi Zychowiczowi. Z tym ostatnim, który był stałym artystą Piwnicy, śpiewaliśmy we dwóch *Piosenkę w samą porę*. Pamiętam, że kiedy poznałem Piotra Skrzyneckiego, był już chory, w zasadzie umierający. Spotkało mnie wiele miłych rzeczy ze strony Piotra, ale nie mogę powiedzieć, że go poznałem. Mam o nim niewiele do powiedzenia.

A o Ewie Demarczyk?

Byłem gdzieś obok, jak przemykała. I tyle.

Gdzie poza Piwnicą występowałeś?

W stu miejscach. Ciągle się przecież coś działo. Pracowałem na przykład z kompozytorem i pianistą Januszem Grzywaczem ze słynnej kapeli Laboratorium. A Darek Gnatowski, czyli Alfred Boczek ze *Świata według Kiepskich*, załatwiał mi występy z okazji różnych benefisów w Teatrze STU. Śpiewałem między innymi dla Huka i Treli. Darek to fantastyczny chłop. Też mnie dokarmiał. Ostro balowaliśmy. Nosił mnie nad ranem pijanego jak kota. Przewieszał w pół przez ramię, jakbym nic nie ważył. Jest silny jak tur.

W tamtym czasie pomieszkiwałem też u Szymona Zychowicza, który mnie przygarnął, bo nie miałem się gdzie podziać. Aż do momentu, kiedy zostawił mi klucze, a ja zrobiłem

---

[12] Akordeonie.

u niego na chacie wielki burdel. Wściekł się Szymek i mnie wypierdolił na bruk.

Po tej akcji przeniosłem się na Starowiślną. Powstała tam komuna, w której mieszkał między innymi Grzegorz Halama, a rządził Bartek Brzeskot z Kabaretu Rafała Kmity. Wiele kolorowych postaci przewijało się przez Starowiślną. W końcu wszyscy się na mnie wkurwili, bo nie dokładałem się do czynszu. Nie miałem z czego. Musiałem sobie znaleźć inną miejscówkę.

Kiedy teraz odwiedzasz Kraków, to jakie nachodzą cię refleksje?

Kraków był, jest i zawsze będzie taki sam. Duch Franza Josefa czuwa. Tylko jedno się zmieniło: krakowskie pałowanie się wierszami nie ma już dzisiaj dla nikogo żadnego znaczenia.

Kończmy, bo czuję, że gasnę...

6

Na ramieniu masz dziwny tatuaż. Ni to słońce, ni to twarz...

To „zakaz zatrzymywania" – tak go nazwałem.

Kiedy go zrobiłeś?

Mniej więcej w wieku osiemnastu lat. Byłem już wtedy po wielu konfliktach. I wewnętrznych, i międzyludzkich. Ten tatuaż wymyśliłem po to, żeby się nie odwracać za siebie, tylko iść do przodu. Żeby o tym, co było, raz na zawsze zapomnieć. I takie myślenie towarzyszy mi do tej pory. Dlatego tak bardzo nie lubię wracać do przeszłości. Niestety, wy kruszycie te mury. To znaczy ja je kruszę, odpowiadając na wasze pytania. To bolesne. Zresztą wiecie, co chcę powiedzieć...

Nawet jeśli, to nie napiszemy tego za ciebie.

Trudno jest żyć bez dziecka, które się ma. Cholernie trudno...

Wracamy do tematu Olgi?

Nie teraz. Jeszcze nie. Lećmy dalej.

Mama widziała ten tatuaż?

No pewnie. Od razu. Jako pierwsza. Było jak z papierosami – po prostu wszedłem do domu i paliłem. Zawsze miałem z matką układy bardziej przyjacielskie, niż można by się było spodziewać. Jak zobaczyła mnie pierwszy raz z papierosem, to chyba chlasnęła ścierą. Ale nic sobie z tego nie robiłem. Jako hrabia, król i mistrz templariuszy bezczelnie paliłem dalej. Na drugi dzień to już w zasadzie była norma. Szybko wprowadzałem nowe tradycje. W relacjach z matką byłem bezkarny.

A z ojcem?

On był i go nie było. Całe życie jedynie przewijał się przez nasz dom. Zresztą miał mnie głęboko. Mogłem być dla niego interesujący najwyżej przez sekundę, jeśli akurat miałem przy sobie fajki, żeby go poczęstować. Autorytetu szukałem zawsze poza domem.

Mieszkanie w Świdniku to jest matka. Tylko ona. Jak mamy zabraknie, to już nic mnie z tym miastem nie będzie łączyć.

Czułeś się maminsynkiem?

No pewnie. Łatwo nim być, jak cię wciąż nie ma. Z domu wyprowadziłem się w wieku osiemnastu lat. Jakby matka wiedziała, jakie historie uskuteczniałem, to przestałbym być w jej oczach „kochanym Maruniem". Wszelkie próby kierowania mnie na różne tory zawsze paliły na panewce.

Najlepsze jest to, że ostatnio napisała do Ewy: „On pił. A wierz mi, ja nigdy nie widziałam go pijanego. Z całą odpowiedzialnością to mówię". Nie wierzyła w moje upadki. Któregoś razu, jak była na Sycylii w pracy, zadzwoniłem i powiedziałem, że się powiesiłem. A ona: „Oj, dobra... Nie wygłupiaj się". Moje wyznanie wzięła za żart.

Co twoja mama robiła na Sycylii?

Jak przeszła na rentę, pracowała w hospicjach – w Niemczech i we Włoszech. Opiekowała się starszymi ludźmi. Zresztą całe życie harowała. Jak byłem dzieciakiem, mama miała etat jako pracownik socjalny przy szpitalnej przychodni. Do tego pracowała jeszcze w zakładzie kaletniczym. A wieczorami chodziła do szkoły i robiła średnie wykształcenie. Mając na głowie troje dzieci! Były takie momenty, że płakała każdej nocy. Miała bardzo ciężkie życie. W praktyce jej wysiłki były walką o nasze i jej przetrwanie. Pewnie dlatego zawsze starałem się ją rozśmieszać, robiąc z siebie durnia. Do niedawna brałem ją pod boki i razem tańcowaliśmy.

Pamiętasz moment, kiedy zdawała maturę?

Coś tam pamiętam, ale nie miało to dla mnie wtedy znaczenia. Byłem łepek. Nie kumałem nawet, czym jest szkoła dla dorosłych. Sam starałem się każdej szkoły unikać jak ognia. Dlatego dzisiaj nauka matki wydaje mi się przeogromnym wyczynem. Ponad siły. Dla mnie nie do przejścia. Ale dla mnie nie do przejścia jest też noszenie okularów, które bezwzględnie powinienem nosić.

„Zakaz zatrzymywania" to twój pierwszy tatuaż?

Tak. Księżyc wpisany w słońce. Bo noc też służy do tego, żeby się nie zatrzymywać. Jest tam jeszcze krzyż Świętego Krzysztofa – krzyż męczennika. Wiecie, tak jak postać Babilończyka przedstawianego z głową psa...

Nie wiemy.

Nieważne. Krzyż patrona przewoźników. Kto w starożytnej Grecji przewoził dusze przez Styks? Charon, tak? Zresztą Charon to księżyc Plutona... Naczytałem się najróżniejszych rzeczy. Poszedłem do koleżki i mi to zrobił. Tyle. Nie ma co tego rozpatrywać.

Przecież to ważna decyzja.

– Zawsze miałem problem z tym, jak wyglądam. Moja morda jest niewyjściowa. I w związku z tym powstała ta postać. Całą ideologię podpiąłem pod symbol przewoźnika. Sam uważałem siebie za postać błądzącą. Przecież cała moja agresja była tylko przykrywką. Bałem się i biłem, bo bijatyka jest po to, żeby zachować dystans. Nie pokazać swojej wrażliwości. Kiedyś pojechałem do kumpla pracować przy wypalaniu cegły. I któregoś razu w niedzielę, kiedy ludzie modlili się w kościele, ja modliłem się przed polem krzyżyków powbijanych na maliny. Szukałem Boga, ale nie tam, gdzie wszyscy, tylko tam, gdzie on jest.

Kolejnym tatuażem była gwiazda Dawida?

Gwiazda to uzasadnienie wszystkiego. Miałem wtedy chyba trzydzieści trzy lata i mieszkałem na warszawskiej Pradze. Jak sobie coś takiego wydłubałem, to oczywiście patrzyli na

Park przed Szkołą Filmową w Łodzi, 1998 r.

mnie jak na świra. Ale nikt nie zaczepił. A chodziłem non stop z podwiniętymi rękawami. Doszedłem wtedy do wniosku, że ta gwiazda mnie chroni. I tak już będzie do końca życia. Na ramieniu mam też napis „kamień". Po hebrajsku. To symbol wieczności i pamięci. Jestem świadomy, co ludzie potrafią sobie wyrządzić.

A na przedramieniu masz kotwicę.

„Żeglowanie jest koniecznością. Życie nie". Po dziadku Gienku. Jak matka chce mi dopiec, mówi, że jestem taki sam jak jej ojciec, czyli rasowy łobuz. Mało było takich kozaków na świecie – zawinięte rękawy, odsłonięte tatuaże, kotwice na przedramionach – rasowy wilk. Dziadek przez wiele lat był poważnym wirażką w Lublinie – jeszcze kiedy Lublin był Lublinem. Prawdziwym postrachem. Nie odpuszczał. Mocny, agresywny. Partyzant i zabijaka. Był w WiN-ie[13]. W 1948 roku złapali go z bronią. Na szczęście nic więcej mu nie udowodnili, bo na pewno by nie przeżył. A tak „tylko" zaliczył wiele lat na Zamku Lubelskim[14]. Siedział też w ciężkim więzieniu w Sieradzu. Jedyną rzeczą, której się nauczył podczas swojej działalności w AK i WiN-ie – gdzie notabene musiał ukrywać swoje pochodzenie – była regularna partyzantka, co w czasie pokoju oznacza życie, które zmusza do łamania paragrafów. Dziadek był Żydem spod Moskwy. Czyli ja też – po kądzieli. Ale wali mnie to. Nie ma znaczenia. Choć dziś mógłbym się kreować, że to dlatego wybrałem zawodówkę z widokiem na Majdanek... Gienek urodził się tego samego dnia co ja. Horoskopy pokazują urodzonych 18 kwietnia z dzidą lub mieczem.

---

[13] Zrzeszenie „Wolność i Niezawisłość" – cywilno-wojskowa organizacja antykomunistyczna założona 2 września 1945 r.

[14] Służba Bezpieczeństwa przetrzymywała tam i torturowała „wrogów władzy ludowej".

Kiedy widzieliście się ostatni raz?

Parę lat temu. W szpitalu. W zasadzie na łożu śmierci. Wyglądał jak młody Benjamin Button[15]. Do tego cały pokancerowany. Blizny po sznytach, tatuaże. Był w śpiączce, po płukaniu żołądka. W swoje urodziny – czyli w swoje i moje – wpierdolił wiadro leków i wylądował na neurologii. Ponieważ nie mógł już jeździć motorem, to chciał sobie skrócić męczarnie. Bo co to za życie. Pocałowałem go w rękę na pożegnanie. A potem zrobiłem kotwicę na przedramieniu, w tym samym miejscu co on. W ten sposób jego kotwica żyje na mnie. Na cześć tamtej kotwicy. Najlepsze jest to, że Gienek wcale nie umarł. Doszedł do siebie i uciekł ze szpitala. Zawsze miał ułańską fantazję.

I od tamtej pory nie mieliście kontaktu?

Nie. Może nadal żyje. Nie wiadomo. Słuchałem dziś radia i nie mówili, że umarł. Ale jeżeli żyje, to ma koło setki. Tajemnicza postać. Po śmierci ojca matka zaczęła mi opowiadać o swojej rodzinie, której część przyjechała z Palestyny... Wojna zabrała Gienkowi oboje rodziców. Dziadek wyglądał i zachowywał się trochę jak profesor Grzegorz Królikiewicz – niski, krępy, silny, bardzo specyficznie odnosił się do ludzi. Kiedyś, krojąc skibę chleba, zapytał mnie: „Marek, ile razy ruchasz w nocy?". Ja przestraszony: „Raz, czasami dwa...". A Gienek wystrzelił: „Prawdziwy mężczyzna rucha tylko raz". Miałem wtedy z osiemnaście lat.

Uczył cię, jak żyć.

Sadził do mnie różne teksty. „Kiedy dżentelmen zachowuje się jak dżentelmen? Zawsze!" *(śmiech)*.

---

[15] Główny bohater opowiadania Francisa Scotta Fitzgeralda *Ciekawy przypadek Benjamina Buttona*, który zamiast starzeć się – młodniał. Opowiadanie to sfilmował w 2008 r. David Fincher.

Dziadek mieszkał po drugiej stronie Majdanka, przy Niemcewicza. Z jego okna było widać cały obóz. Spytałem go kiedyś, czy tam był. Odpowiedział: „Po co? Przecież tam śmierdzi". Odpowiedź sucha jak Sahara.

Jesteś do niego podobny?

Nie bardzo. Mam na przykład delikatne dłonie, a Gienek miał pięści jak kamienie. Kiedy kogoś uderzałem, to często łamałem palce i rozcinałem sobie skórę. Z wyglądu przypominam raczej ojca ojca – dziadka Franka. Tamten nie był *fighterem*, jak Gienek. Bardziej romantykiem. Kawalerzysta 27. Pułku Ułanów, z włosami zaczesanymi do tyłu. Prawdziwy oryginał. W 1947 roku nazwał syna, czyli mojego ojca, Jan Adolf. Naprawdę ciężki dowcip. W każde wakacje razem z siostrą jeździłem do niego na wieś, do Puszczy Solskiej. Mama mnie wysyłała, żebym się leczył z astmy.

Od dziecka miałem problemy z chronicznym zapaleniem oskrzeli i krtani. Stąd moja specyficzna barwa głosu. Chrypa nie oznacza, że jesteś zdrowy, tylko że masz w gardle jakieś deformacje. A ja z roku na rok miałem coraz większą chrypę.

Czyli w twoim przypadku chorowanie okazało się błogosławieństwem.

W każdej chwili mogę się zadławić, udusić i zejść – jakie to błogosławieństwo?!

Twórcze. Wyleczyłeś się chociaż?

Prawie, ale czasem astma wraca. Jestem dziś śpiewającym astmatykiem *(śmiech)*. Dziadek zawsze cieszył się, jak do niego przyjeżdżaliśmy. Ale tylko przez piętnaście minut. Potem zaczynał na nas mówić „stonka".

Pierwszy raz pojechałem tam jako sześciolatek. Niedaleko wsi była rzeczka – Borowina. Taka malutka strużka, która wpada do Tanwi na wysokości Sierakowa. Jak tylko zauważyłem w niej jakieś kiełbiki, to chwilę potem robiłem haczyk z gwoździa i zawiązywałem na nim sznurek od snopowiązałki. Do tego korek z gęsim piórem i nad wodę. Nie zdawało to jednak egzaminu. Zacząłem więc podglądać miejscowych chłopaków. W ten sposób siedziałem nad wodą od rana do nocy. Wracałem do domu tylko po to, żeby jeść i spać. Zakochałem się w wędkowaniu.

Jak się nazywa wieś dziadka Franka?

Kusze. Pod Biłgorajem. Być może odziedziczę po nim domek. To znaczy odziedziczę, jak odkupię. W tej wsi, która ma sześćset metrów długości, jest pięć domów Dyjaków. Ale nikt nie przyznaje się, że jest z tej samej rodziny *(śmiech)*. Dawno temu mieszkała tam siostra dziadka – Nieduszka. Wsławiła się tym, że w czasie wojny z sąsiadką ukrywały w domu młodego Żyda, potem znanego aktora – Mieczysława Czechowicza. Kojarzycie? *Miś Uszatek*... Znam tę historię od dziecka. Wciąż mi jednak mówiono, żebym jej nikomu nie powtarzał. W tamtych okolicach, od zawsze bardzo antysemickich, na mrówki do dziś mówi się „żydy"... Po wojnie Nieduszka umarła. Dziadek zostawił swoją żonę i sam zamieszkał w tym domu. Franz to był prawdziwy Don Juan. Miał masę koleżanek. Jak już był staruszkiem, to wciąż przyjeżdżały do niego jakieś ropuchy i się opalały przed domem. Dla niego wszyscy faceci byli próżniakami i nygusami. Interesowały go tylko kobiety. Czesał się na brylantynę, nosił różowe koszule – to była całkiem inna klasa. Opierniczał mnie, że włosy zasłaniają mi uszy. Dla niego mężczyzna, u którego nie było widać uszu, nie był prawdziwym mężczyzną. Przedwojenna kindersztuba, bardzo surowe zasady postępowania wobec bliskich, specyficzna nieuczuciowość. Jego trzech synów, w tym mój ojciec, szanowało dziadka, ale nie mogło go kochać.

Masz coś z niego w relacjach z kobietami?

Na pewno. Ale ja jestem połączeniem dwóch dziadków. Partyzantka jest u nas we krwi. Dziadek zostawił rodzinę, mój ojciec zostawił...

Czyli ty to trzecie pokolenie partyzantów?

Co najmniej. Podejrzewam, że ojciec dziadka to był dopiero nadpartyzant. Kozak, jakich mało. Nie umywam się do nich wszystkich. Dziadkowie żyli w takim momencie historii, kiedy wszyscy byli mordercami albo potencjalnymi mordercami. Czasy po ludziach jak po zębach wyrwanych. Ja jestem skromnym współczesnym partyzantem.

Jak kobiety żyją z partyzantami?

Pytanie nie do mnie. Nie wiem, co powoduje, że Ewa ze mną jest. Na pewno jakieś obawy ma. Przecież nigdy nie wiem, kiedy będę musiał iść w las. Las wysyła ci informacje i nagle idziesz. Nie macie tak, że nagle wzywa was żywioł? Pojawia się chęć przeżywania poezji? Jest wojna, są ranni.

W takim razie jak partyzant żyje z kobietami?

Człowiek nie powinien tracić prawdy samego siebie. Jestem świadomy swoich ograniczeń. Dlatego często walczę z partyzantem w sobie. Druga żona Gienka – Teresa, malutka, inteligentna, cicha, skromna – siedziała zawsze w kuchni przy stole. Nie chcę, żeby tak to u mnie wyglądało. Byłem na pogrzebie Teresy i poleciały mi łzy. A dziadek mnie opierdolił, że mam za krótkie spodnie. Tyle że ja z tych spodni wyrosłem i nie było na nowe. Gienek nie uczestniczył w obrządku, tylko obcinał, do czego by się przypierdolić. Ja taki nie chcę być. Chociaż wiem, że każdy partyzant jest egocentrykiem. To jego rany są najważniejsze. Tu szwabska kula, a tam pruski szrapnel. W Polskę idziemy. Najlepiej o tym napisał Czyżykiewicz:

(Marek recytuje)

Pamiętasz bale, bale, bale, nasze bale
Śnieg jak konfetti, a my jak dzieci w zimy upale.
W Polskę się szło przez noc, przez mroz kolec.
W kieszeni pół na te nasze niedole[16].

Partyzanci to nie rzadkość. I to nie są punkowcy ani metalowcy. To są kolesie, którzy uwierzyli, że swoją energię czerpią z przeciwstawienia się zastanej sytuacji. Niektórym się może wydaje, że partyzant to jest chuj złamany na kaczych łapach. Ale jak kobieta nie chce żyć z jakimś bananem albo piwożłopem z fabryki, to zrozumie partyzanta. Oczywiście większość kobiet woli tych pierwszych. Chcą sobie spokojnie przepierdzieć życie, bo tam, po drugiej stronie, czeka Matka Boska. Mogą się zdziwić. Bo jak Maryjki tam nie będzie, to w jednym ułamku sekundy okaże się, że całe ich życie nie miało znaczenia. A one nie lubią mieć poczucia, że są oszukiwane. W przeciwieństwie do facetów, którzy to uwielbiają.

Może też są kobiety partyzantki?

Być może. Takie, którym nie imponują kolesie, których jest wszędzie pełno. Tych, co to mają miniaturkę wieży Eiffla przy kluczykach do samochodu. Takich, co prowadzą sklep z butami i mają się za wielkich biznesmenów. Piją różowe wino Carlo Rossi, chodzą w butach Gino Rossi i są przekonani, że od tego staną się światowcami. Ale żadnemu do głowy nie przyjdzie, że ich buty są polskie, a wino rozlewane jest w Ćmielowie z zardzewiałej cysterny. Parę lat wcześniej

---

[16] *Kolęda* Mirosława Czyżykiewicza.

używali żelu, a teraz golą się na krótko i chodzą na siłownię popatrzeć na dupy. Uważają się za Bóg wie jakich playboyów.

Czyli partyzanci mają powodzenie u kobiet?

Pewnie. Bo są odważni w sprawach, o których ci z piwkiem i meczem nigdy nawet nie słyszeli. Owszem, partyzant w domu tak dobrze się nie sprawdza. Ale za to w drodze jest niezastąpiony. Wycieczka z nim staje się automatycznie inspirująca. Bo partyzant przyciąga do siebie problemy i namiętnie je zwalcza na oczach kobiety. Pojawia się od razu bardziej interesujący świat. Kiedy poznałem Ewę, byłem złamany i rozgoryczony. I nagle miłość – w sensie ratunku. Jesteś sam, jesteś w drodze, masz parę świstków ze swojego życia i jakąś przeszłość – dzisiaj głównie w internecie. I nagle, nie wiadomo skąd, wyrasta ci przed oczami kwiat lotosu. Zaczynasz go kokietować, żeby nie umarł. I rodzi się uczucie. Jak się uda zaprosić tę osobę do tego uczucia i podzielić nim po równo, to jest dobrze. A jak się nie uda – popełniając grzech zaniedbania – to jest źle.

„Kobiety się mną opiekowały i dlatego wyglądam dziś, jak wyglądam". Tak kiedyś mówiłeś.

Dla niektórych wyglądam całkiem nieźle, a dla innych jak jełop po przejściach: jakbym głowę trzymał w ulu przez kilka lat. Jestem spuchnięty i pokaleczony drobnymi dzidami. Ale i tak najbardziej podrapaną mam duszę. W naszym kraju widzi się dużo zamulonych i podrapanych przez los gości. Ci goście mają na imię „Polska" i właściwie są kobietami. Jak widać na załączonym obrazku, nie wszystkim to jednak przeszkadza.

Przyciągałeś kobiety pielęgniarki?

Moja pierwsza żona na pewno nie była takim typem. Druga opiekowała się mną i potwornie z tego powodu cierpiała.

Ewa jest pierwszą kobietą, której pomagam i z którą uczestniczę w normalnym życiu. Wypełnia wszystkie, niezbadane wcześniej przeze mnie, rewiry. Jestem na takim etapie życia, że nie zwracam się do nikogo o pomoc. To ja staram się pomagać innym. Dopiero wtedy czuję się fajnym facetem. Mężczyzna jest stworzony do tego, żeby być opoką.

Jak dużo czasu upłynęło, żebyś to odkrył?

Bardzo dużo. Tak było z wieloma innymi rzeczami. Ale matematyki już nigdy w życiu się nie nauczę...

Musimy zrobić przerwę. Stop. Czyści mnie. Jak się denerwuję, od razu mnie wrzody jebią...

7

Wczoraj po raz pierwszy wspomniałeś ojca.

Nigdy nie miałem z nim przyjacielskiego przelotu... Panowie, ja zawsze działałem w obronie matki. Nie ma więc u mnie czegoś takiego jak stawanie w obronie męskich spraw.

Ojciec was zostawił.

To nie tak. Jego przeważnie nie było, ale co jakiś czas jednak wracał. Nie wiem, czy dzięki zabiegom matki, czy po prostu przelatywał nad Świdnikiem jak meteoryt nad wsią. Ale błagam, nie piszmy opowieści o cierpieniach młodego Wertera z ojcem w resorcie.

Tata był strażakiem.

Skończył Szkołę Główną Straży Pożarnej w Warszawie. Dwa lata szkolił się też w wojsku. Matematyka i fizyka nie miały przed nim tajemnic, a suwak logarytmiczny stale nosił przy sobie. Myślał pewnie, że Juliusz Słowacki to jakiś sąsiad z bloku, ale w pamięci liczył jak mały komputerek. Przez dwa lata był asystentem generała Sylwestra Kaliskiego, który pracował na WAT nad laserową mikrosyntezą termojądrową oraz bombą wodorową. Facet zginął w wypadku pod Koszalinem. Jest teoria, że pomogło mu w tym KGB w odwecie za to, że odmówił udostępniania wyników swoich badań towarzyszom Sowietom.

Jakiego stopnia ojciec dosłużył się w Straży?

Był kapitanem. W 1968 roku na Stadionie Dziesięciolecia w Warszawie, w trakcie dożynek, miał promocję oficerską. Traf chciał, że tego samego dnia podpalił się tam były żołnierz AK Ryszard Siwiec. Ojciec stał tuż obok. W filmie dokumentalnym *Usłyszcie mój krzyk* opowiada, jak go gasił. Widać go też na zdjęciach archiwalnych, jak zdejmuje marynarkę i próbuje zarzucić ją na Siwca. Miał wtedy dwadzieścia parę lat... Za milczenie o sprawie dostał licencyjny polski telewizor kolorowy Rubin. Stary, wysłużony ametyst poszedł na złom. Ojciec miał też sporo medali, w tym jeden za gaszenie pożaru po wybuchu Rotundy.

Kiedy po raz pierwszy widziałeś *Usłyszcie mój krzyk*?

Jak na dworcu w Lublinie czekałem na pociąg. Była pierwsza w nocy. Nagle w telewizorze w poczekalni zobaczyłem swojego ojca, który coś gadał. Poczułem, że skądś znam tę postać. Po paru minutach przyjechał pociąg. Wsiadłem do wagonu i pojechałem do Świdnika.

Jak gdyby nigdy nic?

Tak jakby. To nie był mój przyjaciel. Ojciec wpadał i wypadał, bo w kółko zmieniał robotę. Pracował w wielu miastach i latał po całej Polsce. Ze dwa czy trzy razy go degradowali. Za wódę. Przez pewien czas był chyba nawet zastępcą komendanta Straży Pożarnej w Świdniku. Ale w sumie nigdy nie wiedziałem, czym się zajmował. Nie interesowało mnie to. Jak się pojawił w domu, to narobił bydła i znikał. Rozbijał telefony, czasami nas trochę porozbijał, pokrzyczał i szedł spać. Jak każdy pijak. I jak każdy oficer, który swoją władzę pokazywał zwykle w prywatnym domu, a nie w jednostce.

Mówiłeś kiedyś, że rzucał wami o ściany.

Bywało, ale nie piszmy o tym.

Dlaczego? To ważne.

Bo to był dla mnie problem, jak byłem malutki. Teraz mam to gdzieś, nie mam nawet żalu. Kiedy dziś myślę o życiu mojego ojca, mam poczucie, że go zawiodłem. Mogłem przecież wyciągnąć rękę. W chwili kiedy był najsłabszy i najbardziej potrzebujący, ja zawiodłem. Pewnego razu wracaliśmy z Wojtkiem z koncertu. Powiedziałem mu wtedy: „Wiesz, chciałbym jutro wyciągnąć ojca na ryby. Poprosić, żeby trochę ze mną zamieszkał. Wziąć go do siebie". Rano dowiedziałem się, że nie żyje. Jezu! Bóg mnie po coś zachował. A ja w najważniejszym momencie nie zdążyłem.

Wybaczyłeś ojcu?

Wszystko. Dawno temu. Ale sobie nie wybaczyłem. Myślę, że chciał, żebym go zabrał. Boję się, że tak jak on, tak i ja nie doczekam się gestu od mojej córki... Jestem przyzwyczajony do samotności, ale nie chciałbym, żeby miała przeze mnie złe sny. Z drugiej strony moja praca to świadectwo tego, że cierpienie ma rację.

Pamiętasz chwile spędzone z ojcem sam na sam?

Kiedy byłem dzieckiem, zbliżenie się do niego zwykle kończyło się źle. Bywałem po prostu idealnym pretekstem do bezkarnego całodziennego browarzenia. Pamiętam, że raz wziął mnie na ryby. Sam poszedł do piwiarni, a ja za rogiem moczyłem kija. Strzelił parę piw i wróciliśmy. Było to tak blisko domu, że w razie czego sam mogłem do niego trafić. Ojciec zawsze chciał, żebym postrzegał rzeczywistość tak jak on. Dla niego nieważne były kształty i zapachy drzew. Ważne były tylko policzone liście. Ewidentnie nie pasowałem do jego świata. Poza tym byłem płaczliwym dzieckiem, czego nie znosił. A jak dorosłem, zaczęła ze mnie płakać wódka. Warkocze łez. To zakłóca postrzeganie świata. Coraz mocniej go akwarelizuje.

Dziś nie płaczesz?

Rzadko. Ale zdarza się.

Kiedy ostatnio?

W zeszłym roku, na jego pogrzebie. Jako niepijący alkoholik nie byłem w stanie pomóc ojcu w tej samej chorobie. A dobrze wiedziałem, z czym się zmagał. Wódka go zabiła.

Miałeś w ogóle szanse, żeby mu pomóc?

Nie wiem. Nawet nie spróbowałem. Wydaje mi się, że można było coś zrobić. Kiedy odwiedzałem go w domu dla bezdomnych, myślałem, że mi serce pęknie.

Nawet wtedy się nie zbliżyliście? Zawsze była walka?

Aż do samego końca.

Widziałeś w nim siebie?

Non stop. I strasznie to w sobie zwalczałem. Patrzyłem na swoje ręce, które wydawały się podobne do jego rąk. Widziałem, w jaki sposób układa dłonie, i od razu dostawałem szału. Byłem klasycznym dzieckiem wychowywanym przez matkę, w którego życiu ojciec od początku jest obrazem diabła. Bardzo nie chciałem być taki jak on. Ale przeszedłem bardzo podobną drogę. Zdarzały się nam podobne historie. Byliśmy inni, ale alkohol nas zrównał. Wszak ja też byłem gościem tamtego domu.

Dziś moje odwiedziny u matki trwają góra dwadzieścia minut. Daję pieniądze, wzruszam się jej chorobą i natychmiast uciekam. Tak to trzeba nazwać. Tam nie ma krwi w ścianach, ale są łzy smutku. Morze smutku, którego on był powodem. Choć na pewno niejedynym.

Kiedyś stwierdziłeś, że dorastałeś z myślą: „Jak dorosnę, to go zajebię".

Widzicie, jaki los potrafi być przewrotny? A dziś wróciłbym mu życie. Po co? Żeby naprawić swoje. Co za podłość! Czyż nie jest to plugawe? Chcieć, żeby ktoś żył, aby samemu sobie pomóc?

Czasami przyłapuję się na stanach, w których brzydzę się samego siebie.

Aż tak?

Zdarzyło mi się pobić ojca. Bardzo poważnie. Wylądował w szpitalu. Mniejsza z tym, czy słusznie, czy niesłusznie. Nie ma sytuacji, które pozwalają zbić ojca. Takich rzeczy się po prostu nie robi... Pobicie taty przeżyłem strasznie. Wygranie tej przegranej sytuacji powoduje, że nigdy, przenigdy sobie z nią nie poradzę. W wieku dwudziestu pięciu lat miałem już jakąś masę. A ojciec przegrał dlatego, że w najszczerszych myślach nie spodziewał się, że taki gówniarz może wyskoczyć. Straszna sytuacja. Przecież w jego życiu musiały być też dobre uczynki. Ja jednak całą świętość umiejscowiłem w matce. Powinienem był podzielić ją trochę sprawiedliwiej.

Co masz na myśli?

Dziś dostrzegam, że skoro pojawiło się w domu pianino, to nie tylko za sprawą mamy. Ona nie miała takiej mocy. Ojciec musiał w tym jakoś uczestniczyć. Cudów nie ma. Miał bardzo skomplikowane życie, na pewno nie był tylko czarno-biały. Ze smutkiem wspominam, że widziałem jego obrazki – statki rysowane od linijki. Wszystko równiusieńkie. Bardzo szlachetne. Miał techniczną naturę. A przecież geometria też istnieje w sztuce. I to bardzo poważnie. Weźmy na przykład taką sztukę konceptualną... Zresztą... po chuj ja to wszystko wam opowiadam?

Bo to ważne.

Dla kogo? Wiecie, o czym teraz myślę? Żeby pojawić się w latach czterdziestych zeszłego wieku na Majdanku i rozpierdolić tych wszystkich esesmanów. Żeby nie trzymali tych biednych ludzi. Niemcy się skończyli. Teraz Chińczycy są nadludźmi. Takie mi się włącza abstrakcyjne myślenie pokiereszowanego umysłu. Umarł mój ojciec, umrę i ja. A obozy będą i z lewej, i z prawej. W Polsce przecież zawsze mieliśmy stereo. Nie będzie nas, ale obozy będą. Taka jest ludzka natura...

Jestem już mocno rozchwiany, skoro zeszliśmy na Majdanek. Dość już. Chodźmy gdzieś, panowie. Chodźmy. Nikt nie woła. Fajrant. Tak się pootwieraliśmy, że parę dni trzeba się będzie zakręcać.

8

Mam dzisiaj ciężki dzień. Spałem do czternastej. Czasami sypiam tak całymi tygodniami.

Co się stało?

Jak to co? Musicie zrozumieć, że istnieje jakiś świat poza tą książką. Ja też muszę o tym pamiętać.

Nie wiem, co ulepicie z tej bryły.

Boisz się tego?

No pewnie. Chuj wie, co ja mam w głowie. W tej chwili przelatują mi przez nią floty różnych państw. Może fakt, że powinienem się urodzić w latach pięćdziesiątych i dziś być już nikomu niepotrzebny, jest powodem mojej niepewności w tym momencie. Gdybym był z 1947 roku, jak mój ojciec, dziś byłbym potrzebny o wiele mniej.

I tak by było prościej?

O wiele. Wiecie, co? Może odpuścimy dzisiaj? Jutro się spotkamy. Będę w lepszej formie. Rano – tuż po joggingu...

(Ogólny wybuch śmiechu)

Nie jesteśmy w stanie wyobrazić sobie Dyjaka w biegu.

Dres mam. Wisi na pamiątkę. Byłem nawet parę razy na siłowni. Wojtek mnie zabrał. Powiedział, że jestem silny chłop, tylko leniwy. To bardzo ciężkie zajęcie. Zbyt ciężkie jak dla mnie. Po boksie żaden sport nie był mi nigdy potrzebny. Byłem jak maszyna. Nie przejadałem się, tylko przepijałem. Żeby osiągnąć taki poziom alkoholizmu, najpierw – w młodości – trzeba zdobyć poważne zdrowie. Popatrzcie na tych, co latają w dresikach po ulicach. Czy oni coś ćwiczą? Nic. A są w świetnej formie.

Chłopaki, którym jest ciężko w życiu, są wysportowani. Może gdyby w moich czasach byli dresi, zostałbym jednym z nich. Jak żyjesz intensywnie i każdego dnia nie wiesz, gdzie będziesz spał, to non stop masz napinkę. To też są ćwiczenia.

Ale nie uwierzymy, że nigdy nie grałeś w piłkę. Każdy grał.

Byłem cienki jak barszcz. Tkwiłem głównie na bramce. Pamiętam, że kiedyś, w trakcie jakichś letnich upałów, cały spocony, wręcz nieprzytomny ze zmęczenia, wystrzeliłem z boiska do domu, żeby się napić. Ewka – moja siostra – sprzątała mieszkanie. Krzyknęła tylko, żebym nie wchodził do kuchni, bo umyła podłogę. Poprosiłem ją o wodę. Nalała mi. Walnąłem z trzy wielkie łyki. I nagle szok – potworna duszność. To był ocet. Chciałem zabić własną siostrę. W taki właśnie sposób zaczął się formować mój głos *(śmiech)*.

W grach zespołowych zawsze byłem kijowy. Nie potrafiłem znaleźć motywacji w czymś takim jak sport. To sztuczny twór, który na mnie nie działa. Poza tym zwykle kończy się mordobiciem. A ja, jak przestałem pić, to przestałem się też bić. Odechciało mi się.

Lubisz chociaż oglądać sport w telewizji?

Nienawidzę. Męczy mnie to. Sport jest podszyty nieczystymi intencjami. W ogóle samo słowo „igrzyska" mnie drażni. Igrzyska w sensie skandującego tłumu. Miewałem wyskoki, że rzucałem się na kiboli.

Sam jeden?!

Nie gadajmy teraz o tym.

Dlaczego?

Bo nie mam siły. Mogę wam coś o rybach opowiedzieć. Wędkarstwo to bardzo silna choroba. Uzależnia jak wódka albo i mocniej. Pamiętam swojego pierwszego szczupaczka. Takiego niewymiarowego. Biegłem z nim do dziadka, ile sił w nogach. A Franek odrąbał mu siekierą łeb i rzucił kotu. Byłem załamany. Do dzisiaj tylko ryby potrafią mnie okiełznać.

Jak to?

W moim przypadku na rybach następuje jakaś ochrona duszy. Żeby mogła się oczyścić, wypocząć. Nie wiem, czy ta „ochrona" nie jest sformułowaniem zbyt górnolotnym, ale fakt jest taki, że z wędkowania zawsze wracam fizycznie zmęczony. Za to psychicznie trochę naprawiony. Przed pierwszym spotkaniem z wami złapałem pierwszą rybę w tym roku. Niedużego krąpia, ale zawsze. Dobry znak. W ogóle łowienie ryb o świcie to jak dzień wypłaty... Wiecie, ile mam wędek?

Ile?

W chuj.

Jesteś mistrzem precyzyjnych odpowiedzi.

Pewnie z pięćdziesiąt. Ale było grubo ponad sto. Tyle że ja je rozdaję. Czeka już kolejna partia przygotowana dla domu dziecka. Niech dzieciaki mają trochę frajdy. Ja pierwszą wyprawę na ryby zaliczyłem jako dziewięciolatek. Razem z Rzepeckim, sąsiadem z klatki, uciekliśmy z domu i pojechaliśmy do Jaszczowa, nad Wieprz[17]. Szukali nas po całym

---

[17] Około 30 km od Świdnika.

mieście. Rafał dostał wtedy od ojca lanie. Ja miałem rozmowę wychowawczą, która spłynęła po mnie jak woda po rekinie.

Pamiętasz swój największy okaz?

Szczupak. Metr osiem. Na Limajnie pod Dobrym Miastem. Ale ja nie łowię dla rekordów. Poza tym na rybach nie potrzebuję nikogo. Wyłącza mi się całe życie. Włącza się za to jakiś instynkt atawistyczny. I jest tylko woda, wędka, ryba i Dyjak. Nie ma znaczenia – spławik czy spinning. Zima czy lato. Potrafię tkwić nad przerębłą cały dzień. Siedzisz rybie na głowie, a w swojej masz ryzyko kąpieli. Czy może być coś bardziej ekscytującego?

Nas nie pytaj.

Nigdy nie należałem i nie będę należał do żadnej organizacji. Poza jedną. To Polski Związek Wędkarstwa. Do PZW zapisałem się jako piętnastolatek. Jeździłem na obozy wędkarskie pod Chełm – do Dubienki, na słynne przerwańce na Bugu... Ostatnio, jak łowiłem nad Bugiem, dopadli mnie faceci w kominiarkach. Prawdopodobnie patrolowali granicę w związku z sytuacją na Ukrainie. Jeden z nich zdjął skarpetę, przywitał się i powiedział: „Wyglądasz jak ten Dyjak". I z łowienia nici. Nie lubię, jak ktoś mi patrzy na ręce.

Na ryby chodzisz sam?

Przeważnie, ale nie zawsze. Wiecie, jacy goście są najbardziej wkurwiający? Tacy, co korzystają z prawa pierwszego razu. Przychodzi taki szczawik na ryby. Pierwszy raz w życiu. Siedzi kwadrans, wyciąga ogromnego suma i idzie do domu. Reszta „profesjonalistów" kryje się po krzakach i czeka na taką rybę po dziesięć lat. Wiem to, bo kiedyś aktywnie uczest-

Na rybach, Krzepice niedaleko Częstochowy, 2009 r.

niczyłem w życiu forum wędkarskiego. Nick „Marek35” (*śmiech*). Sprawdzałem, czy biorą, gdzie biorą i jak biorą. A społeczność wędkarska donosiła na przykład, gdzie chodzi drobny okonik.

Ty i komputer?

Święta racja. Jestem człowiekiem pierwotnym. Internet i komputery nie są mi do niczego potrzebne. Dlatego zarzuciłem tamten proceder. Kończymy?

Nie.

Zobaczcie, siedzę tu dziś z wami, chociaż czuję się chujowo jak nieszczęście. Ale o dziwo miło mi się rozmawia. To znaczy, że się zaprzyjaźniamy.

A może to tylko zasługa tematyki? Z rybami się zaprzyjaźniasz, nie z nami.

Przestańcie pierdolić. Według Talmudu jesteśmy w najlepszym, idealnym wieku. Między czterdziestym a pięćdziesiątym którymś rokiem życia człowiek dochodzi do granicy sił umysłowych. Dla mnie facet, który ma dwadzieścia pięć lat, nie będzie partnerem do dyskusji. Prędzej jak ma pięć. Wojtek ma lepszy kontakt ze swoim młodszym synem Antkiem niż z Jankiem, który właśnie zaczyna się szamotać z podstawowymi siłami, które targają życiem. Jak się ma dwadzieścia lat, to się jeszcze nie ma mózgu. Dopiero zaczyna się formować. A my teraz, powolutku, dochodzimy do szczytu rozwoju umysłowego. Szkoda, że w życiu nie da się wykroić więcej czasu na moment, w którym się najwięcej kuma.

Nie masz jeszcze czterdziestu lat. Jesteśmy z tego samego rocznika.

Rok tu, rok tam. Żadna różnica. Ten sam rocznik, ale nie takie same twarze. Moje wary są jak Karlowe Wary. A moje plecy wyglądają jak powierzchnia księżyca. Z drugiej strony blizny nie mają dla mnie znaczenia. Nie pamiętam o nich. Tak dużo zrobiłem, żeby źle wyglądać, że przypomina to misterny plan rozpisany na wiele lat. Plan niszczenia białka. To paradoks, bo w moim przypadku jakikolwiek plan jest nie do ułożenia. Nie potrafię się aż tak skupić.

Chyba że na rybach...

Łapaliście kiedyś na morzu?

A jak ci się wydaje?

Kiedyś łowiłem na wędkę dorsze. Ale to nie jest zabawa na trzeźwo. W morze mógłbym znowu wyjść tylko, gdybym mógł się napić. Jak buja cię na takiej małej krypce na środku fal i jesteś nieprzyzwoicie trzeźwy, to trzymasz się relingu jak spódnicy mamy. Piękna zabawa zaczyna się dopiero, kiedy jesteś na kacu i z samego rana zaleczysz go ćwiarteczką. A później wiadomo – trzeba regularnie poprawiać. I zapijać – najlepiej gorącą herbatą. Wtedy przebywasz w akwareli. Nieważne, jak wielki upał i jak czyste niebo, i tak zawsze czujesz bryzę na twarzy.

Dlaczego gorącą herbatą?

Widać, że nawet nie otarliście się o zawodowstwo... Pamiętajcie, że prawdziwy „wściekły pies" to nie jakieś tabasco-srasko, tylko wódka popijana wrzątkiem. Dzięki bezpośredniemu wchłanianiu do krwi przez błonę śluzową dostaje się kopa w pięć minut, a i kubki smakowe łapią to, co trzeba.

W barach zawsze zamawiałeś setę i herbatę?

Staram się o tym nie pamiętać. Wydaje mi się, że w barze to ja głównie udawałem, więc zamawiałem tylko setę. Albo i trzydzieści set. Ulegałem zwyczajnym barowym zasadom.

A jakie masz zasady wobec ryb?

Prawie wszystkie wypuszczam. Jeśli przynosiłem do domu ryby, to tylko żeby się popisać. Tak jak koty, które zostawiają myszy na progu. Najczęściej sprawiałem tym kłopot obdarowanym. Przychodziłem niezapowiedziany i rzucałem na blat osiem kilo szczupaka. Weź i coś z nim zrób! Nieszczęście. Sam nie mam nawet gupików.

Dlaczego? Lubisz ryby – powinieneś mieć akwarium.

Wędkować lubię, a nie ryby. Akwarium to odpowiedzialność. Ciężar. Po co mi to? Mam siedzieć nad nim z wędką? Ale czasem brała mnie taka chęć, jak u kogoś widziałem rybki. Kiedyś pomieszkiwałem w Józefowie pod Warszawą u moich serdecznych przyjaciół – Sebastiana Olki i Grześka Pressa. Zachowałem się wtedy fatalnie. W oczku wodnym w ogrodzie pływał sobie oswojony jesiotr. Jak wkładałeś do wody rękę, to przypływał i dawał się drapać. A ja niewiele myśląc, robak na haczyk i jeb... Po draniu. Przyniosłem go do domu, żeby się pochwalić. Ależ się wkurwili! Zrozumieli w lot, że goszczą grzmota. Jesiotra, na szczęście, udało się odratować. Ale o drapaniu można było zapomnieć. Olko był załamany. Zburzyłem jego bonsai. Byłem mistrzem takich akcji. Porucznik Frank Drebin – do usług.

Jakieś przykłady?

Całe miliony przykładów. Każde przyjście do kogoś i nalanie sobie wódki, a potem próba zatuszowania tego czynu, było półtoragodzinną komedią. Albo zjebanie kogoś, kto był kompletnie niewinny, ale przypadkowo stał obok. Kiedyś zapaliłem papierosa w kościele przy ołtarzu. Grałem koncert i się zapomniałem przy *Na krawędzi szkła*. Innym razem na chwilę pożyczyłem od moich przyjaciół przedwojennego land rovera. Zrobiłem dwa kółka na podwórku, wyjechałem na drogę, dodałem obrotów i stało się. Wczesna wiosna, trochę śniegu na poboczach, czterdzieści kilometrów na godzinę na liczniku... Walnąłem w brzozę. Dwieście metrów od domu! Był kwas.

Przecież ty nie masz prawa jazdy.

Nie potrzeba jakiegoś świstka, żeby prowadzić samochód. Prawko to rzecz tak banalna, że nie ma sensu zaprzątać sobie nią głowy. Nie mam, a jeździłem wielokrotnie.

Trzeźwy?

Często zdarzało się, że nie za bardzo. Dziś jest mi z tego powodu strasznie wstyd. Kiedyś jechałem nawet autostradą z Wrocławia do Legnicy. Schowałem się za tira i przejechałem w ten sposób cały dystans. Jak widziałem policję, to zaczynałem wyprzedzać i chowałem się za ciężarówkę, by po przejechaniu dwustu metrów znowu wrócić na prawy, skrajny pas i pyrkać sobie za tirem wybawicielem. Skurwysyńska nieodpowiedzialność i tyle. Albo brak odpowiedzialności kompletnego idioty. Jak zwał, tak zwał.

Tamtego land rovera skasowałeś konkretnie?

Bez przesady. Przecież nie zdążyłem się nawet rozpędzić. Ale to bez znaczenia. Sytuacja była co najmniej mocno niekomfortowa. Menel rozwalił na drzewie auto. Da się go kochać, ale nie da się z nim żyć. Czyli standard. Pomieszkiwałem w całej Polsce i zawsze czułem się porucznikiem Drebinem. Frank jest Frankiem. I tyle.

Gdybyś miał narysować „mapę Dyjaka"...

...Świdnik, Lublin, Jelenia Góra, Kraków, Świnoujście, Poznań, Olsztyn, Koszalin, Piotrków Trybunalski, Nowa Sól, Włodawa, Kłobuck, Trójmiasto, Poronin, Parzymiechy, Bolesławiec, Szczecin, Gorzów Wielkopolski, Wrocław, Józefów, Łódź, Natolin pod Częstochową, Chełm... no i Warszawa. Jest tego jeszcze drugie tyle. Po prostu nie da się zliczyć. Zawsze pchała mnie inercja, siła rozpędu. Miałem i mam masę kompleksów, ale wtedy ich nie czułem. Duże miasta czytałem przez ludzi, których poznawałem. I dlatego nigdy nie czułem się prowincjuszem. Bywały również i takie miasta, o których chciałem szybko zapomnieć, bo za bardzo poznawałem w nich samego siebie. Brałem wtedy worek na plecy i dzidę. Pociągi, pociągi i jeszcze raz pociągi. Pół życia w pociągu. W ciągu w pociągu.

Ładnie powiedziane.

Ale nieładnie odegrane. Spanie ze sklejonym i skacowanym ryjem. Dyskusje z pasażerami – najczęściej co najmniej dziwne. Właśnie mi się przypomniała niezła akcja. Parę lat temu śpiewałem w Chełmie na WOŚP. Zagrałem i musiałem pilnie wracać do Warszawy. Celnicy zatrzymali wtedy dla mnie pociąg Kijów – Warszawa, który normalnie w Chełmie nie staje. Jak już stanął, to ci, co szmuglowali, zaczęli przez okna wyrzucać wszystko, co mieli. Myśleli, że to jakaś łapanka i zaczyna się trzepanie. Zresztą większość celników ze starych dobrych czasów siedzi. Za bardzo grabili biednych Ukraińców... No więc wsiadłem. Po pewnym czasie wytrzeźwiałem. Poszedłem do konduktorki i zapytałem, gdzie i za ile mogę kupić wódę. Kobieta mnie przesunęła, podniosła dywanik z korytarza, pod nim klapę i wyciągnęła flaszkę. Wóda mroziła się bezpośrednio pode mną. Zadowolony wszedłem do przedziału, a tam siedzi czarny koszykarz – dwieście dwadzieścia centymetrów wzrostu. Całą podróż spędziłem na korytarzu, bo i tak bałbym się zasnąć...

Dobra, pogadajmy o czymś poważnym, a nie o jakichś pierdołach typu pociąg w Chełmie.

W domu w Natolinie, 2009 r.

Sam zacząłeś.

Chodziło mi o to, że w całej Polsce można znaleźć ślady występowania kultury łużyckiej przenoszone przez osobnika Dyjaka. Byłem gościem u wielu ludzi. Wpadałem jak wiatr, a wylatywałem jak huragan.

I wszędzie cię z chęcią gościli?

Ludzie uwielbiają nękać się moją osobą. Ta książka powinna zawierać tysiąc stron nazwisk. Nazwisk osób, które spotkałem na swojej drodze i które mi pomogły. Miałem do czynienia z dobrymi ludźmi. Bardzo dobrymi. Takimi, którzy traktują swoje życie jak drogę do lepszego miejsca. Oni nie przywiązują wagi do tego, że koleś Dyjak, któremu dali schronienie, zrobił coś nie po ich myśli. Mają to w dupie, bo liczy się dla nich przede wszystkim drugi człowiek. Ale wiecie, jak jest. Gość, który przyjeżdża na tydzień, a zostaje na trzy miesiące, to jakby ktoś powiesił ci w przedpokoju, na lince od bielizny, suszoną rybę.

Jak się czułeś w tej roli?

W roli suszonej ryby? A jak się miałem czuć? Zamykałem kolejne rozdziały i szedłem dalej. Niektóre zamykałem po to, żeby ich nie pamiętać. Tak naprawdę dopiero w Chełmie zamieszkałem na dobre. Wcześniej tylko pomieszkiwałem. Przez całe życie obierałem jakiś mniej lub bardziej przypadkowy azymut i szedłem. Jak komandos zrzucany na tyły wroga.

I tam, gdzie cię akurat zaniosło – śpiewałeś...

W każdym mieście, w którym mieszkałem, przyjaźniłem się z właścicielami restauracji, kawiarni albo barów, w których grałem. Po pewnym czasie stawałem się „kałowcem" tych przybytków, propagatorem poezji śpiewanej, jazzu i animatorem spotkań z poetami, których znałem. Taka symbioza. Oni zarabiali, a ja potrzebowałem tego do życia. Byłem rozrywkowy, więc mogłem uprawiać tylko rozrywkę *(śmiech)*.

W Chełmie nie jest inaczej. Wojtek ma swoją restaurację – Strzecha u Wojciecha, na którą wszyscy mówią „Pod Strzechą". Pomagam mu organizować koncerty. Uruchamiam stare, dobre kontakty, wymyślam nazwiska. Grali u nas między innymi Kasprzycki, Bukartyk, Hanna Banaszak, Sikorowski. Niedawno zaśpiewała nawet legenda, pani Irena Santor... Poważne nazwiska. Całe moje życie jest jedną wielką, dziwną historią. Przecież nikt dzisiaj nie zaczyna kariery, wyjeżdżając do Chełma. Zobaczcie... dopiero kiedy mama jest u kresu życia, udaje się jej zrobić ze mnie normalnego faceta.

Czyli jakiego?

Takiego, co ma kredyt na mieszkanie i go spłaca. Przecież muszę mieć coś, co będę mógł zostawić Oldze. Jakieś miejsce, gdzie będą po mnie ślady. Choć nie sądzę, żeby ta młoda dziewczyna, która zamierza być muzykiem, chciała mieszkać akurat w Chełmie. To miasto dla muzyków jest takie sobie. Ale przez moje życie muzyka wiła się obok jak rzeka. A ja szedłem wzdłuż tej rzeki. Raz w górę, raz w dół, czasem w poprzek. Spadałem z wodospadów i znowu na nie wskakiwałem. Mam już cztery dychy i jestem mocno zmęczonym gościem. Większość mężczyzn w tym wieku jest młodymi facetami. Ja nie jestem. Garściami brałem z siebie zdrowie.

Wyrywałeś.

Nie widziałem swojego dziecka tyle lat i jak ją w końcu zobaczę, to nie chciałbym być człowiekiem, który nie ma jej gdzie zaprosić. Przecież po tylu latach nie mogę spotykać się z własną córką w knajpie. Jakby to wyglądało? A jeśli będzie chciała mnie odwiedzić? Ona musi mieć miejsce, w którym

W domu w Natolinie, 2009 r.

będzie mogła się zatrzymać. Kupuję więc to mieszkanie, w którym właśnie siedzimy.

Dyjak bierze kredyt? Świat się do góry nogami przewraca!

Tak jakby coś się zmieniło, jak wezmę kredyt! Zawsze byłem przywiązany sznurkami do ziemi. Jestem obowiązkowy. Na swój sposób, ale jestem. Jak przystało na człowieka starej daty.

Teraz będziesz bardziej.

Co to znaczy bardziej? Jak nie będę spłacał, to mi zabiorą mieszkanie. Bo tak naprawdę co mi mogą zrobić? Olewam ich. Czym jest taki kredyt mieszkaniowy przy kredycie mentalnym, jakim jest małżeństwo? Wtedy kredytobiorcą zwykle jest los. A to już nie przelewki.

Co mi się teraz stanie? Mieszkam nad rzeką, więc możliwe, że trochę popłynę. Wezmę sobie kredyt i dołączę do zniewolonych. Stabilizacja na przynajmniej trzydzieści lat *(śmiech)*. Ale wreszcie zacznę jakoś funkcjonować w społeczeństwie. Złożyłem prawie wszystkie kwity. Wyślę wam SMS-a, jak mi przyznają. I kończmy już, bo muszę w tej sprawie zadzwonić do sądu. Trzy razy dziś dzwoniłem. Nie odbierają.

Do sądu w sprawie kredytu?

Nie brało się kredyciku czy nie robiło się rozwodziku?

To drugie.

A widzicie... Ja jestem po dwóch rozwodach. Wiecie, ile to papierów? Łatwo nie jest. Powychodziły różne sytuacje i kary z odsetkami typu przejazd bez biletu, palenie w pociągu, kolegium. Na przykład za rok 2001. Niektórzy twierdzą, że wszystko przedawnia się po pięciu latach. Niestety się mylą. Czy wy wiecie, że mimo moich chaotycznych wojaży zachowałem większość dokumentów? Umowy, wypisy ze szpitali, meldunki, decyzje urzędowe. W teczkach mam wszystko idealnie posegregowane. Waży to pewnie z piętnaście kilo. Od zawsze bardzo dbałem o takie historie.

Ty?! Kompletnie to do ciebie nie pasuje. Albo wciąż za słabo się znamy.

Exactly (śmiech). Kończmy już. Teściu zrobił rosół z wielkiej kury, takiego wiejskiego koczkodana. Chodźcie jeść. Polska to kraj ziemniaka, słoniny, boczku, galarety i rosołu.

Chcieliśmy ci zadać jeszcze dwa pytania.

Dwa, trzy, cztery... Co za różnica? Rosół to impresja, a nie system matematyczny.

9

Nasze spotkanie przesunęło się o godzinę, bo czekałeś na hydraulika. Nie sądzisz, że to zabawne?

A co w tym zabawnego? Przytkało się między kuchnią a łazienką i była potrzebna sprężyna do przepychania rur. Przyszedł facet, pokręcił i powiedział, że na jakiś czas starczy. Tyle. Kiedy hydraulik pojawia się w moim domu, to mniej więcej wiem, jak go kontrolować. Amatorkę zauważę od razu. Co parę minut zaglądam mu przez ramię – kontrola jakości. Nie jest mi łatwo ściemnić. Zresztą jakie to ma znaczenie? I tak każdy hydraulik przeżyje niebanalny zgon, czyli zaspawanie na żywca w rurze.

Jak wspominasz siebie jako hydraulika?

Chcecie mnie tym pytaniem obrazić? Wtedy nie było jeszcze Dyjaka. Dyjak wykluł się w 1995 roku.

A kto wtedy był?

Czasem mówili na mnie Domel. Była taka bajka. O białym psie. Pamiętacie? Mówili, że byłem do niego podobny. Domel brzmi jak imię z filmu Almodóvara *(śmiech)*. Ostatnio na Facebooku nazwał mnie tak dawny kolega z zawodówki, nomen omen Grzesiek Wiraszka. Różnie na mnie wołali. W czasach *Shreka* na przykład nazywali mnie Ogrem. Ale ja często myślałem o sobie jak o Dyziaku. Dyziak, czyli taka postać z budowy. Jak Maliniak z *Czterdziestolatka*. W kółko coś majstrowałem na budowach, chodziłem po błocie, psułem różne instalacje. Zacząłem już na praktykach. W pierwszej klasie zawodówki pracowałem na hali LPIS-u[18] przy Zemborzyckiej. Głównie doprowadzałem do szału instruktora praktycznej nauki zawodu Tadeusza Bielaka. Nudziłem się, więc kiedyś wsiadłem do elektrycznego wózka widłowego i wyjechałem sobie na miasto. Potem pracowałem na budowie lubelskiego osiedla Czuby. Parę lat wcześniej mszę odprawiał tam nasz papież. Zapierdalałem po gruzowisku w waciaku i gumofilcach i jadłem grochówkę z zimną kiełbasianą wkładką w środku. Dziś można tam zobaczyć wieżowiec, w którym robiłem biały montaż. To znaczy... psułem biały montaż.

Po zawodówce nie pracowałeś w zawodzie?

Zakładałem jeszcze wodomierze na Czechowie w Lublinie. Robota była trochę za wesoła. Chodziło się po domach i w każdym ktoś cię częstował piwkiem albo kieliszkiem. Po trzech piętrach taki młody szczupak jak ja nie potrafił ogarnąć już żadnej hydrauliki. W efekcie zajmowałem się tylko rozkręcaniem. Majster po mnie skręcał i wszystko naprawiał. Dostawał totalnej kurwicy. Za miesiąc pracy nie dostałem nawet grosza wypłaty. Stawałem się absolutnym abnegatem, który kompletnie nie nadawał się do zawodu. Energia wydobywała się ze mnie tylko w trakcie rzucania roboty. A każda robota zmieniała moją energię w brak energii. Zresztą praca to według mnie całkowite zaprzeczenie energii. Taki paradoks.

Najcięższa praca fizyczna, jaką pamiętam, to wypalanie cegieł i kręcenie gliny w cegielni w Sulowie pod Kraśnikiem. Z gliną nie ma żartów – to najgorsza mordęga. Znalazłem

[18] Lubelskie Przedsiębiorstwo Instalacji Sanitarnych.

więc lżejszą robotę i przez chwilę byłem ochroniarzem osiedla na Czechowie. Pilnowałem domu Romualda Lipki i Beaty Kozidrak. Chodziłem naokoło i dbałem o porządek. Traf chciał, że przypadkowo spotkałem koleżankę z klasy, która tam mieszkała. Zdziwiła się, że ja w służbowym mundurku. Zaraz potem zaprosiła na herbatę. Czułem się jak chuj. Rzuciłem tę robotę w pizdu tego samego dnia. W końcu wielkie pieniądze to nie wszystko *(śmiech)*.

Zawsze było tak, że kiedy pracowałem, to autentycznie cierpiałem. Nienawidziłem szkoły i nienawidziłem pracy. Praca to systematyka, a każda systematyka zaprzecza podróży. Apacze jej nie znoszą niczym Siuksów. Ale o czym my tu gadamy? To przecież nieistotne. Nie ma nic pięknego w czytaniu o nieróbstwie. Chyba że jest to Bukowski.

Lubię czytać o ludziach trochę podobnych do mnie. Inni mnie nie interesują. Podobnie mam z filmami. Może dlatego tak bardzo lubię *Lot nad kukułczym gniazdem*? Każdy szanujący się Apacz i podróżnik przez całe życie szuka swojego ukochanego miejsca na tym łez padole. Nie ma czasu na pracę. Węszy za nowymi tropami, od czasu do czasu zatrzymuje się i rozmyśla. Każdy nowy przystanek to nowe refleksje.

A chyba nie muszę was przekonywać, że jestem mistrzem w poszukiwaniu przystanków. Do dzisiaj każdą stację paliw traktuję jak potencjalny przystanek. Stare przyzwyczajenia. Kiedyś na stacjach kupowałem wódę. Tylko setę albo dwie, żeby móc stanąć na kolejnej.

Nie lepiej było kupić od razu pół litra?

Wtedy zabawa by się szybciej skończyła. Jak każdy alkoholik bardzo lubiłem małpki. Można je pochować po kieszeniach. Cały czas mam ten nawyk i zatrzymuję się na każdym CPN-ie. Pretekst jest nieistotny – siku, kawa, herbata, cola – chodzi o pielęgnację rytuału. Każda kolejna stacja to kolejny obóz. A jak obóz, to przygoda. Były czasy, że nie panowałem nad swoimi obozowiskami. Pewnego razu na przykład obudziłem się na Ukrainie. Wtedy to był jeszcze Związek Radziecki.

Nieźle! Jak to się stało?

Stało się i już. Napiszcie, co chcecie. Mam taki mętlik w głowie, że nie jestem pewien. A nie chcę konfabulować. Po prostu tam wylądowałem z kumplem ze Świdnika, który pojechał po motur. Być może to był Artur Tusiński. Chodziło o K750, M750 albo urala. Nie pamiętam. Potraktowałem ten wypad jak przygodę.

Tak jak słynną wycieczkę na Słowację.

Przeszliśmy granicę na piechotę. Ja i basista Dariusz Czyż ze Świdnika. Dziś Czyżu jest policjantem. To była szybka wycieczka, podczas której równie szybko straciłem paszport i kasę. Do dziś pamiętam brzoskwiniową wódę, po której puszczało się bańki jak po Ludwiku. Do Świdnika wróciliśmy następnego dnia. Śmiertelnie na siebie obrażeni. Pociągiem. Śmiało mogę powiedzieć, że od dwudziestu lat jestem wiecznym turystą. Jak Tony Halik! (*Śmiech*).

Czasami w ciągu jednego dnia byłem w trzech dużych miastach, w trzech różnych województwach. I w każdym zdążyłem odpierdolić paranoję. W jednym grałem, w drugim się biłem, a w trzecim piłem. Albo na odwrót. W samo południe często nie wiedziałem, w jakim jestem mieście. Nie wiem, czy to była ucieczka, czy pogoń...

Legenda o Żydzie Wiecznym Tułaczu, który zgubił śmierć i błąka się po świecie...

Wieczne życie na koszmarnych wakacjach? Blisko. Jak się non stop pije, to ma się uczucie, jakby się cały czas było na wakacjach z nielubianą rodziną. Jest aż tak chujowo (*śmiech*). Całe życie jestem w drodze. To wyklucza jakiekolwiek prawdziwe wakacje. Mam gdzieś jechać tylko po to, żeby spędzać czas w hotelu? Przecież ja pół życia mieszkam w hotelach. A może *all inclusive*? Komedia! To nieludzki wymysł, kompletnie nieprzystosowany do możliwości ludzkiego organizmu. Poza tym po co mam jechać gdzieś, gdzie będę miał gorzej niż w domu?

Niedawno byłem na łajbie, na rejsie wędkarskim. I naprawdę nie ma nic zabawnego w korzystaniu ze sracza za trzy złote i myciu się pod prysznicem za trzynaście. Siedzenie w dwuosobowej kabinie w sześciu chłopa też nie jest szczytem komfortu.

Ale i tak wolę za mały jacht niż Egipt *all inclusive*. Zresztą żadne wczasy mi nie grożą, bo zawsze i wszędzie poruszam się ze swoją głową, a to, co się w niej dzieje, przeszkadza w jakimkolwiek odpoczynku. Muszę żyć z Dyziakiem – taki mój los. Tak naprawdę tylko w Chełmie potrafię się ostudzić i spokojnie pomyśleć na głos. Często przypominają mi się tu różne fantastyczne postacie, które spotkałem na swojej drodze. Porozmawiajmy o nich. Albo kończymy, bo męczy mnie wasz dzisiejszy styl.

Nie jesteśmy tu dla przyjemności. O kim chcesz porozmawiać?

Na przykład o Andrzeju Garczarku – wodzu wszystkich i wszystkiego. Mądry i niepretensjonalny tekściarz. Wychowawca Bukartyka, Kondraka i Czyżykiewicza. W Polsce praktycznie wszyscy zaczęli się od niego. Do dziś uwielbiam go słuchać. Graliśmy kiedyś razem koncert w Barze u Jankiela w Zielonej Górze. A wcześniej – na FAM-ie – *a cappella* zaśpiewałem jego utwór *U Tereski Zajęczycy*. Andrzej znany jest z tego, że nienawidzi, jak się śpiewa jego piosenki. Tym razem nie miał pretensji – upiekło mi się.

Z wychowanków Garczarka najbardziej cenię Mirka Czyżykiewicza. Nawet bardziej od Kaczmarskiego czy Gintrowskiego. To mój prawdziwy mistrz – wzór do naśladowania. Niesłychany gość. Na kolejnej płycie chciałbym zaśpiewać jego *Pierwszy śnieg*, czyli pierwszy utwór Mirka, z jakim się w ogóle zetknąłem. Czyżyk twierdzi, że moja wersja jego piosenki jest lepsza od oryginału. Poznaliśmy się w 1995 roku w krakowskiej Rotundzie przy okazji Festiwalu Piosenki Studenckiej. Potem wielokrotnie u niego nocowałem. Rozpalaliśmy przed domem ognisko, piekliśmy kiełbaski, szamaliśmy kulki salcesonu, dyskutowaliśmy o świecie, Brodskim... On pił czerwone wino, ja wódkę. Pamiętam, że któregoś razu na krzaku w jego ogrodzie wylądował bażant. Natychmiast chwyciłem jakąś pałę i poleciałem ubić tego koczkodana. Pierwotny instynkt – zabić pierzastego mamuta, który zjawił się przy ognisku. Oczywiście bażant się zerwał i odleciał. Musiałem wrócić do ogniska i poezji... Bywałem pierwszym recenzentem utworów, które Mirek planował wydać. Czyżyk jest dla mnie wielkim autorytetem. Parę dni temu graliśmy razem koncert. Czuję z tego powodu ogromną radość.

Dlaczego Mirosław Czyżykiewicz nie pisze już wierszy?

Nie mam pojęcia. Nie pytałem go. Nie chcę zawracać rzeki... Kiedy tak sobie myślę, ilu fantastycznych ludzi poznałem, to dochodzę do wniosku, że muszę być bardzo stary. Na przykład taki Andrzej Sikorowski. Przecież to człowiek stworzony z malin i miodu. Bardzo serdeczny, ciepły i mądry chłop. Stanisław Soyka! Absolutne dzieło sztuki i Boga. Piekielnie zdolny muzyk i świetny facet... Mógłbym tak wymieniać parę godzin, ale oczywiście nie mam siły. Nie chcę być dzisiaj Makłowiczem swoich wypowiedzi. Kończę. Do widzenia, panowie.

10

W 1998 roku wychodzi twoja druga płyta – *Dyjak od wschodu.*

Druga, ale jakby pierwsza. Bo to pierwsze „moje" dźwięki. Mimo że nie spełniła moich oczekiwań, to identyfikuję się z nią całkowicie i to właśnie ją traktuję jak debiut. Klasyczny skład akustyczny plus głos męski – tak mi zostało do dzisiaj. Nagrałem ten materiał w Sulechowie pod Zieloną Górą z chłopakami, których poznałem na FAM-ie. Kwartet Janusza Lewandowskiego – świetni goście z Nowej Soli. Pieniądze na studio załatwił chyba perkusista Witek Cisło. A okładkę zrobił Paweł Gula z łódzkiej Filmówki.

Tym razem była promocja?

W porównaniu ze *Sznytami* to była trasa ogólnoświatowa (*śmiech*). Zagraliśmy kilka koncertów na zachodzie Polski. Taka była też idea. Dyjak ze wschodu przynosi na zachód wschodnią muzykę. Można powiedzieć, że w tamtych okolicach byłem wtedy tak popularny jak dzisiaj Małek w Chełmie (*śmiech*). Do tej pory mam w Nowej Soli paru fajnych wafli.

Jak się sprzedał ten album?

Nie pamiętam. Średnio mnie to interesowało. Skupiałem się na ważniejszej kwestii, czyli jak zdobyć gaz. Kto by się tam zajmował takimi pierdołami jak jakieś albumy (*śmiech*)... Zobaczcie, co mam w kieszeni. Niedawno pożyczyłem od kolegi swoją płytę. *W samą porę*. Muszę ją niedługo oddać. Kumacie taką akcję? Poza tym kupiłem już kilkaset płyt Dyjaka.

Po co?

Może chciałem go mieć na własność? Ale potem i tak wszystko rozdawałem. Na lewo i prawo.

Płytą, którą nosisz w kieszeni – trzecią z kolei – też się nie interesowałeś?

Między nami mówiąc, wszystkie moje nagrania mnie waliły. Dzięki trzeciej płycie zagrałem z dwa, góra trzy koncerty promocyjne. I tyle. Kiedyś Adam Galas powiedział mi, że każdą nagraną płytę traktuję jak niechciane dziecko. Coś w tym jest. Po nagraniu moje albumy są dla innych. Na pewno nie dla mnie. Mam szybki metabolizm. *W samą porę* nagrałem z Wojtkiem Cugowskim z Braci, bębniarzem Krzyśkiem Tofilem, pianistą Tomkiem „Spodkiem" Spodyniukiem z Bajmu oraz z Januszem Lewandowskim na basie. Sesja odbyła się w studiu Polskiego Radia w Lublinie. Płyta miała być rockowa, więc lepszego miejsca w Polsce nie było. Okładkę zrobił mój przyjaciel, świetnie prosperujący artysta Darek Miliński. Mam nadzieję, że pogadamy o nim później.

Kto wyłożył kasę na produkcję?

Zbyszek Tuta – szef bazarów w Głuchowie. Zaprzyjaźniliśmy się i poszło. Nasza przyjaźń trwa do dziś. To jeden z aniołów, który mi bardzo pomagał. Poznaliśmy się, kiedy Zbyszek otwierał knajpę U Bony w Piotrkowie Trybunalskim. Chciał, żebym w niej zagrał, bo słyszał, że mieszkam w okolicy. Nie wiedział, co prawda, jak wyglądam, ale dowiedział się, że pracuję u teścia na budowie. Podjechał i zobaczył jakiegoś robola w waciaku. Zapytał, od kiedy jestem w stanie śpiewać u niego w knajpie. W ten raptowny sposób zakończyłem robotę przy dołach.

Porozmawiajmy o tym.

Nie. Nie będziemy gadać o wyciąganiu błota z ziemi! Dzięki teściowi zniżyłem się naprawdę nisko. To był najohydniejszy czas w moim życiu. Dlatego nie chcę do tego wracać. Szlag mnie trafia... Zmieńmy temat!

Nie uciekniemy od twojego pierwszego małżeństwa.

Nie ma o czym rozmawiać. Poznaliśmy się na FAM-ie. Pieprznięty on. Pieprznięta ona. Ona jeszcze nie aktorka, on – początkujący refrenista. I tyle. Szybko poszło. Pewnie była to miłość, choć ja jej dzisiaj już nie pamiętam. Kaśka zaszła w ciążę. W 1999 roku wzięliśmy ślub i zamieszkaliśmy u niej. Wiecie co? Czuję się jak na przesłuchaniu. Męczycie mnie.

Musimy.

Pytacie o rzeczy, o których mężczyźni nie dyskutują. Gadacie ze mną, bo jestem Dyjak Marek – muzyk, a nie rozwodnik. Takich świrów jak ja jest wielu, tylko nie uprawiają muzyki. To dzięki niej w ogóle się spotykamy. Wystarczy, że przestanę grać, i za pół roku wszyscy o mnie zapomną. Pogadajmy o muzyce, o piosenkach, natchnieniach. Kogo obchodzą moje żony? Każdy miał pierwszą miłość, każdy miał pierwszą żonę, z którą wziął ślub, bo była w ciąży. To nikogo nie interesuje.

Mylisz się.

Tak? A kto będzie chciał czytać o tym, że w zakładzie teścia spędziłem szmat czasu z łopatą? I to tylko ze względu na Olgę, która miała przyjść na świat. Takie zgięcie karku nie oznaczało, że relacje z teściem będą lepsze. Każdy wiedział, że będą raczej gorsze. To był czarny i zły czas dla mnie. Pochylanie głowy nie jest dobrą strategią. Zrosły mi się od tego tylko kości karku. I nigdy nie mogły się już zginać. Tak jak wam mówiłem,

Kondrak zauważył parę lat wcześniej, że jestem człowiekiem, który nie nadaje się do życia, kiedy stara się uprawiać normalny zawód.

Jak skończyła się sytuacja z teściem?

Nie chcę o tym mówić. Człowiek nie żyje. Nie mam żalu. Pomógł mi Zbyszek Tuta. Świetny gość. Biznesmen. Zaczepiłem się U Bony. Nic więcej wam nie powiem.

11

To co, dzisiaj znowu sprawdzamy, jakie błędy popełniłem?

Chcemy wrócić do rozmowy z wczoraj. Jakiego siebie pamiętasz z czasów U Bony?

Skonfliktowanego ze światem świeżo upieczonego ojca, który ze swoim ojcostwem i chorobą nie do końca mógł sobie poradzić. Wtedy zaczął się okres mojego największego picia. Wyjechałem z Piotrkowa i szlajałem się po Polsce. Na dłużej zatrzymałem się przy Narutowicza w Lublinie. A potem Kaśka próbowała jeszcze ratować nasze małżeństwo i zaprosiła mnie do Koszalina, bo dostała angaż w Bałtyckim Teatrze Dramatycznym. Pojechałem, ale nie uratowałem niczego. Ani małżeństwa, ani jej, ani siebie. Mieszkałem tam ponad dwa lata. Czasami komponowałem muzykę teatralną. Na przykład dla świętej pamięci Edwarda Żentary, który reżyserował *Zbrodnię i karę*. Zaprzyjaźniliśmy się wcześniej w Centrali Artystycznej, czyli w „barze u Alojza". Edek to był świetny, zagubiony gość. Miał swoje problemy, których nie potrafił rozwiązać, podobnie jak i ja. Pewnie dlatego od razu bardzo się polubiliśmy. W zimie robiliśmy wspólne „siekierezady" nad rzeką. Siedzieliśmy przy ognisku, gadaliśmy o życiu, jedliśmy słoninę, ziemniaki i boczek z cebulą.

Dla teatru komponowałeś po raz pierwszy w życiu...

To była prosta muzyka. Nie męczyłem się, bo pisałem na zadany temat. Zachwycałem się jakąś myślą, dzięki której na następny dzień powstawał cały takt. Trochę marsza, a do tego długie dźwięki – takie plamy, które miały przypominać różnorodność barw i dźwięków na Syberii, bo właśnie tam wyobrażałem sobie przyszłość Raskolnikowa. Moje myślenie o muzyce jest ludowe. Polskie, ukraińskie, żydowskie – nieważne. Po prostu ludowe. Czyli proste. Kiedy moje pomysły trafiały w ręce wybitnych skrzypków i pianistów, nabierały odpowiedniego charakteru – dopiero wtedy zaczynały się bronić. Wszystko brzmiało.

Nie stresowałeś się, że nie podołasz?

Jak muzyka gra w tobie przez całe życie, to bierzesz gitarę i po prostu grasz. Gdybym się martwił takimi rzeczami, to nigdy nie zacząłbym śpiewać. Przez całe życie podejmuję decyzje błyskawicznie. Dopiero potem zastanawiam się, co zrobiłem. W komponowaniu dla teatru zawsze chodziło o to, żeby ta muzyka najpierw podobała się mnie, a dopiero potem reżyserowi. To były zwykłe muzyczne ilustracje, a nie skomplikowane partytury z Warszawskiej Jesieni. Jan Kanty Pawluśkiewicz nie śpiewa jak Kayah... A ja nie jestem Mykietynem. Tacy ludowi plebejusze jak ja nie mogą nim być. Są za krótcy.

W jaki sposób komponowałeś?

Korzystałem z tego, co miałem, a miałem niewiele. Nie byłem artystą, tylko alkoholikiem. W produkcji materiału pomagał mi Sebastian Olko, którego poznałem na planie filmu Adka Drabińskiego *Kalipso*.

Ciekawi nas, jak notowałeś swoje muzyczne pomysły.

Nuciłem je. Obok siedział pianista, który zapisywał to w nutach. Jak coś źle zapisał, natychmiast dostawał linijką po łapach *(śmiech)*.

A na serio?

Muzyk słyszy. I dzięki temu widzi. Ale żeby widzieć, najpierw trzeba usłyszeć. Najczęściej przypierdala się do mnie jakaś melodyjka, do której wcześniej ja się przypierdalałem. Kiedy powstawało coś na kształt spoiwa, wiedziałem, że jest nieźle. Wszystko, co „skomponowałem", jest kontynuacją myśli, które toczyły się w mojej głowie przez bardzo długi czas. Coś nie powstaje z niczego.

Na przykład piosenka, którą zrobiłem do spektaklu *Bracia Karamazow*, tak bardzo bujała mi się w głowie, że zaczęła przeszkadzać w życiu. Można dostać choroby. Lekarstwem jest wyrzucenie jej z siebie. Kiedy melodia jest gotowa w głowie, ktoś musi ją zapisać. Tak było z muzyką do *Człowieka (Złotej ryby)*. Zawsze podobał mi się szatkowany rytm z ludowym podtekstem. Napisałem zaledwie trzy funkcje na gitarze. Ale są one podane w specyficzny sposób. Spotkałem się wtedy z pianistą Zdzichem Kalinowskim i poprosiłem, żeby podzielił tę melodię na ósemki. Bo gitara już nie dawała rady. Są na niej inne odległości. Trzeba niesamowitych umiejętności, żeby to dobrze zagrać. Ja nie jestem w stanie. Ale w swojej krwi słyszę nie tylko podział na 4/4. To, co miałem w głowie, Zdzisiek zanotował na pięciolinii.

Tak naprawdę do dzisiaj nie wiem, co to znaczy „pisać muzykę". Zdarzyło mi się skomponować parę utworów, ale to nie są przecież jakieś nadzwyczajne kompozycje. Żadne Bóg wie co. Można o nich tylko powiedzieć, że są „interesujące".

Uwielbiasz fałszywą skromność...

Mówię, jak jest. Ja się właściwie nie zajmuję muzyką. Patrząc z boku na to, jak śpiewam i o czym śpiewam, wychodzi na to, że uprawiam jakiś *screaming*.

Piosenka *Człowiek (Złota ryba)* pojawia się po raz pierwszy na płycie *Teraz* z 2010 roku. Wtedy już od dwóch lat nie piłeś. Czy tę muzykę napisałeś na trzeźwo?

Tak. Zupełnie. To piosenka mojego serdecznego przyjaciela Jacka Bieleńskiego. Ale najpierw usłyszałem same słowa. Do niepokojącego podkładu muzycznego recytował je Włodek „Kinior" Kiniorski. Tekst cholernie mi się spodobał. Nie dawał spokoju. Po jakimś czasie w głowie usłyszałem melodię.

Męskie Granie w Krakowie, lipiec 2012 r. Koncert w ogrodach Muzeum Archeologicznego

Skąd pomysł na podwójny tytuł?

Bo *Człowiek* jest dużo lepszy! Oczywiście zapytałem Jacka, czy mogę dać nowy tytuł. Zgodził się. A teraz są przez to problemy w ZAiKS-ie. Nie chcą mu płacić. Nie pasuje im to podwójne nazewnictwo. Wszyscy szukają byle pretekstu, żeby wykiwać artystów.

Ludzie kojarzą cię ze *Złotą rybą*, a nie *Człowiekiem*.

Całkiem możliwe. Ale to ich sprawa. Nie moja.

Czy ktoś nazwał cię kiedyś Złotą Rybą?

Tak. Ludzie różne rzeczy nazywają w ten sposób. Każdy ma jakąś złotą rybę. Mój kumpel wytatuował sobie ją na ręku. A inny powiedział mi, że złotą rybą jest jego syn sparaliżowany po wypadku. Ludzie czują, że to piosenka o problemie. O trudnej sytuacji. *Człowiek (Złota ryba)* to utwór, który zapowiada powrót do mojego fado. Nie portugalskiego, tylko polskiego.

Fado z Lubelszczyzny?

Dokładnie. Kierunek muzyczny wywodzący się z akustycznego śpiewania piosenki żalu. Żalu – życia. Bo fado to życie – polskie fatum. Wierzę, że jest ktoś, kto panuje nad tym wszystkim. Wierzę w przeznaczenie. Dlatego śpiewam często o tym, co mnie spotkało. Mało tego, śpiewając o tym, co przeżyłem, nadaję sens moim przeżyciom. Rozumiecie? To, że się tu spotykamy, choć jestem dziś zamulony jak Wisła, to też jest fado.

Kiedy pierwszy raz spotkałeś się z tym określeniem?

Bardzo dawno temu. Słyszałem opowieści o ludziach, którzy w Portugalii śpiewają fado w barach. Śpiewają o żalu, tęsknocie. Dla Portugalczyków bardzo ważne jest to, jak ich muzykę postrzega się na świecie. Nie wiem, czy byliby zadowoleni, że przywłaszczam sobie ich nazwę. Nieważne. Jednym z moich marzeń jest wyjechanie na Maderę i spędzenie tam paru miesięcy. Może być też Lizbona lub Porto.

Pierwsze zagraniczne wakacje w życiu?

Pierwsze. Ale pracowite. Praca dla duszy. Połowiłbym ryby w oceanie, posiedział w barach, posłuchał...

Pośpiewał?

Być może.

Wracając do twoich kompozycji... Wspomniałeś o muzyce do *Braci Karamazow* – spektaklu Janusza Opryńskiego w lubelskim Teatrze Provisorium. Czy tam przypadkiem nie pobrzmiewa melodia ze *Złotej ryby*?

Być może. Mówiłem wam, że coś nie powstaje z niczego. Czasem pomysły czekają w głowie całymi latami. Kompletnie nie wiedziałem, o co chodzi w tej sztuce. Zresztą sam Dostojewski chyba też do końca nie wiedział... Ale czułem klimat. Po prostu tak mam.

Podobnie było, kiedy Andrzej Marczewski reżyserował *Mistrza i Małgorzatę* w Łodzi. Poznaliśmy się i od słowa do słowa zacząłem pracę nad muzyką do tego spektaklu. Andrzej wyczuł momentalnie, że jako człowiek ze wschodu wiem, co może grać w rosyjskich duszach. Nasza przyjaźń trwa do dziś. Don Angelo, bo tak na niego mówię, zadzwonił do mnie dwa dni temu. Po wielu latach. Zdziwił się, że i ja, i on jeszcze żyjemy, a potem zapytał, czy nie chciałbym zagrać koncertu w Teatrze Małym w Tychach, gdzie dzisiaj jest dyrektorem. Nie mogę się doczekać, kiedy pojadę na ten brudny i cudowny Śląsk.

Piosenka *Meine Frau* z płyty *Teraz* to fragment muzycznej ilustracji do spektaklu Marczewskiego?

Tak. To właśnie jedna z tych melodyjek, które ciągną się za mną przez całe życie. Pojawiła się w trakcie balu u szatana

Sesja do tygodnika „Viva!", Elektrociepłownia Żerań, Warszawa, 2013 r.

w *Mistrzu i Małgorzacie*. To laurka dla mojej drugiej żony Aleksandry Dyjak. Język niemiecki czasem lepiej wyraża niektóre emocje.

Przecież to utwór instrumentalny.

Bardzo was proszę – nie bądźcie aż tak przyziemni! Utwór umarł razem ze spektaklem. Szkoda.

Porozmawiajmy o Aleksandrze.

Kiedy się poznaliśmy, byłem już alkoholikiem... Ale dopiero przy Oli rozwinąłem skrzydła wyobraźni życia. Zaczął się mój *Lot nad kukułczym gniazdem*. Niestety, czas, kiedy całkowicie upadłem, przypadł na związek z Aleksandrą. Nie zasłużyła na taki los. To była skomplikowana miłość. Bardzo trudna, chaotyczna. Pijany facet nie miał szans dać kobiecie tego, czego potrzebowała.

Pierwszy raz zobaczyliście się...

...w Radomiu. Pojechałem tam, żeby pisać muzykę do spektaklu *Dociekania psa* na podstawie Kafki, w reżyserii mojego kumpla, aktora Krzyśka Pyziaka. Aleksandra zajmowała się tam scenografią do przedstawienia. Dosłownie wpadliśmy na siebie na drugi dzień po moim definitywnym rozstaniu z pierwszą żoną. Wlewałem wtedy w siebie co najmniej litr gorzały dziennie. Piłem od rana, żeby być trzeźwym. I w jakimś sensie byłem. Miałem w sobie pół litra wódki, a nikt nie wiedział, że jestem pijany. Bo ja dopiero wtedy funkcjonowałem. Byłem dowcipny, bystry, po prostu normalny. Z Olą najpierw się zaprzyjaźniliśmy. Później obeszliśmy wszystkie okoliczne parki. A potem... stało się. Zawsze szukałem ideałów wśród ludzi. Nie wiem, czy w ten sposób objawiała się moja depresja od dziecka, ale takie są fakty. W Oli znalazłem ideał. Co ona znalazła we mnie – nie wiem. Na pewno musiała mnie bardzo kochać. Nie było żadnego innego powodu, dla którego ktoś mógł ze mną tak długo wytrzymać.

Jak długo?

Pięć lat, może nawet dłużej. Rozstawaliśmy się, by za chwilę do siebie wracać. To była bardzo burzliwa miłość. Z Radomia przenieśliśmy się do Warszawy. Na rogu Freta i Kościelnej Ola miała pracownię po ojcu – artyście Ryszardzie Winiarskim, rektorze warszawskiej Akademii Sztuk Pięknych[19]. Aleksandra cudownie zagospodarowała tę przestrzeń do życia. Trafiały się nam piękne i ciężkie chwile... Ale stop! Proszę was. Bliskie suchego kaca są spotkania, kiedy zaczynamy mówić o rzeczach trudnych. Nie byłoby wielkim wysiłkiem sięgnięcie dzisiaj po lufę. Wódka ma jednak zalety. Dzięki niej nie czuje się głodu i strachu. A także niewiele się rozumie. Naprawdę. Unoszenie tych cegieł to katorga. Podnosisz podkowę, a tam koń. Martwy koń.

---

[19] Ryszard Winiarski (1936-2006) był malarzem, scenografem i twórcą form przestrzennych. Jest uznawany za jednego z czołowych reprezentantów polskiego indeterminizmu. Do swojej twórczości wprowadził elementy teorii gier.

12

Wczoraj kupiłeś nam litrowego absoluta.

No bo weź i nie kup! Ludzie różnie wyrażają podziękowania. Co miałem wam kupić? Po długopisie? Lubię dawać prezenty. Taki już jestem.

To są zawsze bardzo ciekawe prezenty. Rozdajesz wędki, czarne marynarki, kurtki bosmanki... Starasz się upodobnić obdarowanych do siebie.

Czujecie się przez tę wódkę upodobnieni do mnie?

Trochę tak.

Myślicie, żc ja siedziałem przed absolutem i mu się przyglądałem jak wy?

To twoja ulubiona marka?

Wydaje mi się jakaś lepsza, zdrowsza... Poza tym nie wymyślicie lepszej nazwy na wódkę. W ogóle na nic nie ma lepszej nazwy. Lubiłem absoluta. Nawet bardzo. I znałem się na wódkach. Jak mogłem, to wybierałem. Przeszedłem przez wszystkie możliwe gatunki. Jedyną rzeczą, której bym się nie napił, jest alasz – łotewski likier kminkowy. Za gruba czcionka – nie przechodzi przez wyraz. Sam zapach zabija. Jak większość miałem okres gorzkiej żołądkowej, jak większość miałem okres żubrówki. Potem nie ma się już wyboru. Na samym końcu czeka balsam pomorski. Wywala kichy na lewą stronę.

Wino?

Nie mogłem się nim upić – nie wchłaniało się. Może jakbym je zagotował, dałbym radę *(śmiech)*. Na etapie świdnickich lasów bywało inaczej. Wtedy nawet i wino potrafiło mnie zwalić z nóg.

A piwo?

Nie obrażajcie mnie... Ale jak nie było raków, to i ryby były rakami.

Whisky?

Nie lubię. I chyba to mnie uratowało. Zawsze piłem czystą, a nie jakieś wynalazki. Do tego jadłem garściami aspargin. I rosoły. Tysiące rosołów. Zdarzyło mi się nawet kiedyś zjeść rosół, do którego nalałem wódki, tak żeby nikt nie widział. Była to sytuacja, w której musiałem być zabawny, ale nikt nie mógł zobaczyć, że piję. Zjadłem więc wódkę łyżką i po pół godzinie wcale nie byłem zabawny. Panowie, alkohol rozpuszcza się w tłuszczach. A ja lubiłem wspomagać organizm. Suplementami *(śmiech)*.

Porozmawiajmy o twoim alkoholowym początku.

Och, kurwa... A nie lepiej pogadać o moim końcu?

O nim rozmawialiśmy na samym początku.

Jan Maria Kłoczowski[20] powiedział mi kiedyś, że jak miałem dwadzieścia jeden lat, to jego znajomkowie zakładali się, jak szybko wyląduję na odwyku w Abramowicach. Czyli byli już wtedy chłopcy, którzy czekali na Dyjaka.

Kto wygrał zakład?

Nie wiem, bo nigdy nie poznałem tych, co się zakładali.

---

[20] Lubelski aktor, dziennikarz i historyk.

Pamiętasz swój pierwszy kieliszek?

Pytali mnie o to na wszystkich szpitalnych detoksach. Nigdy sobie nie przypomniałem. Albo chciałem wyrzucić z pamięci. Zacząłem dość późno – jako siedemnastoletni, może osiemnastoletni chłopak. Od małego wiedziałem, że wódka jest zła. Widziałem przecież ojca. Ale jak jej spróbowałem, to okazało się, że dla mnie jest dobra. I jak już ruszyłem, to pełną parą. Po pierwszym poważnym razie obudziłem się na ulicy. Przestraszyłem się i potem przez jakiś czas omijałem alkohol.

Gdzie po raz pierwszy popiłeś na poważnie?

Dorabiałem w wakacje na budowie. Jako pomocnik murarza. W końcu picie na budowie jest tak samo naturalne jak oddychanie w parku. Byłem najmłodszy w ekipie. Nie zapłacili mi, tylko napoili jak psa. Sieraków – niedaleko miejsca, gdzie mieszkał dziadek. Straciłem przytomność. Ruska wódka w kapslowanych butelkach. Przestraszyłem się...

A pierwsze samodzielne picie zaliczyłem chyba w zawodówce – z Alkiem Młóckiem na wycieczce w Zwierzyńcu. Wypiliśmy w krzakach dwa wina, wytrawne pryty, które miał w plecaku. Rzygaliśmy po nich jak koty.

Duże picie przyszło dopiero w okolicach FAM-y i pierwszych nagród. W Krakowie nie byłem jeszcze taki mocny, żeby wlewać w siebie litrami. Ale jak był dostęp do gazu, to siłą rzeczy...

Czy środowisko, w którym się znalazłeś, odpowiada w jakiś sposób za twój nałóg?

Nie. Oni nie byli pijakami, bo istnieli. Istnieją zresztą nadal. Ale alkohol na pewno dodawał mi odwagi, niwelował różnice społeczno-intelektualne i powodował, że mogłem się dosiadać do zacnych stolików. Leciałem w to jak w dym. Kogo nie kręci dobra zabawa bez konsekwencji? Ktoś przy takim zacnym stoliku powiedział kiedyś o mnie, że jestem głupio szczery. Każdy kij ma dwa końce.

Kto tak powiedział?

Ktoś głupi i szczery.

Czyli artyści cię nie rozpili?

To mogłaby być dobra wymówka. Takie mocne usprawiedliwienie. Ale niestety nieprawdziwe. Za alkoholizm zawsze odpowiedzialny jest główny zainteresowany. Ja byłem skazany na wódę, bo ją zwyczajnie lubiłem. Każdy pretekst był dobry, żeby się napić. Poza tym w poezji, którą uwielbiałem, wódka była zawsze obecna. Tylko wódka jest czysta i śnieg. A wolne są żółwie i ślimaki. Od małego podpatrywałem starszych kolegów, którzy byli dla mnie wzorem. Być może podświadomie podążyłem ich drogą jako jedyną i prawdziwą.

Nałogi i szpitale to norma w świecie śpiewających poezję?

Niestety tak. Dochodzą do tego rozbite małżeństwa.

Jest choć jeden chlubny wyjątek?

Nie znam. Albo nie chcę znać. Nie ta wyporność. Nie ta tolerancja. *À propos*... u mnie tolerancja na alkohol była ogromna. Szesnaście jednostek hemoglobiny we krwi. Zdrowie jak Bronek Malinowski przed olimpiadą. Do trzydziestki było cudownie – była moc. Gorzała potrzebowała kilkanaście lat, żeby mnie zniszczyć. Dopiero po trzydziestce zrobiło się naprawdę źle. Nałóg nie odpuści, dopóki cię nie zgnoi. A życie na łańcuchu takiej choroby jest na wskroś poprzeplatane smutkiem i rozpaczą.

Jak pijesz, jest wesoło. I wszyscy wokół są weseli. Ale ty pijesz coraz więcej i coraz bardziej oddalasz się od tak zwanych normalnych. Wydaje ci się, że nawet ci, którzy piją, piją za mało.

A jak do tego są szczęśliwi, to znaczy, że to jakieś przygłupy. Tak naprawdę dookoła widać tylko rozpacz i ciemność, i szarość, i bolesność, i czerwony kolor.

Doszedłem do tego, że zaczynałem każdy dzień od wymiotowania. Najpierw żółcią, potem krwią. Czym tak naprawdę jest picie? To rozbawianie siebie aż do zrzygania. Do dziś nie zrobiłem gastroskopii, bo boję się dowiedzieć, co za diabeł siedzi tam w środku.

Jak piłeś, to miałeś gest?

Chyba każdy miał. „Pijemy, kurwa, pijemy". I już nieważne, co pijemy, za co pijemy i czyje pijemy. Imieniny Ani – ani moje, ani twoje. Jak miałem dobry dzień, to stawiałem. Ale nie można mieć siedmiu dobrych dni w tygodniu *(śmiech)*. Trzeba wykonać ogromną pracę, żeby zostać menelem. Potrzebne są przede wszystkim siano i czas. Alkoholizm jest kosztowny, a wódka w ilościach przemysłowych jest droga. To znaczy wtedy była droga. Teraz jest tańsza. To jakaś niesprawiedliwość losu. Dziś, jak już nie piję, stać mnie na każdy alkohol.

Zresztą zawsze mam alkohol w domu. Mam dlatego, że nie piję. Jakbym pił, toby mnie nie było stać. Strzelasz do krokodyli, dopóki występują... Raz w tygodniu staram się zapraszać do siebie osoby, które piją wódkę w moim towarzystwie. Polewam im. Patrzę. Uczestniczę w rytuale.

Takie rytuały znałeś od małego. Patrzyłeś na ojca latami. I co? Nie pomogło?

Nie ma czegoś takiego jak alkohol w genach. To bzdura. Choć oczywiście nienawidziłem w sobie tego stanu, który widziałem u ojca. Ale wtedy pojawił się Wojaczek i po prostu wypadało iść na dno. Co prawda spóźniłem się na kult wódki z czasów Hłaski, ale najwidoczniej mi to nie przeszkadzało. I kiedy już świat przestał zachwycać się Wojaczkiem i przestał lubić wódkę, to ja jedno i drugie dopiero odkryłem. Okazałem się spóźnionym bitnikiem, buntownikiem zakochanym w jazzie, włóczykijem. Tyle że nawet bez kija i węzełka. W świat poszedłem, jak stałem. Dzisiaj nie wiem, czy miałbym odwagę jako nastolatek ruszyć w drogę. Ale wtedy gnało mnie. Byłem kolesiem, który polubił wódkę bezgranicznie. Dzięki niej nie odczuwałem lęków, strachu. To, co wszystkich dotyczy, mnie nie dotyczyło. Wódka ma zalety, o których rzadko się mówi. Szkoda tylko, że jej picie zwykle tragicznie się puentuje. Alkohol pozornie uwalnia, bo rozpuszcza blokady. Nie każdy jednak tak samo reaguje na ich erozję. Są ludzie, którzy zachowują kręgosłup w tej chorobie, ale są tacy, którzy go łamią.

Do której grupy należysz?

Mocno nadwyrężyłem swój kręgosłup, ale go nie złamałem. Mimo że wszystkie rzeczy, które są możliwe przy wódzie, były robione. Wszystkie. Wiecie, jak jest. Gorzała niesie ze sobą dym. I zawirowanie. Wszelkie kłótnie i przyjaźnie urastają do wielkich rozmiarów lub w ciągu chwili okazują się bzdurą. Picie jest wielką przygodą. Czasami w jej trakcie wydarzają się też cudowne rzeczy. Znajomości, to, tamto. Integracja społeczna następuje błyskawicznie. Dzisiaj się nie integruję, gdyż nie uprawiam integracji. Ale nic bardziej nie zbliża niż wspólne rozpuszczanie krwi. W alkoholu, jointach, kokainie. W czymkolwiek.

Lubiłeś inne używki?

W ogóle. Wielokrotnie byłem grubszy niż teraz. I zawsze nagle chudłem. Łapałem jakiś lot psychiczny i schłem na wiór. Wtedy często byłem brany za heroinistę. A przecież nigdy heroiny nie tknąłem. W życiu próbowałem naprawdę wszystkiego, ale nie heroiny. Moja ciekawość i próżność otwierały przede mną różne wrota. Bywałem w dużo groźniejszych sytuacjach niż próbowanie hery. Wierzcie mi, wódka nie ma konkurencji wśród używek. Co zastąpi galaretkę z nóżek i szklankę wódki? Narkotyków nie cierpię. One nie mają heroizmu, który ma wódka. Zresztą to nie wódka jest zła, tylko przeginanie z nią. Pazerka jest problemem, a nie sam płyn. Od wszystkiego, co miłe, można się uzależnić. Nawet od węglowodanów.

Nigdy nie próbowałeś zmienić „zainteresowań"?

Często robiłem sobie jaja i wciągałem białą tabakę – taką miętową, żeby wszyscy myśleli, że ćpam. I prowokowałem, zapodając tę tabakę na scenie. Żeby im napsuć krwi. A miętowa tabaka jest naprawdę ohydna. Próbowałem chyba wszystkiego. Romansowałem z różnymi proszkami i zawsze kończyło się to źle. One tylko potęgowały złe doznania po rzuceniu wódki. Narkotyki są nie dla mnie. Są za bardzo skryte i szybciej niż wódka ucinają w ludziach kręgosłup. Poza tym nie ma w nich tego całego alkoholowego hurraoptymizmu i pięknego rytuału. To dla mnie żaden przeciwnik.

A trawa?

Na początku przygoda ze splifami nawet mi się podobała. Ale zaraz potem, po głupkowatych śmiechawkach, zaczynałem czuć niewiarygodnego doła. Dodatkowo nie mogłem się wysłowić. Uciąłem to. Najgorsze są jednak leki nasenne. Ludzie biorą je nałogowo. Ale po nich nie ma już żadnej gadki. Miałem też i taki okres. Beznadzieja. Jestem chyba za towarzyski – to nie jest potrzebna cecha przy częstowaniu się dragsami. Nic nie zastąpi soku z ziemniaka.

Najdroższa seta w życiu?

Panowie, wódka jest tania. Tylko jej konsekwencje są drogie. Czasem jedna wypita seta może cię kosztować życie. Nie jest tak? Kiedyś dla wygłupu wypiliśmy z koleżką bardzo drogie perfumy. Być może to była najdroższa seta w moim życiu. Rzygaliśmy po tym jak psy. Zdarzały się różne stare koniaki. Kto by to notował? Pamiętam, jak wypiłem butelkę wina. Chyba z 1932 roku. Wszyscy patrzyli się potem na mnie spode łba. To było w Kazimierzu Dolnym u Michała Sulkiewicza, księcia tatarskiego, mistrza świata w nalewkach owocowych. Dostałem zaproszenie na sylwestra, to poszedłem. A przed zabawą trzeba było coś chlapnąć. Na stole stało wino. Wszyscy gdzieś poszli i mnie na chwilę zostawili. Potem się dowiedziałem, że to wino miało być głównym punktem wieczoru. Towarzystwo od rana ostrzyło sobie zęby.

Frank Drebin *classic*. Wypiłeś z kieliszka?

Wino z kieliszka? *(Śmiech)*. Pytacie, jakbyście nigdy w wódkę nie zabłądzili. Nie przesadzajmy.

Kiedy ty występowałeś w Lidze Mistrzów, my graliśmy w okręgówce.

Co tam jakaś Liga Mistrzów... W moich żyłach płynął mundial *(wybuch śmiechu)*.

Spotkałeś kogoś, kto cię przepił?

Z piciem jest jak z życiem: bywają dni lepsze i gorsze. Ale na świecie żyje sporo zawodowców – teoretycznych przepijaków – znacznie mocniejszych ode mnie. Na przykład genialny trębacz Jurek Skalski, z którym nagrywałem *Sznyty*. To człowiek wyrzeźbiony z niedźwiedzia – prawdziwy kwadraciak. Niby nie jakiś kolos, ale jednak kwadratowy. Trąbka w jego rękach wygląda jak zabaweczka dla malutkich dziewczynek. W młodości musiał chyba jeździć jelczem albo ziłem bez wspomagania. Na całym świecie są tacy zawodnicy. Znam na przykład kolesia, który waży sto sześćdziesiąt kilogramów i pizzę zwija w rulonik, zjadając ją jak naleśnik. Ten sam gość na śniadanie zjada piętnaście puszek z pasztetem, nabijając każdy w całości na palec. Wyobraźcie sobie, jak pięknie, jak poetycko musi popijać...

Ty naprawdę kochałeś wódkę.

Miłość do końca życia. Przecież wódka jest najlepsza, cudowna, wspaniała. Oczywiście dla tych, którzy potrafią jej używać. Czyli nie dla mnie. Mnie zgubiła pazerność. Nie miałem umiaru. Podziwiam tych, którzy fajnie przeszli przez życie, tylko sobie popijając. W najgorszym wypadku są pijaczkami i nie zostali alkoholikami. Męczą się rano, ale klinem nie zapiją. Tacy ludzie znaleźli jakiś złoty środek. Dla mnie było to nieosiągalne. Na początku wódkę każdego dnia pije się inaczej. Czasami wystarczy ci trochę i świetnie się bawisz. Czasami wódka trochę cię złamie. A jeszcze innym razem lejesz w pysk i nic nie czujesz. Ale potem przychodzi taki moment, że każdy dzień jest taki sam – pijesz pół litra, żeby być trzeźwym. Potem dolewasz litr, dwa litry, żeby jakoś przetrwać do wieczora. W mojej chorobie wydarzały się rzeczy radosne i plugawe. Bo każdy przeżywa nałóg inaczej. Choroba jest ta sama, ale dusza różnie na nią reaguje. Pójdźcie sobie do hospicjum. Wszyscy są tam w podobnej sytuacji, ale jedni będą wciąż ciekawi ludzi, cieszący się dniem, a inni pogrążeni w rozpaczy i zgorzkniali. Choć trzeba pamiętać, że słowo „chory" określa właśnie ich – ludzi, którzy mają na przykład raka. Alkoholik to raczej synonim menela, a nie osoby chorej.

Menel też może chorować.

W końcowej fazie nałogu na pewno. Wtedy nie ma już nic radosnego, jest tylko ból i rozpacz. Degeneracja duszy i ciała. W swoim życiu spotkałem wielu skurwieli, ale nawet im nie życzyłbym alkoholizmu. Kompleks Otella, panika, nadpobudliwość, nerwowość, bezsenność, brak apetytu. *Pod wulkanem* i *Pod Mocnym Aniołem* na pewno nie są studium tej choroby. A tak zwane realistyczne filmy, które powstały na motywach tych powieści, znacznie oddalają widzów od stanu zrozumienia alkoholików, od tego, czym jest ta przypadłość. Ostatnie trzy lata przed samobójstwem były niekończącym się pasmem tragedii. Obrażałem się, zapominałem, miałem problemy z lojalnością. Nie wiedziałem, kiedy nadużywam przyjaźni. Miałem zaniżony system własnej wartości, więc często bez powodu się wywyższałem. A potem się za to nienawidziłem.

Byłem w takim stanie, że wzruszało mnie wszystko, co widziałem na własne oczy. Kompletne rozakwarelowanie i rozpierdolenie organizmu. Oglądałem *M jak miłość* i ryczałem jak bóbr. Nawet reklamy i *Teleexpress* potrafiły mnie zasmucić do łez. Udręka. Chroniczne picie to przerażający obóz koncentracyjny.

Także dla tych, którzy są obok.

Może nawet bardziej dla nich. Spożywanie w ilościach przemysłowych zabija wszystkich dookoła. Czynny alkoholik nie ma żadnego wpływu ani na życie swoje, ani na życie innych. Krzywdzi, bo z całych sił chciałby mieć wpływ, ale nie jest w stanie zbudować niczego pozytywnego. Dlatego zadaje ból swoim bliskim. Zatruwa im życie. Alkoholik to człowiek, który musi liczyć się z tym, że inni będą mu uprzykrzać życie. A on im. Najgorsze jest to, że dzisiaj męczą mnie pijani ludzie. Przecież byłem taki jak oni! *Déjà vu* to coś, co każdy alkoholik ma w jednym palcu. Dopiero na trzeźwo dostrzegam, jaka to jest tragedia. Mam tak wielkie poczucie winy, że kiedy spotykam takich spuchlaków, to stawiam im w barach. Nie umiem odmówić. Spłacam niespłacone kreski.

W ten sposób raczej nie pomagasz.

Nieprawda. Człowiek musi być gotowy do walki z chorobą. Dociśnięty jak korek w butelce. Nasza rozmowa jest tak ciężka, bo nie przyjmuję już wódy. Zawsze gdy gadałem z kimś o niepiciu, to natychmiast szedłem się napić. Kiedyś Lech Dyblik opowiadał mi coś o abstynencji. Po paru minutach byłem przy butelce. Pierwsza rozmowa na detoksie – z terapeutką – zawsze doprowadzała mnie do szału. Wiele razy po czymś takim od razu szedłem pić. W Parzymiechach, zaraz za furtką Ośrodka Terapii Uzależnień, jest sklep, a obok ławka. Wiadomo, codziennie nowy klient. Człowiek wychodzi po detoksie, widzi sklep i okłamuje sam siebie. Rozum mu mówi: „Wreszcie dobrze się czujesz", a ciało podpowiada: „Ach, kurwa! Ale byś pierdolnął ze śledzikiem...". Panowie, przecież mi się codziennie chce. Aż zęby bolą. Napiszcie to!

Nie pękniesz?

W wódce dla mnie jest już tylko śmierć. Człowiek wiał przez całe życie od pamiętania. O chorej matce. O ojcu. O córce. O kobiecie, którą kochał. Piłem, starając się zdusić w sobie żal, jaki miałem do tego, w jaki sposób ułożyło mi się życie. Ale przecież sam je tak ułożyłem. Przez wódkę całe półrocza mam powycinane z pamięci. Byłem, ale jakby mnie nie było... Podobno teraz jest najgorszy rok, czyli siódmy. Najsilniejsze nawroty. Tak mówią.

Kto?

Różni tacy. Wiecie, ilu ludzi zmaga się z tym, co ja? Tych, którzy żarliwie modlą się do wódki, jest w tym kraju więcej od tych, którzy zbierają się pod Częstochową w Matki Boskiej Siewnej czy jakiejś tam... Wiele osób żyje od detoksu do detoksu. Jak kiedyś ja. Na odtrucie szedłem zawsze bliski zgonu. Wychodziłem jak nowo narodzony i od razu bal.

A terapia?

Jaka terapia? Nie rozśmieszajcie mnie. Chodzi o wyczyszczenie krwi, nie duszy. Kiedyś szukałem pomocy w świdnickim AA. Do dzisiaj siedzi tam paru kolesiów, którzy pozjadali wszystkie rozumy – tak zwanych wszystkowiedzących. Wydawali mi się wtedy bardziej jebnięci niż ja. Oczekiwałem konkretnej pomocy, tymczasem chłopcy wzięli mnie za chorego psychicznie, a nie za pijaka z rozpierdoloną głową. Zauważył swój swego, wielka mi pomoc! Poczuli się zagrożeni, bo pojawił się większy pijak od nich. Konkurencja! Ich miejskie legendy mogły lec w gruzach *(śmiech)*. Bardzo często alkoholicy nie chcą pomóc innym alkoholikom. Sprzedają im tylko kacapały w stylu: „Żal mi ciebie – masz przejebane. Prawdopodobnie ci się nie uda". Poza tym każdy, kto przestał pić, brandzluje się swoim nowym tytułem – „terapeuty".

Na swój sposób i ty jesteś dzisiaj terapeutą.

Ale na pewno nie alkoholowym.

Czym różni się detoks od detoksu?

Właściwie niczym. Wszystkie są do siebie podobne. Jedynie w Gorzycach jest oddział, w którym trzeba samemu sprzątać. Tylko pierwszego dnia jesteś wolny. Potem masz dyżur: sprzątasz, myjesz kible, szorujesz podłogi. Bardzo to wkurwiające. Gdzie indziej chyba są sprzątaczki. Ale już nie bardzo pamiętam – wszystko mi się miesza, bo czasami odtrucia przechodziłem w zwykłych szpitalach. Na przykład w Gołdapi i w Poznaniu. Swój pierwszy raz zaliczyłem w szpitalu psychiatrycznym w Olsztynie. Był to klasyczny oddział dla osób uzależnionych od środków psychoaktywnych. To tam zacząłem kilkuletnią turystykę szpitalno-alkoholową. Wyglądało to tak: mocne picie, trzeźwienie na detoksie, wyjście i znowu mocne picie.

Bez przerwy?

Czasami nie piłem dzień albo dwa. Nie dłużej. To od Olsztyna zaczyna się tak naprawdę moja prawdziwa historia. Prawdziwa Pieta z Dyjakiem. Zaliczyłem tam start.

A metą były Parzymiechy. Wyścig Pokoju.

Raczej przedpokoju.

W jaki sposób znalazłeś się w olsztyńskim szpitalu?

Pomógł mi wtedy Norbert Nowicki, związany wówczas z Kredyt Bankiem. Majętny, porządny chłop. Fachowiec. Byliśmy razem na rejsie na Mazurach i ewidentnie zaczęło mi odwalać. Po wizycie u psychiatry wylądowałem w szpitalu. Tam trzeźwiałem, tam też po raz pierwszy przeżyłem padaczkę. A padaczka alkoholowa, która pojawia się po raz pierwszy, powtarza się już do końca picia. W trakcie każdego kaca.

Jest groźna?

Można sobie powybijać zęby. Po padaczce nic nie pamiętasz. Jeżeli chcesz iść do toalety, musisz się czołgać. W trakcie ataku mięśnie napinają się jak stal. Trwa to krótko, ale są konsekwencje. Nie możesz chodzić, stać, ruszać się...

W Olsztynie w jednym pokoju było piętnaście łóżek, wszystkie ściśnięte obok siebie. Nie piłem wtedy z dwa tygodnie. I zrozumiałem, że pielęgniarki widzą wszystko. Bez ich wiedzy nic nie wymodzisz. Mają doświadczenie i wiedzą, jak postępować z chorymi, którzy zawsze próbują tych samych sztuczek. Najczęściej ich reakcją jest brak reakcji. Aż do odpowiedniego momentu. Ale wtedy jest już za późno na cokolwiek.

Dobrze z nimi żyłeś?

Tak, bo wiedziałem, że nie ma po co wojować. Starałem się nie wyróżniać, nie fikać, nie narzekać i nie kombinować. Poza tym nie przesadzałem ze swoim zbyt dobrym humorem – to również rodzi podejrzenia. Jak pielęgniarka chce cię ujebać, to cię ujebie. Na moich wypisach zwykle widniało zdanie: „Pacjent podporządkowany, bez objawów wytwórczych. Stan werbalny – pełny". Dlatego pielęgniarki zazwyczaj mnie lubiły.

Jak się czułeś po wyjściu? Co myślałeś?

Jak wyszedłem, na szczęście czekał na mnie Norbert. Co myślałem? Pod koniec takich wizyt każdy marzy o tym, żeby wyjść za mur, skręcić w lewo i kupić gaz.

W szpitalu się nie da?

Na każdym odwyku bez problemu można skołować alkohol albo prochy. Wszystko. Problem jest tylko jeden – lekarze nie mogą znaleźć niczego we krwi. Dlatego najlepiej być kolesiem, który się nie odzywa i nie rzuca w oczy. Wtedy przez cały odwyk można doić, ile fabryka da. Noc zapada i dzieją się różne rzeczy. Krople żołądkowe albo amol raczej nie przetrwają w apteczce na szpitalnym korytarzu *(śmiech)*. Byle tylko wytrzeźwieć do rana – na badania.

Doiłeś?

Po co? Doiłbym, gdybym chciał tam zostawać na dłużej. Ale ja dążyłem do tego, żeby jak najszybciej oczyścić krew i ruszyć w drogę. Często już po dwóch, trzech dniach byłem gotowy *(śmiech)*. Ciągnęła mnie wolność, która była najczęstszą przyczyną mojego zniewolenia. Prawdziwym przekleństwem. Funkcjonowanie na oddziale zamkniętym jest trudne i ciężkie. Ale też bezpieczne – można zjeść śniadanie, obiad, kolację... Poza tym człowiek bardzo szybko przyzwyczaja się do takich miejsc. Adaptuje. Poznaje ciekawych ludzi. Co jeden, to ciekawszy. Przede wszystkim tam też są LUDZIE. Nie zwierzęta. Potrafią być źli i dobrzy. Zdarzają się nawet „miłości obozowe", a raczej kolonijne. Zwykle zresztą kończą się bardzo źle.

Masz znajomych z odwyków?

Nie mam z nimi kontaktu, ale widywaliśmy się wielokrotnie. Zawsze w podobnych miejscach. Jak na koloniach (*śmiech*). Po odwyku ludzie zwykle wracają do pracy, realizując w ten sposób ideę „całkiem nowego życia". Idea jednak się spala i pojawiają się znowu w swoich bezpiecznych zamknięciach. Tylko tam wszystko jest dla nich jasne. Tylko tam wszystko się wie. Odwyki są pełne kolesiów, którzy wiedzą. Fachowców. Najmądrzejszych.

Ile detoksów przeszedłeś?

Dwadzieścia trzy. Jak Polska długa i szeroka. Możliwości jest od zajebania. Olsztyn, Abramowice, Tworki, Gorzyce... Typowo alkoholowy oddział jest w Lublińcu.

Ach... co tam się działo! Tam to dopiero były postacie. Z krwi i kości. W oknach kraty, a na sali ekipa, która zostanie w pamięci do końca moich dni. Czułem się tam jak w filmie. Wiecie, że wczoraj w telewizji był *Lot nad kukułczym gniazdem*?

Która ze scen porusza cię najbardziej?

Duszenie oddziałowej i elektrowstrząsy. Była zbrodnia, będzie kara. Nie ma przebacz. Tyle że ja się nigdy nie rzucałem. Przynajmniej, kiedy byłem świadomy. W pewnym momencie bycie w szpitalu było dla mnie tysiąc razy lepsze od bycia na wolności. Szpital to bezpieczeństwo, spokój, brak poczucia wstydu. Przecież jak pijesz, ludzie się od ciebie odsuwają. Bełkoczesz coś bez sensu. Śmierdzi od ciebie wódą. A w szpitalu wszyscy są identyczni. Równi. Najlepsi w swoich dziedzinach. Tak jak mówiłem – fachowcy. A ja byłem mistrzem wśród mistrzów.

Jak to się działo, że cię do tych szpitali wciąż przyjmowali?

Po ludzku.

Przecież nie zawsze miałeś ubezpieczenie.

Co?

Ubezpieczenie.

Prawie zawsze miałem. Prawie zawsze.

Jak to?

W Polsce choroby psychiczne nie wymagają ubezpieczenia. Alkoholizm jest chorobą społeczną i też nie wymaga ubezpieczenia. Tak mi się wydaje. Zresztą czy to ważne? Przyjmowali mnie i już. Po prostu w tym swoim pijaństwie umiałem o to zadbać. Ktoś mnie tam zwykle podwoził. Przyjaciele. Nigdy policja. Jakby to była policja, to musieliby mnie przyjąć. A jak nie, to trzeba było załatwiać. Na ogół łapówkami. Bo dostać się tam wcale nie jest tak prosto. Poza tym wśród artystów jest wielu alkoholików. I wszyscy najczęściej są leczeni przez tych samych lekarzy, z którymi się przyjaźniłem. Czasem ktoś szepnął dobre słowo... Towarzystwo wzajemnej adoracji (*śmiech*). Poza Lublińcem wszędzie trafiałem dobrowolnie. Ale to nie jest chyba dobre słowo w tym kontekście. Wielokrotnie czułem, że jak się gdzieś nie zamknę, to zdechnę albo oszaleję. I dlatego opuszczałem wolność i świeże powietrze na rzecz niewoli i smrodu. Czy można to nazwać dobrą wolą? Dziś pomagam tym, którzy chcą się zamknąć. Doskonale ich rozumiem.

Czy uwierzycie, że ja nigdy nie byłem na izbie?

Niemożliwe.

A jednak. Alkoholik musi być bardzo czujny. Na izbę najczęściej trafiają ci, którzy piją sporadycznie. Tacy, co się najebali i żona zadzwoniła. Albo wyszli z baru w nieodpowiednim momencie. Prawdziwi galernicy alkoholu nie trafiają na izbę. Mają nie tylko większą tolerancję, ale też instynkt przetrwania i przede wszystkim doświadczenie. W moczu czują, czy będzie zadyma. Najważniejsze to umieć się odpowiednio ustawić.

Masz alkoholowy radar?

Mam. Wystarczy zdanie, dwa. Jest intonacja, która wszystko zdradza. A przede wszystkim aura.

Jak długo już nawijamy? Kończmy...

Jeszcze chwila. Pomagasz dzisiaj innym w chorobie?

Zdarza się. Po koncercie podchodzą ludzie i mówią: „Panie Marku, wytrzymałem już dwieście dni". A ja wiem, jaki to jest szmat czasu.

Ty już wytrzymałeś ponad dwa tysiące dni...

Naprawdę? „Panie Dyjak, kiedy pan pił po raz ostatni? Ponad dwa tysiące dni temu, siostro oddziałowa" *(śmiech)*.

Na trzeźwo świat wygląda jak wycięty żyletką obraz. Wszystko jest ostre i jaskrawe. Ciężko z tym żyć, jak się nie zna innego stanu niż akwarela. Jesteś bez skóry. Zaczynasz obrażać tych, którzy na to nie zasłużyli. Warczysz. Przykry czas dla osób naokoło oraz głównego zainteresowanego, który wie, że robi źle, ale nie może tego powstrzymać. Panowie, odpuśćmy sobie. Serio.

Jeszcze jedno pytanie. Powiedz, jak smakuje pierwsza lufa po detoksie...

Kurwa! Jak możecie o to pytać alkoholika, który ma problem? Wywoływać mu głody!? To jest ultrabolesna sytuacja. Nie gadajmy o tym, bo ja nie piszę regulaminu dla pijaków, rozumiecie? Musicie wiedzieć, że nikt, kto sięgnie po tę książkę, nie może poczuć, że zaraz powinien się napić. Nikt! A ja już mam ślinotok. A nawet miałem dzisiaj kilka razy! Czy wy wiecie, że mogę stąd wyjść, pójść do domu i się napić? I całą tę robotę rozpierdolić?

Ale czy to nasza wina, Marek?

To wy pytacie. Czyli wasza. Zapytalibyście człowieka chorego na raka – jak tam twój rak? Fajnie? W porządku się układa?

Sugerujesz, że zaczniesz znowu pić przez tę książkę?

Nie. Mam nadzieję, że nie zacznę, bo się stosunkowo dobrze bronię. Już ponad sześć lat. Niczym was nie obarczam. Atakuję, bo się boję. Wszyscy alkoholicy są trochę ofiarami i trochę katami. Boję się, że moja ocena – ta, w której jestem katem, jest tak straszna, że nie do wybaczenia. Wtedy wyobrażam sobie, że jestem wszystkiemu winny. I atakuję. A kiedy śpiewam, to jestem bardziej ofiarą. Danej sytuacji, danej miłości. Za pomocą wierszy interpretuję sobie światy. W momencie kiedy zostaję odarty, kiedy mnie tak męczycie, zdzieracie skórę plastrami, bliżej mi do kata. Człowiek zwyczajnie dostaje kurwicy... Weźcie pod uwagę, że nie macie do czynienia z jakimś politykiem czy prawnikiem, tylko z rozchwianym chwiejem, który sam nie wie, jakie rzeczy zdecydowały, że od sześciu lat nie pije. I co ja mam wam powiedzieć? Nie wiem, jaka jest prawda. Nie jestem w stanie szczerze opowiedzieć wam o alkoholizmie.

Koniec! Mam ochotę na coś przeciwbólowego...

13

Przepraszam was za moje stany, w których chcę wam pourywać łby albo spierdolić jak najdalej... Ale zrozumcie – sytuacja jest nienaturalna. Ta spowiedź... Nigdy nie będę dobrym pracownikiem. Niczyim. Rozumiecie, o czym mówię? Nie chcę też wyjść na menela w tej książce. Ludzie ją przeczytają i tak o mnie pomyślą.

Nie jesteś menelem.

Wy to wiecie. Ale są tacy, którzy do tej pory nie wierzą, że nie piję. Panowie, stany głodów różnie się objawiają. Czasami, w wyniku nakręcenia się w towarzystwie, nagle stajesz się pijany. Wyobrażacie to sobie? Nie wypiłeś nic, a zachowujesz się, jakbyś wypił. Nagle przemawiasz do ludzi, potem gdzieś lecisz, śmiejesz się, coś bredzisz. A jesteś trzeźwy jak świnia. To oczywiście mija z biegiem lat – im dalej w las. Stasia Celińska opowiadała mi, że także miała z tym problem. Dlatego uczulam was, proszę o to z całego serca, żebyście wiedzieli, bo sami jesteście ojcami, że ta opowieść musi być również opowieścią dla tej dziewczynki. A nie jakąś historią nie wiadomo o czym. Przecież wiem, że nie proszę tumanów. Chciałbym, żeby Olga wiedziała, że nigdy nie poddałem się bez walki. Dzisiaj są jej czternaste urodziny...

Jakim byłeś dla niej ojcem?

Specyficznym. Ale nie takim znowu najgorszym. Jak miała cztery i pół roku, uczyłem ją przeklinać. Kiedyś przyjechała do Świdnika, do mojej matki. Przy sąsiadkach zadała jej pytanie: „Gdzie jest, kurwa, mój tato?". Ale nie jest to chyba powód do mojej chwały. Podobnie jak to, że kiedyś dałem jej klapsa. Tylko raz, ale jednak. Nie wytrzymałem, kiedy wbiła swoje długie, zapuszczone paznokcie w oczy młodego Szymona Brzeskota. Nie mogę sobie tego wybaczyć do dzisiaj... Codziennie się o nią modlę. Jest dla mnie najważniejsza. Co bywa i jej, i moim problemem. W jej krwi płyną fragmenty mnie. To moje dziecko – jedyny wyznacznik życia, który ma przełożenie na przyszłość.

Kiedy widziałeś ją po raz ostatni?

Róg ulic Chłodnej i Żelaznej, klub Chłodna 25, Warszawa

Sześć lat temu. Kupiłem jej chanel nr 5 i bukiet róż. To w końcu stuprocentowa kobieta. Miała wtedy prawie osiem lat...

Jak było?

Olga kompletnie mnie zaczarowała. Nasze spotkanie to najpiękniejszy dzień w moim życiu. To dziecko było tak mądre... Bardzo mnie wtedy uspokoiła, wręcz zaopiekowała się rozdygotanym mną. Potem przez dwa dni płakałem w hotelu. Ze szczęścia.

Od tamtej pory nie miałeś z nią kontaktu. Może warto się odezwać?

W oczach mojej córki jestem zmarły. W końcu sam się zabiłem. Jestem odpowiedzialny za jej wszystkie żale... Boję się, lękam, obawiam tego spotkania. Brzmi to irracjonalnie, ale z roku na rok jest coraz gorzej. Jeżeli się z nią w końcu nie spotkam, to oszaleję. I to może być powód mojej śmierci.

Nie radzisz sobie z tym.

Nie. To jedno z moich plugastw, o których chciałbym z wami pogadać. Kompletna amatorka. Brak odwagi. Tchórzostwo.

Skąd się to bierze?

Myślę, że moje kontakty z jej nową rodziną mogłyby być powodem różnych nieszczęść, wręcz traum, godzących głównie w Olgę. W końcu wychował ją inny facet! Dlatego muszę czekać i codziennie się modlić.

Na co czekać?

Aż mnie zawoła, aż będzie mnie potrzebować.

Ona może myśleć dokładnie tak samo.

Młoda dziewczyna nie może wiedzieć, kim jest ojciec, który walczy z takimi demonami jak ja.

Być może chciałaby się dowiedzieć.

Wychowałem się bez ojca i dobrze wiem, czym jest święty spokój. Lepiej być ojcem, który nie istnieje, niż być istniejącym katem. Znam to doskonale z własnego domu. Każdy pijący facet jest poważnym ciężarem dla rodziny. Ciężarem, który całkowicie zabija dzieciństwo własnego dziecka. Bóg zaopiekował się Olgą i nie wziął jej w podróż ze mną.

Twoje picie to przeszłość.

Co z tego, jak do końca życia głowa jest pijana. Zrezygnowanie z większości siebie samego, czyli wódki, było piekielnie ciężkim zadaniem. Ale wybór: pić czy nie pić, jest łatwiejszy od wyboru: kim być. Nie chcę zrujnować świata jej dzieciństwa. Być może świata sztucznego, ale jednak – dzieciństwa. Nie załatwię nic pięknymi słowami ani pieniędzmi.

Ale przyjacielem być mogę. Mogę stać gdzieś w ukryciu, tak żeby ona wiedziała, że jest na świecie taki skurwiel – stary wapniak, który zareaguje na każdy jej pisk. Czuję, że Olga będzie przechodzić na moją stronę, że postara się mnie kiedyś zrozumieć, wybaczyć. Jak co roku w jej urodziny pęka mi serce. Ten dzień jest dla mnie najważniejszy w życiu. Od momentu, kiedy byłem przy jej narodzinach w szpitalu, nie ma istotniejszej daty w całym kalendarzu. I znów minęło ponad trzysta sześćdziesiąt dni bez jakiegokolwiek kontaktu. Pozostaje mi tylko tęsknić i czekać. Co noc, ze łzami w oczach, patrzę na jej zdjęcia...

My patrzyliśmy na nią w internecie. Pięknie gra, pięknie wygląda.

Uroda na pewno nie po tatusiu. A talent? Mając czternaście lat, Olga jest rasowym muzykiem. Lepszym i zdolniejszym od nas wszystkich. Cały czas mam jej maleńką rękawiczkę i różową frotkę z włosami. Tylko ja wiem, gdzie trzymam te relikwie.

Czy nie jest trochę tak, że ta książka ma być przede wszystkim sygnałem – przekazem dla twojej córki?

Chciałbym, żeby tak było.

A praca, którą razem tu wykonujemy, jest dla niej?

Wyłącznie dla niej. Tę książkę przecież dedykuję właśnie jej. A potem, jak już się ukaże, wyślę. Do rąk własnych. Być może będzie to dla niej pierwszy prawdziwy obraz ojca. Dziś jestem tylko zbiorem jej wyobrażeń z własnej otchłani pamięci, notek prasowych i tendencyjnych opowieści mamy. Olga jest współwłaścicielką wszystkich piosenek, które wykonuję. Jak się przekręcę, zostanie jedyną właścicielką. Czyli całkiem niedługo. Odziedziczy też wszystkie moje rzeczy i sprawy. Moje piosenki są formą testamentu. Ale boję się, że taka informacja może ją wystraszyć i być równoznaczna z tym, że mnie nigdy nie zobaczy.

Może też być czymś w rodzaju: „Cały czas myślę o tobie".

Niezależnie od wszystkiego Olga i tak będzie wędrowała po moich śladach. Dziś to ojczym jest jej tatą. Ale ojcem zawsze będę ja.

Jak myślisz, czy Olga przychodzi na twoje koncerty? Stoi gdzieś w tłumie i przygląda się...

(Bardzo długie milczenie) Zabiliście mnie tym pytaniem. Boże. Myślicie, że może tak być?! Nie sądzę, żeby ją interesowała taka muzyka.

Ale ty ją interesujesz.

Błagam, zejdźmy z tego tematu, bo nie wiem, co o tym sądzić. Bo zwariuję. Czasami czuję, że ona jest gdzieś blisko. Widzę ją w Zielonej Górze, Gdańsku czy Opolu. Na ławce, za budynkiem, przemyka w sklepie... Prawdopodobnie widzę ją w innych dziewczynach. A może to jednak ona? Nie wiem.

Chciałbyś, żeby zobaczyła, jak śpiewasz?

Oczywiście, że tak! Muszę zapalić. Natychmiast. Trzęsę się cały...

Życzymy ci, żebyś kolejne urodziny córki spędził z nią, nie z nami.

Dziękuję wam, panowie. Z całego serca. Aż się uśmiechnąłem, jak sobie to wyobraziłem... Przybijcie piątki! Dobra, muszę iść. Się pomodlić, wypłakać... Bo oszaleję. Zobaczymy się wieczorem.

14

Wspomniałeś rano, że chcesz porozmawiać o swoich plugastwach.

Czyli o nielojalności, kołtuństwie, małostkowości. Kiedyś bardzo często przyłapywałem się na takich cechach. Dzisiaj staram się trzymać od nich z daleka. Wychodzę z założenia, że porządny człowiek jest porządny zawsze, a nie czasami. Nie bywa porządny, tylko jest porządny. A zło zakwita przede wszystkim głupotą. Z drugiej strony może i nie mam racji, bo wiem, że dziś modne jest bycie kozakiem, który potrafi wszystkich oszwabić. Mój system wartości ciągle się zmienia. To wynik wieloletniego spożywania. Całe życie byłem skupiony na piciu i oduczaniu się tego, co o sobie myślałem.

Co plugawego dziś robisz?

Jestem mściwy. Broniąc się, często za bardzo atakuję. Poza tym jeżdżę czterysta kilometrów z otwartą szybą w samochodzie, żeby móc sobie bezkarnie popalić. Dzięki temu rzucę czasami kurwę na górali, gospodynie wiejskie i proboszcza. Nie oszukujmy się – słowo „plugastwo" w naszym kraju ma długą tradycję. Wszyscy wiemy, o co chodzi.

Chociaż nie wiadomo, jak stoją z tym hipsterzy... „Plugawy hipster". Jak to brzmi? *(Śmiech)*. A tak w ogóle to powiedzcie mi, o czym są ci hipsterzy? Co to, kurwa, jest? Myślę, że prawdziwi hipsterzy pochodzą z Zamościa, Chełma, Lublina czy Świdnika i studiują w Warszawie. I że hipster to jedyna odmiana człowieka, jaką widać z kosmosu. Stamtąd widać tylko chiński mur i hipsterów *(śmiech)*.

Kiedyś powiedziałeś, że skazani na plugastwo są przede wszystkim poeci.

Bo oni zawsze czują się bardziej uduchowieni. Dlatego łatwiej ich przyłapać. Poeci śpiewający nie są wyjątkiem, co często im wytykam. Niektórzy będą mi to wypominać do końca swoich dni. Do dziś wiele osób nie cieszy się na hasło „Dyjak". W towarzystwie zajmuję za dużo miejsca, urządzam cyrki i przypierdalam się do ludzi. Bywam niewygodnym zawodnikiem. Ale nie może być inaczej, skoro przez piętnaście lat trzymałem we łbie tyle czystej gorzały. Mam niesamowitą umiejętność zjednywania sobie ludzi, a jednocześnie ich zrażania. Towarzystwo, które ceni sobie spokój, na pewno nie chciałoby mnie na swoich przyjęciach.

Sesja zdjęciowa do albumu *Kobiety*, Lublin, 2013 r.

Chyba że ktoś lubi „spokój Dyjaka".

Nie sądzę. To jest spokój inaczej. Jestem facetem, który przez całe życie opierał się, spierał, toczył wojny. Tak już mam. To cecha mojej duszy. Nigdy nie wiedziałem, kto jest wrogiem, a kto przyjacielem. Taki naiwny Don Kichot. Ale na pewno nie jestem *fighterem*. Marek Edelman nim był.

Co cię napędza w walce z wiatrakami?

Wszystko, co robię, jest napędzane żalem. Ale nie żalem politycznym czy socjologicznym. Janek Kondrak chciał mnie obrócić w takim kierunku, pisząc *Pięknego instalatora*. Umieścił w moim gardle swoje niezadowolenie ze zmian, które zaobserwował po przemianie ustrojowej. Przede wszystkim z postępowania „Solidarności", do której należał. Ale to nie byłem ja.

Ja to żal wynikający z szukania miłości. Takiej nieosiągalnej, niemożliwej, wyidealizowanej. Wszystkie swoje siły czerpałem z tego, że bywałem odrzucany. Trochę to groteskowe, wiem... Jak trafiłem na Wojaczka, to odkryłem, że nie jestem w tym sam. Jego poezja była jak grom z jasnego nieba – całkowicie jadalna. Ktoś opisał moje samopoczucie, myśli, odczuwanie świata – wszystko. Potem okazało się, że wszyscy moi kumple także mieli różne defekty. Głównie to ich charakteryzowało. Dobieraliśmy się na czuja i nie lubiliśmy szkoły, bo szkołę mogą lubić tylko dzieci towarzyskie, wesołe i takie, które sobie w niej radzą. Nam nic z tych rzeczy nie groziło. Woleliśmy się poetycko dołować...

Próbowałeś kiedyś z tym walczyć?

Jak mogę walczyć, kiedy codziennie mam senne koszmary! Wierzę w różne duchy. Stąd pewnie bierze się moja bezsenność, wręcz lęk przed snem. Czasami jest tak, że w życiu kończy się przyjemność spania i zaczyna ból śnienia. Wczoraj w nocy na przykład przyszedł do mnie ojciec i narzekał, że nie radzi sobie po tamtej stronie. Obudziłem się wściekły, nie do życia, z głębokim poczuciem winy. Dobre sny mi się nie zdarzają. Chore i bolesne sny to widocznie znak chorej duszy. Niestety, nie mam już snów erotycznych i nie witam każdego dnia na stojąco. Prędzej w snach ląduję w piekle. Jak piłem, śniłem milej i kolorowiej. Może dlatego, że w ogóle mało spałem (*śmiech*). Znacie ten wiersz Brodskiego?

(Marek recytuje)

Zastępowałem w klatce dzikie zwierzę,
wypalałem swój wzrok i ksywę gwoździem na ścianie
baraku,
grałem w ruletkę, plażowałem na Riwierze,
jadłem obiad z diabli wiedzą kim we fraku.
Z wysokości lodowca świat oglądałem polarny,
trzykroć tonąłem, dwakroć mnie skalpel chlastał.
Rzuciłem kraj, który mnie wykarmił.
Z tych, co mnie zapomnieli, złożyłoby się miasto.

Śpiewał to swego czasu Czyżyk. Na końcu jest jeszcze coś takiego:

Co mogę powiedzieć o życiu? Że rzecz to w sumie dość
długa.
Tylko nieszczęście budzi we mnie zrozumienie.
Ale dopóki ust mi nie zatka gliniana gruda,
będzie się z nich rozlegać tylko dziękczynienie[21].

---

[21] *** (*Zastępowałem w klatce...*) Josifa Brodskiego, przekład Stanisław Barańczak.

U mnie to dziękczynienie jest zakłócone żalem, którego nie jestem w stanie sprecyzować. Tak naprawdę nie wiem, skąd się on bierze. Jak żalu nie czuję, wytwarzam go w sobie. Na przykład, żeby zagrać koncert. Nie jestem aktorem, więc nie mogę się opierać na jakimś warsztacie, gestach, minach czy łzach. Muszę to coś czuć w środku. Wiersz niby nie ma płci, ale każdy mężczyzna w pewnym wieku staje się bohaterem wierszy Brodskiego: *Cień, mój towarzysz, na ścianie się garbi...*[22]

Ale z tym wytwarzaniem żalu idzie mi coraz ciężej. Rozejrzyjcie się wokół: całkiem sympatyczne mieszkanie w całkiem sympatycznym mieście. A do tego bardzo sympatyczna kobieta u mego boku. Nie jest lekko (*śmiech*).

Jak wytwarzasz w sobie żal?

Nie wiem. To się samo dzieje. Niepokoję się, czy to nie jakaś rutyna. Obawiam się też, czy przypadkiem to moje wyśpiewywanie żalu za chwilę nie będzie groteskowe. Ale z drugiej strony, jeżeli ktoś na naszej szerokości geograficznej wyśpiewuje radość, to znaczy, że oszukuje. Nie można być raczej wesołym Polakiem. U mnie wskaźnik aktywności myślowej podnosi się do góry, kiedy na niebie są chmury. Kiedy jest niepewnie i szaroburo. Jesień, zima, przedwiośnie. Taki byt w niebycie. Mój czas kończy się w maju. Czyli wtedy, kiedy wszyscy zaczynają się rozbierać i najczęściej wyglądają bardzo chujowo.

Dziewczyny też?

Mam wadę wzroku, więc zwykle widzę je rozmazane. I dobrze. Przynajmniej nie patrzę na świat przez pryzmat ich urody. Dzięki temu nie jestem Cyganem albo Rynkowskim i nie muszę śpiewać: „Wypijmy za brąz. Dziewczyny lubią błędy” (*śmiech*).

---

[22] *** (*Zawsze twierdziłem...*) Josifa Brodskiego, przekład Stanisław Barańczak.

Z jednej strony jesteś śmiertelnie poważny, z drugiej – rubaszny.

Jak każdy starzec. I jak każdy starzec nie mogę wyobrazić sobie siebie w wesołym repertuarze. Zawsze dbałem o to, żeby nie bawić się w wesołe piosenki. Im głębszy smutek, tym większa radość. Radość poza tym jest cielesna, czyli głupsza. Smutek płynie prosto z duszy. Dlatego tak bardzo lubię malarstwo Hoppera. Delikatne, męskie pokazywanie samotności w barze. Delikatne, ale jednocześnie wrzeszczące. Nawet dziecko w przedszkolu wie, o czym są te obrazy. Wystarczy spojrzeć.

Chcielibyśmy pokazać też twoje jaśniejsze oblicze. Bo dla wielu ludzi jesteś facetem, który się powiesił, ponieważ za dużo pił.

Chciałbym, żeby ci ludzie zobaczyli we mnie człowieka po zawodówce, który nagrał dziesięć płyt. Nie ma wielu takich zawodników na świecie. W naszej książce chcę gadać o rzeczach ważnych i poważnych. Małostkowość mnie nie interesuje, co nie wyklucza chyba poczucia humoru. „Każdy ma jakiegoś bzika, każdy jakieś hobby ma, a ja w domu mam chomika, kota, rybki oraz psa". Wesołkiem mogę być poza sceną. Nigdy nie będę traktował swoich występów jak *show*. Na koncertach dzielę się z ludźmi uczuciami. Całym sobą. Dlatego mam nadzieję, że zawsze będę wykonywał fado. Interesują mnie żal, niespełnienie i tęsknota. To moja prywatna spowiedź. Ale jest mi coraz trudniej. Każdy kolejny występ odreagowuję ciężej, co także dla bliskich jest bardzo męczące. Śpiewając, często oddaję stany, w których się znajduję. Wykonując *Na krawędzi szkła* czy *Na klęczkach,* zawsze myślę o matce. Bo matki zawsze stoją w oknach, jak pada deszcz...

(Marek śpiewa)

Kiedym wracał, stałaś w oknie, padał deszcz...[23]

[23] W oryginalnym tekście Jana Kondraka: „Kiedym wracał, piekłaś ciasto, padał deszcz".

Koncert premierowy po wydaniu albumu *Kobiety*, Och-Teatr, Warszawa, 27 kwietnia 2013 r.

Koncerty bolą mnie fizycznie. Jak jest już po wszystkim, zawsze czuję ulgę i szybko uciekam. Tłumaczę się, że mam do przejechania pięćset kilometrów, a rano chcę połowić ryby.

Ty w ogóle sprawiasz wrażenie, że wszystko cię boli.

Bo tak jest. A występ na scenie to dodatkowo rodzaj samo-upokorzenia przed ludźmi. Jestem jak objazdowy kaleka, który ledwo chodzi, ledwo żyje, ale daje głos tu i ówdzie. Bo chce i musi. Ostatnio po koncercie podszedł do mnie gość i opowiedział, że jakiś facet zabił mu miłość jego życia. Przyznał się, że go szuka, i jak znajdzie, to zabije. Czasami czuję się jak ksiądz spowiednik, czarny papież, książę ciemności. Uwielbiam ubierać się na czarno...

A z kieszeni zawsze wystają ci czarne sznurówki.

A co wam do tego?! Są różne rzeczy i sobie wystają. To chyba nie jest temat do książki.

Coś nam przypominają.

Nie tylko wam. Ale nie będziemy gadać o sznurówkach. Są nieistotne.

Zwykle kiedy tak mówisz, to to coś jest najistotniejsze.

Oj, kurwa, robimy przerwę!

Czy te sznurówki mają dla ciebie symboliczne znaczenie?

Mają, ale to moja tajna i intymna sprawa. To mój zakon. Zakon pamięci. I więcej o to nic pytajcie.

Na pierwszy rzut oka widać, że przywiązujesz wagę do ubrania. Od kiedy jesteś taki elegant?

Sesja do tygodnika „Viva!", Elektrociepłownia Żerań, Warszawa, 2013 r.

Od zawsze. Zamiłowanie do elegancji mam na pewno po dziadku Franzu. Już w zawodówce chodziłem w marynarce. Jako jedyny uczeń w klasie, co nie było wielkim osiągiem, bo uczyło się ze mną tylko trzech piśmiennych. Prawdziwej elegancji nauczył mnie Adam Galas, który zawsze świetnie się ubierał. Podpatrzyłem to u niego. To paradoks, bo sam Galas chciał, żebym nosił się bardziej młodzieżowo, buntowniczo. W czasach *Sznytów*, czyli płyty o niczym, miałem być obrażonym młodzieńcem w skórze. Dziś wolę się obrażać w bosmance, ponieważ w swoim życiu stosowałem głównie prawa marynarza. Jak śpiewał Jacek... właściwie Jerzy Bieleński: „Marynarze Łodzi, przecież o to chodzi". Tak więc noszę się jak marynarz, bo nim jestem. Proszę mówić do mnie „Żeglarz Wielki" *(śmiech)*.

Czy żeglarz ma w garderobie jakiekolwiek kolorowe ciuchy?

Oczywiście. Czarne i białe. Wyobrażacie sobie moją facjatę, a pod nią kolorową bluzę i dresik? Dziękuję bardzo.

Może warto spróbować.

Moja wiedza na ten temat jest empiryczna. Próbowałem.

Wróćmy do koncertów. Pamiętasz swój najdłuższy występ?

W starych dobrych czasach wszystkie były najdłuższe. Grałem nawet wtedy, kiedy nikt nie chciał mnie słuchać. Śpiewałem po kilka godzin. Aż do momentu, w którym latały stoliki pod sufitem. Dzisiaj wytrzymuję godzinę dziesięć, godzinę dwadzieścia. Rzadko gram dłużej. Wszystko zależy od tego, czy czuję, że jestem z ludźmi. Moje śpiewanie, a raczej wyrażanie siebie, jest mocno siłowe. Zawsze staram się występować do krwi ostatniej. Kiedy śpiewam, prawie zawsze mam gorączkę. A już na pewno czuję się, jakbym ją miał. Wprowadzam się w nieobliczalny trans. Miewam dreszcze, odcięcia tlenu, kłucia serca. Muzyka to zdrowie. Jak stracę głos, to potem milczę w aucie. Nie jest to dla mnie problem. Przynajmniej Wojtek ma spokój i nikt mu nie szumi obok. Ale... coś takiego chyba mi się jeszcze nie udało ani razu *(śmiech)*.

Grałeś kiedyś poranne koncerty?

Miejcie litość, panowie. Proszę o trochę powagi. Rano zwykle wymiotowałem. Szczególnie w chwilach największej choroby i wycieńczenia. Kiedyś w Świdniku zalałem krwią całą łazienkę. Musiałem się zamknąć na pół godziny, żeby wszystko wyczyścić. Nie chciałem, żeby matka to zobaczyła. Ona zawsze widziała to, co chciała widzieć, więc niby się udało. Ciężkie miała życie. Najpierw mieszkała z jednym alkoholikiem, potem z drugim. Obu kochała. Pewnie dlatego dziś gaśnie jak płomyczek...

Ale – jak twierdzi – nigdy nie widziała cię pijanego.

Powinna sobie przypomnieć, jak wpadłem kiedyś do domu w nocy i wyjadłem trzy gary domniemanego kapuśniaku. Tak naprawdę były to garnki po bigosie, zalane wodą. Matka nad ranem poryczała się ze śmiechu... Ale pijanego może i mnie nie widziała. Ojciec to co innego: przewracał się, rzucał meblami, telefonami, wszystkim, co mu weszło w ręce. Ciężko było tego nie zauważyć. Ja takie rzeczy robiłem w barach. W domu starałem się zachowywać wzorowo. Jak dziś patrzę na mamę, to mnie ściska. Jak mogłem jej to zrobić? Jak ja się mogłem targnąć na siebie?!

Chcesz o tym porozmawiać?

A co? O kabaretach mamy gadać?! Przecież kabaret, w szczególności dzisiejszy, jest najniższą formą wypowiedzi artystycznej. A zarazem jest najbliższy naturze naszej zblazowanej, rozgoryczonej i zdruzgotanej większości narodowej. Zwykle żywi się cudzym nieszczęściem. Często jest tani i żałosny. Nie lubię przemądrzałych wesołków.

Koncert premierowy po wydaniu albumu *Kobiety*, Och-Teatr, Warszawa, 27 kwietnia 2013 r.

Jak często zdarza ci się zmienić zdanie o kimś?

Często... Czyli rzadko *(śmiech)*. Kabaret to artystyczna klęska. Dlatego nigdy nie będę śpiewał jakiegoś radosnego reggae na lodzie. W moim wykonaniu nawet *Tyle słońca w całym mieście* byłoby reklamą pizzy – „Tyle sera w całym cieście". A może coś takiego?

(Marek zaczyna nucić)

Jak dobrze wstać skoro świt,
Jutrzenki blask duszkiem pić...[24]

Może kiedyś nagram płytę z takimi kawałkami i nazwę ją *Odwołuję wszystko* *(śmiech)*. Zostawmy w spokoju jasną stronę

[24] *Radość o poranku*, Grupa I.

mocy. Ja funkcjonuję tylko między październikiem a kwietniem. W maju wychodzi słońce i wszystkie kolce z dupy świata, dlatego nie cieszę się jak cała reszta. Próbuję przetrwać, co w czarnej marynarce nie jest sztuką łatwą *(śmiech)*. Lato jest osłabiające i nie ma sensu. Chyba że po porządnym deszczu, w nocy, gdzieś w krzakach... Lato, według mnie, tylko osładza, oszukuje. Ale to pozory, bo i w lecie dzieją się tragedie. Na przykład wysycha ziemia i glisty się duszą.

Teraz mamy marzec. To idealny czas na rozmowę. Lepiej mi się mówi, śpiewa, myśli. W marcu jest idealnie. Choć w tym roku w zimie czuję się jak w lecie. Ciepło, słoneczko świeci, śniegu nie ma... Chuj mnie strzela *(śmiech)*. Lubię zimę dojebaną, mroczną, brudną. Wtedy czuję, że nie ma końca.

W lecie wszyscy narzekają, że „już za dwa miesiące lato się skończy i będzie zimno". Ale się opalają. Nie wiem po co, bo i tak im zejdzie. Jedynym plusem lata jest to, że chudnę wtedy z salcesonu, którym obrosłem ostatnimi laty. I tyle. Panowie, ja w ogóle nie jestem owocowy.

Co to znaczy?

Nie jem owoców, bo mam wrzody. Nie pamiętam już, jak smakują jabłka i truskawki. Ostatni raz zjadłem owoc zaraz po tym, gdy przestałem pić, ale nie ma się czym podniecać. Zrobiłem sobie wtedy koktajl z kilograma truskawek i z pół litra śmietany. Ledwo przeżyłem. Owoce są przereklamowane. Wolę marchewkę i ziemniaki.

Jak piłeś, to też nie byłeś owocowy?

Kalorii i smaków dostarczałem sobie przez płyny, które czasami bywały owocowe. Generalnie owoce mam już za sobą... O czym my tu gadamy? Zupełnie bez sensu. Dokończymy jutro, co? Coś mi łeb z prawej strony rozsadza. Jestem widocznie chory na mózg. Trzymałem go chyba w jakimś zimnym szybie.

15

Nie macie tak, że jak widzicie nadjeżdżający pociąg, to z chęcią walnęlibyście w sam środek? Lokomotywa ma w sobie taką siłę, że aż prosi o wskoczenie.

Mówiłeś ostatnio, że ze względu na mamę przykro ci, że targnąłeś się na życie.

W chorobie alkoholowej nie docenia się życia, nie docenia się tego daru. Nie docenia się także życia innych. Ich swobód i wolnej woli. W zeszłym roku byłem na pogrzebie ojca, który się zapił. Przecież to też było samobójstwo. Takie czy inne, ale samobójstwo. A dzisiaj patrzę na chorą mamę, która z całych sił walczy o życie, i wiem, że to ona ma rację. Ja nie myślałem o innych ludziach w ogóle. Chciałem się zemścić na losie, życiu i na wszystkich wokoło. Zostawić to za sobą w pizdu i zdechnąć. Nie wiedziałem, że to bardzo nie fair w stosunku do moich najbliższych. W stanie takiego zatrucia człowiek idzie we mgle. Klęka w bólu. Powieszenie u alkoholika wynika często z tego, że on się poddaje. A przecież nawet w obozach koncentracyjnych było stosunkowo niewiele samobójstw. Nieczęsto ludzie się wieszali lub szli na druty. Gdyby nie picie, nie zrobiłbym tego. Szukanie końca to część tej choroby. Ulżenie sobie.

Śmierć chodziła już za mną kilka lat wcześniej. Widok krat z łóżka szpitalnego nikogo nie nastraja radośnie. A do tego ściany malowane ludzkim smutkiem. Na zielono...

Po raz pierwszy zetknąłem się ze śmiercią, jak miałem dziesięć lat. W Świdniku. Poszedłem z siostrą do lodziarni obok piekarni Sławińskiego. Ewa kupiła lody i przebiegła przez ulicę. Ja za nią. Niestety, nie zauważyłem dużego fiata. Wpadłem do niego przez przednią szybę. Jak zahamował, to wypadłem z powrotem i uderzyłem o krawężnik. Aż paski w sandałku mi się pourywały. Przyjechała karetka. Jak ją zobaczyłem, to się poderwałem i uciekłem. Sanitariusze dogonili mnie, jak już byłem w domu. Jedyne, co pamiętam, to ich prośby, żebym nie zasypiał. To, że przeżyłem, było cudem. Nie miałem nawet draśnięcia. Byłem za to cały opuchnięty i fioletowy. Myślę, że moje problemy ze wzrokiem są konsekwencją tamtego wypadku. Potem – przez całe życie – spotykałem się ze śmiercią wielokrotnie. Aż w końcu postanowiłem to wszystko uciąć...

Gdzie?

W Natolinie. To wieś między Częstochową a Wieluniem. Ola po raz któryś ratowała nasz związek. Wyprowadziła się z Warszawy i znalazła dom w nowym miejscu. Mieliśmy spróbować jeszcze raz... Ale tak się nie da z człowiekiem chorym. Przeszłość ciągnie w dół. Trudno cokolwiek planować, jak się ma na kołnierzu popiół...

Pobraliście się.

Ola liczyła, że po ślubie zamknę się w Parzymiechach – w ośrodku leczenia uzależnień, parę kilometrów od Natolina. Pobraliśmy się 3 marca 2008 roku. A 23 się powiesiłem. W lany poniedziałek. Ślub odbył się w gminie, w Lipiu. Świadkowało zaprzyjaźnione małżeństwo z Natolina. Było kameralnie i chyba przyjemnie. Zupełnie inaczej niż za moim pierwszym razem. Ślub z Kaśką przypominał *Wesele* Smarzowskiego. Ona w zaawansowanej ciąży. Ja – przerażony całą sytuacją. Był też mój ojciec, który tego dnia wyjątkowo nie pił. Tak jak i ja. Napiliśmy się razem dopiero nad ranem. Pół litra na pół. Nigdy wcześniej z ojcem nie piłem... Ślub z Olą był zaplanowany na czerwiec, ale ja koniecznie chciałem to przyspieszyć, bo czułem, że mogę nie doczekać. Facet, który miał takie doświadczenia jak ja, popada w przeróżne, nieadekwatne do sytuacji, smutki. I skoro nie potrafi być radosny jak w programie telewizyjnym, to reaguje tak, żeby odpocząć... A śmierć nie jest czarna. Śmierć jest uwolnieniem. Bo każdy dzień jest smutny i pijany. Każdy dzień jest udręką. A życie – koszmarem. Zbliża się w końcu Wielkanoc. Lany poniedziałek – 23 marca. Poszedłem do sąsiada, żeby wyprosić trochę wódki. Napiłem się. Niewiele. Wróciłem do domu. Poprosiłem Olę, żeby skoczyła do Orlenu po flaszkę. Szesnaście kilometrów w obie strony. Myślałem, że to dużo czasu. Kiedy zostałem sam, puściłem płytę Roberta Kasprzyckiego i zacząłem palić zdjęcia. Jest tam piosenka *Miejsca przedmioty kształty drzwi*, którą chciałbym kiedyś zaśpiewać.

(Marek recytuje)

Spalił dziś resztę zdjęć i grzał przy nich dłoń
milcząc wygarniał popiół kiedy już
sczezły do cna
tylko w pamięci drwiły zeń
miejsca przedmioty kształty drzwi
których nie strawił żaden żar
jak zęba ból wciąż będą ćmić

Znalazłem sznur, krzesło, siebie. Może to źle zabrzmi, ale Kasprzycki wtedy śpiewał:

Czasem czuję się jak Chrystus
Opuszczony przez nich wszystkich
(...)

Prorok nieśmiałych
Profeta niskich
Obrońca upadłych
Krzyż żeliwny[25]

Robert o tym wie. Kiedyś, będąc z Olą w Krakowie, spotkaliśmy go przypadkiem. Ola powiedziała: „Nie mam nic do ciebie. Ale jak Marek wisiał, to leciała twoja piosenka...".

Dlaczego akurat ten dzień?

Przypadek. Strażacy wtedy jeżdżą po wsi. Polewają domy i wszyscy są szczęśliwi. Ale ktoś w jednym domu jest bardzo nieszczęśliwy. Ola. A przy okazji ja. W momentach gdy nie jesteś bardzo pijany, dostrzegasz różne rzeczy i ponosisz winę. A potem wykonujesz na sobie wyrok. Potrafię zawiązać pętlę. Jak większość społeczeństwa. Ola opowiadała, że weszła do domu i zobaczyła przez okno, że stoję w ogrodzie, ale tak jakby za wysoko. Ja już wtedy widziałem drugą stronę. Ola wróciła jednak w momencie, w którym trzeba było wrócić. I mnie odcięła. Albo pobiegła po sąsiada Janka Słomiana, komendanta Ochotniczej Straży Pożarnej, i on to zrobił. Nie wiem. Janek mnie reanimował do czasu przyjazdu karetki. Porządny, silny facet. Długo się przy mnie męczył. A kiedy wreszcie przyjechali, podobno stwierdzili zgon. Ocknąłem się w karetce, ale tego nie pamiętam. Przytomność odzyskałem dopiero w szpitalu w Lublińcu.

[25] *Prorok nieśmiałych*, Robert Kasprzycki.

Otworzyłeś oczy i co?

Zawstydzenie. To pamiętam. Poza tym ból szyi. Ola miała do mnie siedemdziesiąt kilometrów. Przyjeżdżała codziennie. Ale nie pamiętam wszystkiego. Minęło sześć lat. Dusza wypiera takie pamiętanie.

Dusza tak. Ale ciało podobno strasznie walczyło. Rzucałeś sanitariuszami po kątach.

Nie ja. Jakaś szatańska siła. Wojna życia ze śmiercią. Obudziłem się przywiązany pasami. A wcześniej zapinali mnie w te pasy chyba w sześciu. Podobno jeden pas urwałem. Długo się nie poddawałem, a to przecież poważni zawodnicy! Kiedy się ocknąłem, zobaczyłem żonę, a za nią głowy paru kolesiów wystających zza framugi. Jak mnie odwiązali, to trafiłem do nich do sali. Jeden z nich poprosił pielęgniarkę: „Siostrzyczko, pani nam da tego kozaka. Na czwórkę".

Spotkałem tam przepiękne postacie. „Meduza" był uzależniony od promazyny. Brał jej takie ilości, że cały latał. „Plutonowy" był kolesiem ze służby przeciwlotniczej. Podobno odpalił jakąś rakietę. Żeby uniknąć kary, siedział w psychiatryku. „Mamrot" każdego wieczora dostawał przez zakratowane okno dwie, trzy butelki mamrota. Popijał to i chodził cały szczęśliwy. Towaru dostarczał mu kumpel, który z nim tam siedział, ale wcześniej wyszedł. Przyjaźń pozaobozowa. Był też „Wąski" – chudy chłopak, który cały czas chodził po korytarzach w tę i z powrotem. Cierpiał na jakąś nadczynność. Na mnie mówili: „Trzynaście". Nie wiem, dlaczego. Widocznie nawet oni uważali mnie za kompletnego czuba. Ci wszyscy faceci doprowadzali mnie do takiego śmiechu, że wyłem i płakałem. Pierwsze trzeźwe brechy. W ogóle pierwsze w życiu brechy do łez. Dzisiejsi kabareciarze przy „Plutonowym" są zerami, jakimiś pomyłkami. Ten chłopak przechodził samego siebie.

Dlaczego po próbie samobójczej trafiłeś do szpitala psychiatrycznego w Lublińcu?

To chyba standardowa procedura. Pamiętam, że kiedy ordynator Wit Zuberek powiedział mi, że chciałem się zabić, byłem w szoku. Niczego nie pamiętałem. Nie potrafiłem nawet narysować kółka. Pan Wit zapytał, kim jestem. Odpowiedziałem, że kompozytorem *(śmiech)*. Więc pozwolił mi trzymać tam gitarę. To naprawdę grube pozwolenie jak na tamtejsze warunki. Zaprzyjaźniłem się z tym facetem. Bardzo miły gość. W przeciwieństwie do samego miejsca, które jest straszne, bo to szpital połączony z więzieniem. Byłe koszary niemieckie. A na murze tabliczka z napisem, że Mengele wykonywał tam eksperymenty na dzieciach...

Nie wiem, czy zdajecie sobie sprawę, ale psychiatryczna służba zdrowia jest jeszcze biedniejsza od tej normalnej. Panuje niewyobrażalna bida. Nie ma pieniędzy na leki, nie ma papieru toaletowego. Jak się chciałeś podetrzeć, musiałeś sobie zamówić srajtaśmę i kupić ją za własną kasę. Ja akurat nie miałem z tym problemów. Nie brzmi to za ładnie, ale byłem królem tej sali. Najbardziej doświadczonym i najbardziej przy forsie. Ale i tak, niezależnie od statusu i legendy, każdy dzień jest tam dla wszystkich taki sam. Tylko plastikowe sztućce – wiadomo. Na śniadanie dwie kromki chleba z margaryną i kubek herbaty z bromem. Obiad był trochę lepszy: kasza i trociny, czyli zmielone na sucho gotowane mięso. Czasami ryż z mlekiem... W Lublińcu można było dostać leki, które powodowały farmakologiczną lobotomię. Albo elektrowstrząsy, o których na ogół się nie wspomina.

Miałeś?

Lobotomię? A nie widać? *(Śmiech)*. Elektrowstrząsów też nie musiałem mieć, bo sam je sobie fundowałem. Codziennie. Słyszałem, że po dwóch latach od mojego wyjścia chłopcy podpalili ten szpital. Nudzili się albo przyszedł jakiś wesoły osesek, który namówił ich, żeby zapalili swoje materace. Trzy ruchy i po zabawie. Dwie ofiary śmiertelne.

Wesoły osesek?

Kozak w pejoratywnym znaczeniu. Widocznie nie zdążyli go jeszcze uspokoić. Bo wszystkich niebezpiecznych od razu pacyfikuje się lekami. Chodzi o to, żeby agresywny pacjent stał się otępiały, senny i nie stanowił zagrożenia. Czasami przyjeżdżali do nas arcykozacy – więźniowie, którzy niejedno mieli na sumieniu. Awanturowali się, kozaczyli, dymili. Dostali lek raz, drugi raz i potem już tylko się ślinili, a mamusie karmiły swoje misie przecierem z marchewki i obcierały im buźki chusteczkami... Ale i tak najlepsi są górale. Zawsze drą się przez sen: „Mamusiu!". I zawsze są przekonani, że leczenie jest zasługą ich księdza z parafii... Tam każdy krzyczy. Ja wołałem mamę, Olę – najbliższych. Ola przeżyła wtedy piekło.

Mama i siostry cię odwiedzały?

Nigdy. Zwykle nie wiedziały, gdzie jestem. Często nie było ze mną żadnego kontaktu nawet ponad rok.

Śni ci się czasem to, co po drugiej stronie?

To powoduje dreszcze. W każdej chwili. Kanalizacja kompletna, wilgotna, ciemna. Stan werbalnie nie do przekazania. W czasach, kiedy mamy horrory na każdej stacji benzynowej, opisanie czegoś takiego może się wydawać śmieszne.

Na wypisie szpitalnym stwierdzono, że miałeś zmiażdżoną tchawicę.

Cała szyja była pogruchotana, zdarta skóra za uchem. Ból straszliwy. Myślę, że dzięki temu, że jak opętany darłem się w szpitalu, wszystko sobie w gardle na powrót pootwierałem. Widocznie miałem przeżyć i śpiewać.

Myślałeś wcześniej nad rodzajami śmierci?

Zdarzało się. Ale sznur. Tylko sznur.

Dlaczego?

Nie wiem. Bo nie miałem lotniskowca na podwórku? Co mam wam powiedzieć? Że byłem wygodnicki? *(Śmiech)*. Był tam jeszcze piec. Mogłem się w nim spalić. Ale nie było niestety nikogo z *Sonderkommando* pod ręką. Nie mógł mnie też przejechać jadący przez podwórko dwieście na godzinę samochód. A utopienie wydawało się pracochłonne. Sznur to najlepsza inspiracja dla samobójcy. Od dłuższego czasu miałem wszystko przygotowane. Ola chciała go potem wyrzucić, ale jakaś baba ze wsi powiedziała, że z chęcią weźmie, bo linka wisielca przynosi szczęście. Ola schowała ją więc na strychu, żeby nikt nie próbował zabrać.

Wyszedłeś ze szpitala i wróciłeś do Oli?

Tak. Ale po Lublińcu byłem nie do życia. Nie dało się mnie wytrzymać. Nie dało się mnie kochać... Myślałem wtedy, że skoro przeżyłem własną śmierć, to jestem niezniszczalny. I dalej w gaz. Ola wyrzuciła mnie z domu, więc poleciałem w Polskę. Straszliwa, półprzytomna tułaczka. Parę miesięcy, może pół roku. Dłużej nie dałem rady. Nie byłem w stanie. Kiedy wylądowałem w Parzymiechach, miałem ponad sześć promili, ale normalnie można było ze mną rozmawiać. Lekarze byli w szoku.

Sam się zgłosiłeś?

Ostatkiem sił wróciłem do Natolina. Chyba z Poznania. Oli nie było w domu. Czułem, że dłużej nie pociągnę. W sklepie kupiłem ostatnie pół litra w swoim życiu i ruszyłem piechotą w stronę Lipia. Z myślą, że może dojdę do Parzymiechów, w których w czasie wojny był niemiecki obóz pracy przymusowej... Po drodze zrozumiałem jednak, że nie dam rady. Wyjąłem pasek ze spodni. Chciałem się powiesić jeszcze raz. Tym razem skutecznie. I tak szedłem poboczem z tym paskiem w dłoni. Jeden z moich wychowanków z Potopu Natolin jechał akurat tamtędy samochodem. Od razu zobaczył, że jest ze mną bardzo źle. Zatrzymał się. Podwiózł do ośrodka...

Nie wiem, co się z nim dzisiaj dzieje. Odwiedził mnie parę razy w szpitalu. Potem wyjechał na studia i kontakt się urwał. W pewnym sensie uratował mi życie. Los często stawiał na mojej drodze anioły. Ludzi, którzy pomagali całkiem bezinteresownie. Nie wiem dlaczego, ale często powodowałem u nich bohaterskie odruchy. Dzięki tym wszystkim aniołom wciąż żyję. Jest ich w całej Polsce od zajebania. Dlatego nie zwracam już uwagi na gości, którzy mnie wkurwiają. Odpuszczam im. Biorę przykład z moich przyjaciół, którzy kiedyś też mi odpuścili. Ta książka powinna się nazywać *Smutna bajka*...

Wspomniałeś o Potopie Natolin.

Potop, bo blisko Częstochowy – to chyba jasne. Miejscowym chłopakom wymyśliłem klub sportowy, żeby nie stali z piwem na przystanku. Trochę biegania, trochę piłki, najwięcej boksu. Uczyłem ich walki z cieniem, pracy nóg, balansu. Od jednego z rodziców dostaliśmy materace, od innego możliwość korzystania z dachu nad głową w remizie. Godzinami siedzieliśmy przy ognisku. Próbowałem rozwiązywać ich problemy miłosne, uczyłem grać na gitarze... Był wśród nich Sławek Kulej – daleka rodzina świętej pamięci mistrza. Nieźle śpiewał... Opowiadałem im o Stachurze i innych poetach, śpiewałem. Jedną piosenkę wybrałem do ćwiczeń – wyznaczała im rytm.

(Marek recytuje)

Jak to powiedzieć
jak to powiedzieć
dumnie i biednie
szedłem przed siebie

dumnie i biednie
w piekle i niebie
szedłem przed siebie[26]

Każdy z nich śpiewał to w trakcie biegania. Chciało im się. Biegali w strugach deszczu, śpiewając Stachurę, a ja – z kulawą nogą – pedałowałem za nimi na rozklekotanym pelikanie. Mówili na mnie „Dziadek".

Dlaczego utykałeś?

Bo na rejsie z kumplem – Jarkiem Maczugą – łajba przygniotła mi nogę do kei. Chciałem wejść na pomost, zrobiłem krok i... wpadłem nogą do wody. Łódź dobiła na wysokości kolana. Zadziałałem jak boja. Parę miesięcy się goiło. Nieważne... Chłopaków z Potopu pamiętam do dziś: jednego Sławka, drugiego Sławka. Mateusza Słomiana... To właśnie jego ojciec odcinał mnie z liny. Oni wszyscy odwiedzali mnie na zamkniętym oddziale w Parzymiechach. Zżyliśmy się ze sobą. To była świetna grupa. Banda cudownych chłopaków: charakterni, z dobrych domów, wszyscy w straży. Mieli ciekawe plany na życie. Na pewno lepsze niż bycie dresem. W miarę moich skromnych umiejętności pokazywałem im różne możliwe drogi. Tłumaczyłem, do czego prowadzi przemoc... Zrobili nawet stronę internetową Potopu Natolin, bo jeden z nich był uzdolniony komputerowo. Nie wiem, niestety, co się dzisiaj z nimi dzieje. Mam jednak nadzieję, że

[26] *Piosenka nad piosenkami*, Edward Stachura, muzyka Krzysztof Myszkowski.

wyciągnęli coś z tych lekcji życia. Pokazywałem im na sobie, jak się puentuje alkoholizm. Ostatnie ognisko zrobiliśmy u nas, za domem, jakoś koło przedwiośnia. Byli wówczas jedynymi, którzy chcieli słuchać mojego przekazu – „patrzcie, jaki jest koniec człowieka...".

Potop organizował ci wtedy wolny czas?

Nie miałem innego. Małżeństwo mi się rozpadało. Dusza myślała o śmierci. Pamiętam, że jak przyszło pierwsze tchnienie wiosny, poszliśmy wszyscy nad rzekę. Złamałem duży nóż i wrzuciłem w środek nurtu. Niedługo po tym nożu... sam się złamałem. Przerwa, co? Słabnę, gasnę.

Nie dajesz już rady?

Nie o to chodzi. Sami powiedzieliście, że dla niektórych jestem znany z tego, że się powiesiłem. A nie z tego, że jestem muzykiem. W zeszłym roku chyba z pięćdziesiąt razy w różnych wywiadach odpowiadałem na pytania o samobójstwo. Mam dość. Nie rozumiecie? Odpuśćmy. Dziś wkurwia mnie wszystko, jutro będzie mnie wkurwiać niewiele. Obiecuję.

16

Pamiętasz wszystkie sesje nagraniowe?

Te, które się wiązały z kolejnymi albumami, pamiętam dokładnie. Ale jest też masa nagrań, o których nie mam pojęcia. Jakieś rejestracje na koncertach, jakieś dwie, trzy piosenki nagrane tu i tam. Zebrałoby się tego mnóstwo. Jak tylko pojawiała się jakakolwiek szansa nagrywania, łapałem się jej. I nigdy nie odpuszczałem. Zostawiałem po sobie ślady. Dla Olgi.

Która sesja była najtrudniejsza?

Był taki czas, kiedy popadłem w stan, w którym mogłem nagrać tylko ostatnią płytę. Czułem pismo nosem. Intuicyjnie wyczuwałem swój marny kres. Kostucha mnie doganiała... To paradoks, że moje prawdziwe życie właściwie zaczęło się od płyty *Ostatnia*. Dziś traktuję ten album jako pierwszy naprawdę ważny w mojej dyskografii. Taki jakby debiut. Wszystkie moje płyty powstały z nielekkich powodów. Ale ta powstała z najcięższych.

Mieszkałem wtedy z Aleksandrą w Warszawie, na Nowym Mieście. Jak mnie wyrzuciła z domu, przeniosłem się za rzekę, czyli na Pragę. A dokładnie na Ząbkowską 40. Lokum załatwił mi kolega i ówczesny menedżer Piotr Cieplak. Lewobrzeżną Warszawę, z jej kopią Starówki, Pałacem i Marszałkowską, nazwałem sobie wtedy stroną aryjską. Tam mieszkała Ola i w zasadzie wszyscy, którzy mnie wkurwiali. Po praskiej stronie było o niebo lepiej. Prażka jest Prażką i zawsze Prażką zostanie. Mimo że zmienia się w miejscówkę dla znanych aktorów. Praga to Kartagina, w której porcie warto zakotwiczyć, żeby rozejrzeć się po mieście. Do dzisiaj mieszkają tam postacie blisko ze mną związane, które nie mają specjalnie kontaktu ze sztuką. Ząbkowska jest miejscem, które utula. Miała być niby taka straszna, a przyjęła mnie jak swego. Szlajałem się, piłem na umór. Żeby zarobić na trochę żarcia i codzienny gaz, zacząłem śpiewać w knajpie W Oparach Absurdu.

Pragę poznawałem w drodze do lub z Oparów. Moje życie toczyło się wokół baru. Traktowali mnie jak śmiecia, bo grałem za wódkę. To znaczy oddawałem za wódkę albo kupowałem wódkę. Są ludzie, którzy lubią mieszkać w szpitalach, bo mają nieograniczony dostęp do leków. Nałogi są do siebie podobne. Ja musiałem być w stałej, niedalekiej odległości od baru. Bardzo mi to pasowało. Spotykałem tam przewspaniałych ludzi. Zresztą z moim charakterem nietrudno zapoznać wszystkich. Typ z gwiazdą Dawida na ramieniu, który napada na okolicę jak rakieta, rzuca się w oczy. Praga-Północ jest jak Chełm. Kręcą się po niej ciekawi ludzie. Co chwilę się na kogoś wpada. Na moje koncerty W Oparach przychodził Paramon Tabaczek. Romski król. Nietuzinkowa postać. Kiedyś podobno piłkarz Polonii Warszawa. Jego ojcem był Rezus Tabaczek – bardzo znana osobowość praska. Do dziś trzymamy z Paramonem sztamę. Ostatnio był na moim koncercie w Warszawie. Pijany. Świętował. Wracał właśnie z pogrzebu. Czasami się widzimy na kawie, na rogu Brzeskiej i Ząbkowskiej. Dzwonimy do siebie. W telefonie mam go wpisanego jako „Brat".

Ty do wszystkich mówisz „Bracie".

Nie do wszystkich, tylko do tych, którzy na to zasługują. Paramon traktuje to słowo bardzo specyficznie. „Brat" ma bardzo wiele znaczeń. Wiele przecież zależy od intonacji.

„Braaacie" znaczy co innego niż „Bracie" i zupełnie co innego niż „Bracieee". Tego określenia nauczył mnie w Kazimierzu Dolnym bardzo znany fotograf Krzysztof Pruszkowski, który ma tam w baszcie pracownię. Był wielką postacią, człowiekiem światowym. Opowiadał na przykład, jak się zaprzyjaźnił z Jaggerem w Paryżu. Trochę u niego pomieszkiwałem. Pamiętam, że uczył mnie, jak rozpalać ogień w kominku... Mówienie do ludzi „Bracie" często mi pomagało w życiu. Zjednywało wielu przyjaciół. Także na Pradze. Po latach okazało się, że miałem tam więcej znajomych, niż przypuszczałem. Na koncert z cyklu Męskie Granie, który się odbywał w Koneserze[27] przy Ząbkowskiej, przyszedł mnie posłuchać mały tłum kartagińskich przyjaciół. To był dzień, w którym umarł Jerzy Kulej. Dedykowałem mu cały swój koncert. Dwa miesiące wcześniej spotkałem go w Och-Teatrze... Kiedy zobaczyłem pod sceną te cudowne postacie, serce mi się ścisnęło. Wszyscy odświętnie ubrani. Wzruszyłem się. Wróciły wspomnienia – przeklętych i wspaniałych czasów. Z Konesera do Oparów jest dwieście metrów. A naprzeciwko baru po prawej stronie stoi lombard. Przypomniało mi się, jak co rano zastawiałem tam trąbkę, by wieczorem ją wykupywać. I tak w kółko.

Skąd ta trąbka?

Ktoś mi pomógł ją kupić w sklepie muzycznym przy Targowej... Spotykałem się wtedy z pewną Hanką. Świetny kumpel i przyjaciel.

Jaki jest związek Hanki z trąbką?

Żaden! Zostawcie ten temat.

[27] Dawny teren fabryki wódek.

Kiedy się nauczyłeś grać na trąbce?

Nie pamiętam. Samo przyszło. Jak fascynujesz się jazzem, to chcesz grać. I tyle. Nawet jak byłem mały, to trąbka zawsze była w domu. I to niejedna. Nie wiem, skąd się brały. Można powiedzieć, że uczyłem się od małego. Na Ząbkowskiej wychodziłem na dach i trąbiłem ile sił w płucach. Grałem tak, że na ustach miałem odciski. Wary mi puchły. Trąbiłem non stop. A Straż Miejska jeździła i szukała chuja, co spokój zakłóca *(śmiech)*. Później, jak mnie już stamtąd wyrzucili za niepłacenie, przeniosłem się do mieszkania przy Sierakowskiego. Obok jest katedra. Z jej wieży trębacz codziennie gra *Kiedy ranne wstają zorze...* A ja codziennie go zakłócałem. Trafiałem w jego dźwięki albo obniżałem o pół tonu. Z mojej strony pojawiały się różne ciekawe melodie. Absolutnie nie do strawienia dla tamtego trąbkarza.

Dlaczego już nie trąbisz?

Aleście się uczepili... Kiedyś spotkałem basistę jazzowego Sławka Kurkiewicza z kwartetu Stańki. Sławek przedstawił mi Jurka Małka. Od razu odechciało mi się grać. Raz na zawsze. Nie dla psa kiełbasa.

Zazdrościsz mu talentu?

Bez przesady! Jak można zazdrościć czegoś, co wymaga tak wielkiego wysiłku? Ja w ogóle niczego nikomu nie zazdroszczę. To nieznane mi uczucie – jak Boga kocham. Niewielu jest również takich, których podziwiam. Zwłaszcza wśród tak zwanych artystów. Jurka bardzo szanuję jako wielkiego muzyka. Faceta, który zabił we mnie trąbkę. I to na zimno.

Rozmawialiśmy o płycie *Ostatnia*. Trochę nas chyba poniosło w dygresję...

Nie tak znowu daleko. Tylko na drugą stronę Wisły. Żeby opowiedzieć o *Ostatniej,* trzeba zacząć od wielkiej, przepięknej postaci. Jarek Maczuga to nie tylko człowiek ratunek. To człowiek przyjaciel. Taki, z którym się żeglowało we dwóch. Nie pamiętam nawet, jak się poznaliśmy. Czasem poznajesz się z kimś byle jak, by po chwili mieć poczucie, że znacie się pół życia. Maczuga był wtedy ważnym dyrektorem do spraw rachunkowości i księgowości w pewnym banku. I to on zasponsorował płytę. Tak naprawdę do dzisiaj nie wiem, jak zebrał fundusze i doprowadził do wydania albumu przez Centrum Filmowe Helios. Na pewno nic nie zarobił. Często przyjeżdżałem do Maczugi do biura na piętnaste piętro i prosiłem o pieniądze na wódę. Zawsze zabierał mnie na obiad, którego zwykle nie jadłem... Któregoś razu wydarzyła się zabawna sytuacja. Jechałem autobusem z Tarchomina do centrum. Zadzwonił Maczuga i powiedział, że czyta o mnie w „New York Timesie". Myślałem, że sobie jaja robi. Ale nie. Jakichś dwóch gości opublikowało reportaż z Warszawy. Napisali, że w barze W Oparach Absurdu występuje co wieczór niewidomy, który wspaniale śpiewa piosenkę *The Last Sunday*. Tajemniczy ślepiec z Pragi *(śmiech)*. A ja po prostu śpiewałem z zamkniętymi oczami. W tym okresie zaliczałem ostatnią prostą. Powiedziałem Jarkowi, że jest fajrant ze mną i trzeba nagrać płytę *Ostatnia*. Bo to ostatnia możliwość, żebym coś jeszcze po sobie zostawił. Ta płyta dziś jest dla mnie wstrząsająca. Taka też ma być dla słuchaczy. To testament kolesia, który nie może się już niczym innym zająć, tylko muzyką. Bo co można mieć na myśli, nagrywając płytę pod takim tytułem? Zostawienie po sobie wiadomości. Nie wiem, czy Maczuga zdawał sobie sprawę, że umieram. Myślę, że tak.

W jakim stanie nagrywałeś?

Koszmar zupełny. Jakaś ćwiartka ukryta za pazuchą. Druga w kieszeni. Nie dawałem rady funkcjonować bez alkoholu. Musiałem pić od szóstej rano. Pierwsza półlitrówka była tylko po to, żeby ciało mogło się w ogóle poruszać. Powstał materiał, w którym czuć, że jestem definitywnie złamany. Że codziennie myślę o śmierci. Jakimś cudem udało mi się zebrać świetny skład nowosolski: Janusz Lewandowski na basie, Witek Cisło - bębny, Miłosz Wośko - fortepian, na saksofonie Janusz Brych, a na trąbce gościnnie Jacek Nowosad. Nagrywaliśmy w studiu Hard Record przy Kredytowej. Realizatorem był świetny facet - Andrzej Rewak. Bardzo się wtedy zaprzyjaźniliśmy. Do dziś mamy kontakt. Andrzej ma teraz swoje studio przy Nowoursynowskiej. Zdjęcie na okładkę zrobiła Kasia Kifert. Kolejna piękna postać. Jedna z najbardziej wyjątkowych kobiet, jakie w ogóle kiedykolwiek poznałem. Całe życie się przyjaźnimy. To osoba, która zawsze wiedziała, że jestem pierdolnięty i dziwny, ale nigdy nie robiła z tego zagadnienia. Największą pomocą w czasie nagrywania *Ostatniej* była jednak Aleksandra. Wspierała mnie, jak mogła. Przynosiła nawet dla wszystkich obiady do studia. Bardzo kibicowała... Ola - o dziwo - nie lubi smutnych piosenek. W ogóle nie przepada za piosenką literacką. Myślę, że większości moich płyt nie lubiła. Poza *Ostatnią*.

Jak się ta płyta sprzedała?

Nie wiem. Nie interesowało mnie to. Ale chyba jakoś nie najgorzej, bo po ukazaniu się *Ostatniej* poszedłem z Jarkiem Maczugą na rozmowę do ITI, które chciało wydać moją kolejną płytę. Maczuga jak zawsze nienagannie ubrany i świetnie wyglądający. Ja – gorzej niż Leningrad po oblężeniu. Do pokoju wchodzi ładna pani i pyta, czego się napijemy. Ja na to: „Setę z colą poproszę". Była ósma trzydzieści rano. I właściwie na tym nasze spotkanie się zakończyło. Mieli się odezwać, ale ich chyba mocno przestraszyłem. Podobnych zdarzeń było więcej. W Sony po kumpelsku spotkaliśmy się z Piotrkiem Mikołajczakiem. W Pomatonie też miałem rozmowę. Wszystkie spotkania skończyły się podobnie jak w ITI. Duże wytwórnie mnie zauważyły, ale czy to ma jakieś znaczenie? Żadnego. Wszystkich i tak wystraszyłem. Moje obyczaje są co najmniej niebanalne *(śmiech)*. Można powiedzieć, że jestem specjalistą od ciężkich obyczajów. Właściwie Dyjak to jeden wielki ciężki obyczaj.

Mistrz nietaktu?

Miło mi *(śmiech)*. Dziś rano jechaliśmy z Wojtkiem samochodem i dosłownie na chwilę zaparkowaliśmy w niedozwolonym miejscu. Zaraz wyskoczył do nas jakiś facet i zaczął wykład: „Panowie, stanęliście tak, że zmuszacie innych użytkowników drogi do przekraczania podwójnej linii ciągłej. Dlaczego tak postępujecie?". Opuściłem szybę, obniżyłem głos i wycedziłem przez zęby: „Bo jesteśmy źli!" *(Śmiech)*. Facet zniknął w okamgnieniu...

O czym gadaliśmy?

O *Ostatniej*.

Po czterech latach Ola zrobiła reedycję pod szyldem firmy swojej siostry. Sprzedawaliśmy płytę na Allegro i na koncertach. Wszystko poszło. Był też taki moment, że po tekście Joasi Podgórskiej w „Polityce" ten album zaczął być poszukiwany. Taki biały kruk *(śmiech)*. W ogóle ten reportaż był przełomowy. Wielu moich dzisiejszych fanów dowiedziało się o istnieniu Dyjaka dzięki Joasi... Dobry z niej przyjaciel.

Przyjaciel, czyli kto?

Ktoś, kto pomaga ocenić daną sytuację. Trochę kompan, a trochę doradca, który wyjaśnia nieznany tobie kawałek rzeczywistości. Ocenia, czy dana sytuacja jest dla ciebie życzliwa, czy wręcz przeciwnie. To ktoś, z kim się osiąga spokój. Z kim się wędruje. Z kim się ma tajemnice. Najlepiej w ogóle nie mieć tajemnic, ale jeżeli już, to tylko z przyjacielem. Przyjaźń jest wyższą formą kolegowania się. Przyjaźń jest sprawiedliwa.

Czy kobieta może być przyjacielem?

Wszystko zależy od stopnia zażyłości. Czasem to trudna sprawa. Zawsze chciałem być przyjacielem Marysi Seweryn. Dalej się nim czuję, ale nie wiem, czy się nam ta przyjaźń do końca udała. Nie wiem, jak widziała ją Marysia. Czy w ogóle można bardzo blisko przyjaźnić się z kobietą? Taka przyjaźń prędzej czy później przeradza się w związek lub nieuchronnie rozpada. A ja nie jestem typem, który umie pielęgnować przyjaźnie. Wciąż gdzieś jeździłem, znikałem, zmieniałem środowiska. Zaniedbałem wielu wspaniałych ludzi. Wiecie, przyjaciel to jest ktoś... sprawiedliwy w stosunku do okoliczności. Każdy gdzieś tam intuicyjnie bada, w jakiej się znajduje sytuacji. I nawet nie zdając sobie z tego sprawy, zawsze ustawia się w jakimś kontekście. Czasami bywa, że ja wyczuwam to lepiej od innych, a czasami, że gorzej. I wtedy trzeba polegać na przyjacielu.

Które sytuacje potrafisz ocenić lepiej niż większość ludzi?

Barowe. Uliczne. Człowiek był cały czas na tak zwanym oriencie. Chodzi o wyczuwanie pewnych emocji i ludzi. Janusz Palikot kiedyś powiedział, że jestem człowiekiem szczurem. Że instynktownie badam okoliczności i granice, do których mogę się zbliżyć.

W chińskim horoskopie szczur to najsprytniejsze stworzenie na ziemi, błyskawicznie dostosowujące się do każdych warunków.

Wielokrotnie musiałem się dostosować do sytuacji i do środowiska, w którym akurat się znalazłem. Za każdym razem trzeba było zmieniać język. A czasami milczeć, co dla mnie jest najtrudniejsze do zrobienia. Bo trzeba wiedzieć, jak milczeć. Czasami milczenie kogoś wspiera, ale czasami wyklucza. Nie to, że się chwalę, ale mam coś takiego, taki rodzaj szczurzej inteligencji, że potrafię się odnaleźć nawet w najbardziej skrajnych środowiskach. Nie skupiam się na tym, czy ktoś jest ważny. Dla mnie może nawet mieć Nobla albo rządzić połową kontynentu. Liczy się tylko to, jak ja go odbieram, co mi podpowiada instynkt. Nie zastanawiam się, czy ktoś mnie krępuje. Zwykle ci tak zwani superważni okazują się kompletnie nieważni.

Uważasz się za sprytnego?

W dziedzinie przetrwania tak. Załóżmy, że nie mam teraz pieniędzy, a gram dzisiaj koncert w Gdańsku. Muszę dojechać i się nie spóźnić. Jestem w stanie dolecieć tam taksówką. Nie mając grosza przy duszy. Przecież całe życie skakałem w różne sytuacje i na różne pola. Nie byłem ubezpieczony, a tak jakbym był. Nie miałem dachu nad głową, a tak jakbym miał. Nie ma się zresztą czym chwalić... Niczego w życiu nie planowałem. Brałem je na bieżąco i przerabiałem na swój sposób – od razu, tu i teraz. Stąd tyle błędów. I tyle smutku.

Jak wyczuwasz ludzi?

Intuicyjnie. Po prostu się pojawiam i moja dusza zaczyna współgrać z inną duszą. Są ludzie, z którymi od razu wiesz, że nie przejdziesz na „ty". A inni – o wiele starsi i o wiele mądrzejsi – zaprzyjaźniają się z tobą, zanim się zorientujesz. Prawdziwa wielkość człowieka powoduje, że nie stawia barier. Wielkich ludzi poznaje się po tym, że nie mają problemu z tym, że są wielcy. I tym wzbudzają twój szacunek. Są ludzie, którzy nic nie robiąc, wywołują takie emocje, że działają na ciebie twórczo.

A czy są tacy, którzy proponowali ci przejście na „ty", ale z szacunku nie dałeś rady?

Stasia Celińska. Nie umiem się przełamać. Za żadne skarby. Może dlatego, że Stasia urodziła się tego samego dnia co moja mama. 29 kwietnia 1947 roku. Ja też jestem kwietniowy. Tak się złożyło. Z profesorem Królikiewiczem również nie jestem na „ty". To byłoby bluźnierstwo. Gwałt na magii wielkości. Zawsze będę mówił do niego „Panie Profesorze", niezależnie od okoliczności. To świętość. Ci, którzy mieli do czynienia z profesorem Królikiewiczem, wiedzą, o czym mówię. Niektóre prawdy musieli przyjąć siłą rzeczy. Ustawiali się tak, jak ich profesor ustawiał. Złapać z tym człowiekiem taki kontakt, że obie strony się szanują i czują się ze sobą fajnie, to nie lada wyzwanie. Ten facet nigdy nikogo nie komplementuje. Taką przynajmniej ma opinię. Prawdziwy z niego zabi-

Zdjęcie z planu filmu „Sąsiady", reż. Grzegorz Królikiewicz, Łódź, 2014 r.

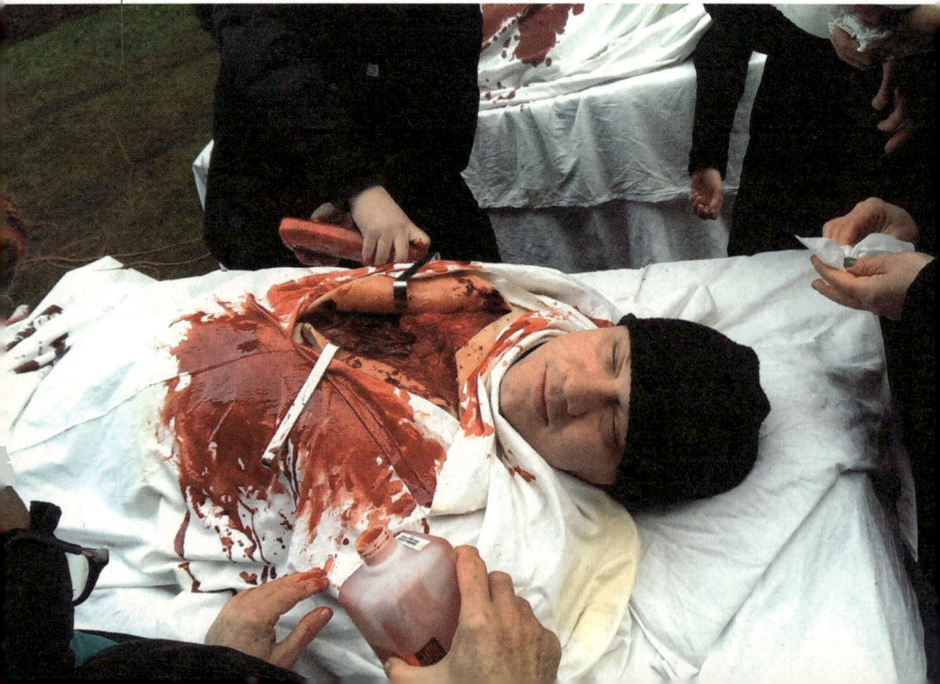

jaka. Na planie wszystkich równo opierdalał. Tylko mnie – Jesienina – ciągle chwalił. Było mi zwyczajnie głupio, gdy słyszałem: „A ty, Mareczku, jak zawsze świetnie". Niektórzy twierdzili, że byłem pupilkiem reżysera. Cały czas byłem przy profesorze, który dbał o to, żebym się do nikogo nie zbliżał. Widocznie miał w tym jakiś cel. Żaden aktor, a tym bardziej aktorka, nie mogli ze mną o niczym pogadać. Pełna izolacja gwiazdy *(śmiech)*.

Grzegorz Królikiewicz nie wyreżyserował pełnometrażowej fabuły od dziewiętnastu lat. Jaką rolę masz w *Sąsiadach*?

Kluczową. Oczywiście jest kilka postaci pierwszoplanowych, ale mój bohater spaja wszystkie wątki. Dlatego przewijam się w wielu scenach. A na końcu, rzecz jasna, umieram.

Już wcześniej zagrałeś w kilku filmach...

Nie ma o czym gadać. To nieistotne. Dla niektórych zagranie w filmie to duża przygoda i temat do dyskusji. Ale nie dla mnie. Nie robi to na mnie wrażenia. Nie przesadzajmy. Jestem muzykiem, nie aktorem. Przecież talent aktorski kwitnie u każdego pijaka – „Całuję rączki szanownej panience" *(śmiech)*. Tak się ułożyło, że zagrałem w *Kalipso* Adka Drabińskiego i kilku filmach dyplomowych reżyserów z łódzkiej Filmówki. Ale naprawdę nie ma się czym podniecać.

***Kalipso* to 2000 rok. Niedługo po płycie *Dyjak od wschodu*.**

Adek Drabiński dosłownie wyjął mnie z manufaktury pierwszego teścia. Przez rok kopałem doły pod nową halę, w której miały być produkowane obrusy. Dziś widać ją z „gierkówki" w okolicach Piotrkowa Trybunalskiego.

Mówiłeś, że od kopania rowów uwolniłeś się dzięki pracy w knajpie U Bony.

To wszystko było mniej więcej w tym samym czasie. A czy wy pamiętacie wszystko ze swojego życia? Godzina po godzinie? Przecież to jest nieistotne. Robiłem u teścia za koparkę. Facet chciał mi pokazać, że jestem nikim. Chciał mnie sprowadzić na ziemię, jak jakiegoś Hermaszewskiego. Uważał, że wszystkie problemy córki są tylko i wyłącznie moją winą. W końcu popełniłem gigantyczny mezalians, żeniąc się z jego ukochaną córeczką – przyszłą wielką aktorką. Zwyczajnie mnie nienawidził. Nie pozostawałem mu zresztą dłużny... Zaraz mnie szlag trafi! Po co to w ogóle opowiadać?!

Bo z Piotrkowa wskoczyłeś od razu na plan filmu.

Adek to wielki przyjaciel Adama Galasa. Razem mają identyczne poczucie humoru. Poczucie bólu chyba również. Adek zaproponował mi rolę. Miałem grać pomocnika murarza, czyli jakby trochę siebie samego. Byłem wtedy szczawiem i wyglądałem jak szczaw. Na to zresztą był nacisk, żeby grać małolata. Nie bardzo wiedziałem, o co chodzi w aktorstwie. Próbowałem szukać w sobie innej osobowości, co było błędem. Zresztą i tak jej w końcu nie znalazłem.

Jak się układała współpraca z filmowym majstrem, czyli Marianem Kociniakiem?

Nie zaprzyjaźniliśmy się. Zdecydowanie za duże ego. Film nie zrobił kariery. Nie jest to wielkie dzieło. Potem wystąpiłem jeszcze w kilku krótkich metrażach. I zawsze grałem siebie. W *Zapachu kawy* Barnaby Bonatiego zaprzyjaźniłem się z Leonem Niemczykiem. Film był kręcony w 2006 roku. A ja byłem wtedy wrakiem człowieka, nie aktorem.

Wcześniej pojawiłeś się w krótkim metrażu *Łódź płynie dalej*.

Niespecjalnie to pamiętam. Byłem żołnierzem. Razem z Jackiem Bieleńskim graliśmy oficerów w łódzkim burdelu. Było dużo śmiechu. A jeszcze wcześniej występowałem w etiudzie szkolnej *Walentynki*. Ja i walentynki! Oczywiście jestem uzależniony od świętego Walentego, bo śpiewam piosenki tylko o miłości. A śpiewam je, bo całe życie marzę o tym, żeby walentynki były codziennie *(śmiech)*. A tak zupełnie na poważnie – nie przepadam za udawaniem słodkiego Józia w barze z naleśnikami. Szczególnie 14 lutego.

Przecież ty jesteś słodkim Józiem.

Jestem słodki jak niedojrzały agrest. Poza tym brzydki, niedoskonały i rzadko w dobrej formie... Wychodzi na to, że więcej razy grałem w filmach, niż byłem w kinie *(śmiech)*. Ostatnio widziałem *Pod Mocnym Aniołem* Smarzowskiego. Żenada. A wcześniej byłem w kinie chyba ze dwadzieścia lat temu. Filmy wolę oglądać w telewizji. Albo z kaset. Kino mnie denerwuje. Nie można palić.

No, ale na premierze *Sąsiadów* musisz być w kinie.

To się jeszcze zobaczy. Wiecie, jak jest. Jednego dnia idzie się w górę, drugiego w dół. Czasem płyniesz wpław, a czasem przedzierasz się wzdłuż brzegu. Tak jak pisał Stachura: „Jak to powiedzieć,/ jak to powiedzieć,/ dumnie i biednie szedłem przed siebie;/ dumnie i biednie,/ w piekle i w niebie,/ szedłem przed siebie".

Stare Dobre Małżeństwo zrobiło z tego przebój.

Nie wypowiadajcie nawet tej nazwy. Ludzi denerwujecie. Kiedyś do radiowej „Trójki" zadzwonił facet z awanturą, bo mu się nie podobało wykonanie tego utworu, które akurat poszło na antenie. Pytał, kto śmiał tak sprofanować piosenkę Stachury. I usłyszał odpowiedź: „Edward Stachura, proszę pana". To najlepsze i jedyne sensowne wykonanie. Chłopaki z Potopu Natolin znali tylko jego wersję. I to był ich hymn. Mieli go na ustach od świtu do zmierzchu. Nie sądzę, żeby o tym kiedyś zapomnieli. Ja też ich nie zapomnę.

A nam się wydaje, że wystarczy raz spotkać Dyjaka i już nie można go zapomnieć.

Wypalam na ludziach takie piętno? Może i tak.

17

Ilu znasz polityków?

Kilku.

Jacy to są ludzie?

Ciężko pracujący. To osoby, które – nie wiem, z jakich pobudek – poświęciły się pracy, której kompletnie nie rozumiem, ale w jakiś sposób szanuję... Nie będziemy jednak długo rozmawiać o tych znajomościach.

Dlaczego?

Może niektórzy wstydzą się dzisiaj tego, że znali się z Dyjakiem? Sam nie wiem... Swego czasu pomógł mi pewien poseł. Normalny facet. Na co dzień pszczelarz i żeglarz. Poznaliśmy się przy okazji rejsów, w które wypływałem razem z moim wielkim, serdecznym przyjacielem Norbertem Nowickim z Olsztyna. Norbert, tak jak Jarek Maczuga, był dyrektorem w banku. Dzisiaj prezesuje firmie Złoty Indyk. To porządny chłop, porządny człowiek. Przyjął mnie pod swój dach, kiedy sam miał duże problemy. Piękna postać. Bardzo wiele mu zawdzięczam. Spędziliśmy razem mnóstwo czasu na żaglach. Norbert ma swoją paczkę przyjaciół. Stefan, Janek „Proszę Ciebie", Cezary Gerwin... Dołączyłem do nich i pływaliśmy razem. Nie zabierali mnie tylko po to, żebym im pośpiewał. W przypadku ekipy olsztyńskiej i Jarosława Maczugi to były przyjacielskie układy. Co nie zmienia faktu, że po jakimś czasie zabranie Dyjaka na pokład było traktowane na równi z zabraniem bomby zegarowej w formie jeża. Nigdy nie było wiadomo, kiedy wybuchnie, a co gorsza, dotknięcie groziło natychmiastową detonacją *(śmiech)*. Zresztą takim jeżem bywałem nie tylko na rejsach. Moją łajbą mógł być równie dobrze bar na Pradze. Nawet teraz jestem „szkudny". A wyobraźcie sobie mnie z sokiem z ziemniaka... Ogólnie mam wam tyle do powiedzenia na ten temat, że aż mi się nie chce gadać.

Czyli słynna już Dyjakowa przerwa?

(Śmiech). Wiecie, jak jest. W knajpach poznawało się różnych ludzi. Wśród nich byli też i tacy, którzy organizowali rejsy. Często mnie zapraszali. „Ale ja nie mam pieniędzy...". „Nie szkodzi. Będzie alkohol". I płynąłem. Byłem potrzebny. Tak naprawdę życie na łajbie zaczyna się dopiero po dopłynięciu do brzegu. Jak się wieczorem porządnie wydarłem, to wszyscy wakacyjni gitarzyści mogli iść spać. Często czułem się jak Stańczyk. Grałem, śpiewałem, komentowałem, od rana do nocy popijałem, zaczepiałem ludzi. Działo się. Tworzyłem niepokojący wir. Tak naprawdę mój rejs trwał dwadzieścia lat. Nie były to wakacje, ale rejs na pewno. Szkoda tylko, że w jego trakcie rozjebałem większość swoich życiowych wacht. Non stop miałem urwany fał miecza... Pamiętam, że na jednym z rejsów wiało dziewięć stopni w skali Beauforta. Płynęliśmy z Maczugą po Zalewie Szczecińskim i musieliśmy się schować w porcie w Ueckermünde. Jak tylko zszedłem na ląd, natychmiast zacząłem toczyć wojnę z Niemcami. Goły tors, jarmułka na głowie, na ramieniu gwiazda Dawida. Taki happening. Wszedłem na śledzia do restauracji i mimo że wiedziałem, że nie wolno, zacząłem palić papierosy. Nikt mi nie zwrócił uwagi. Przeciwnie. Wszyscy Niemcy byli przemili. Od razu się czuło, że mają coś na sumieniu *(śmiech)*. Do tego

stopnia, że nie zapłaciliśmy grosza za marinę. Nie chcieli od nas pieniędzy. W knajpie też zjadłem za darmo. Jak widać, nieczęsto w północnych Niemczech widuje się podpitego dużego kolesia w jarmułce na głowie i z wytatuowaną gwiazdą Dawida na ramieniu.

Zdarzają ci się jeszcze takie happeningi?

Chełm wyzwolił mnie z wszelkich happeningów. Choć na trzeźwo bywam podobno jeszcze sroższy. Skończyłem z tym raz na zawsze. Zamieniam się w spokojnego faceta, który się nie przesila. Nie mam już energii na awantury. Poza tym i tak napsułem ludziom za dużo krwi.

Z Palikotem też się poznałeś na rejsie?

Nie. Janusz był na moim koncercie w Teatrze im. Osterwy w Lublinie. Spodobało mu się. Poprosił mnie, żebym wystąpił na jego urodzinach. Tak zrobiłem. Potem grałem jeszcze u niego w sylwestra i na różnych innych imprezach. Zawsze zarabiałem dużo pieniędzy i zawsze jego goście byli zadowoleni. Symbioza. Zagrałem też w Katowicach na wiecu wyborczym. Zaśpiewałem wtedy *Człaka zbuntowanego vel Zerwę się jeszcze raz*. I nie był to chyba dobry polityczny wybór, patrząc na ówczesne okoliczności.

(Marek śpiewa)

Zerwę się jeszcze raz, sieknę w ryj kogo trza
Jeszcze będą o mnie mówić, będą bać
Powiem co, jak trzeba to do chleba i nieba
To już jutro, tymczasem spać

No no no, ale o, ja cie pie...
ale zgry... już nie mo... ale ja... (cha, cha, cha...)
O ty w du... w mordę ko...

zwykłe ku... co za chu...
Co on so... Co on pie...
O jeba... A to skur...

Veni, vidi, vici (śmiech). Po tym występie kontakt z Januszem urwał się na parę dobrych lat.

Jak jest dzisiaj?

Rok temu zadzwonił do mnie i gratulował koncertu w warszawskim Och-Teatrze. Pojawił się tam całkowicie prywatnie. Podobnie było parę miesięcy temu, kiedy występowałem w warszawskiej Nowej Kuźni. Wyściskaliśmy się serdecznie.

Czyli śledzi twoją karierę.

On moją, a ja jego *(śmiech)*. Janusz to jedna z najbardziej myślących osób, jakie spotkałem w życiu. Ale jego polityczno-partyjne loty to już zupełnie inna kwestia. Nie wnikam. Wiem jedno – nie robi tego z pobudek finansowych, tylko ambicjonalnych. Niestety, uwikłanie Janusza w politykę wyklucza mnie z grona jego najbliższych kolegów i przyjaciół. Mimo wszystko dobrze mu życzę, bo zawsze świetnie mnie traktował i niejednokrotnie pomagał.

Czy ktoś jeszcze proponował ci występy polityczne?

Lewica zapraszała mnie dwa razy. Odmówiłem. Prawica mnie nie tyka. I dobrze. W ogóle każdy polityk to taka idiotyczna wersja człowieka. Cały czas żyje na napiętej dupie, a każde pofolgowanie kończy się dla niego sraką. Politycy funkcjonują pod silną presją, którą w większości przypadków sami wywołują. Nie gadajmy już o nich. W Chełmie to nie uchodzi.

Koncert premierowy po wydaniu albumu *Kobiety*, Och-Teatr, Warszawa, 27 kwietnia 2013 r.

Chełm to twoja ostatnia przystań?

Nie wiem. Dziś to mój port macierzysty. Moje Queens i Greenwich Village w jednym (*śmiech*). Dzięki niemu mogę sobie pozwolić na kontemplowanie ludzkiego cierpienia w całkiem komfortowych, domowych, cieplarnianych warunkach. Tak naprawdę tylko te warunki się zmieniły. Reszta pozostała bez zmian. Moja pokuta i czyściec i tak dzieją się w głowie. Cały czas mam we łbie wojnę. Jestem rasowym partyzantem, często celującym w tarczę z widokiem własnym. Nigdy nie wiadomo, co takiemu do głowy strzeli. Nie słucham się innych ludzi. Nie dostosowuję do nurtów. Trudno jest mieć jakąkolwiek pozę w moim przypadku. Jestem jak rabarbar pierdolnięty piorunem. Wystają ze mnie niteczki i wszystko mam na wierzchu. Zawsze płynę pod prąd. Przecież nurt Chełma płynie

Chełma płynie w drugą stronę – wszyscy uciekają do Warszawy. A ja musiałem uciec z Warszawy, bo bym przepadł.

Duże miasto jest dużym wyzwaniem i wielką pokusą. Trzeba wiedzieć, kiedy zejść ze sceny niepokonanym. Gdybym po wytrzeźwieniu został na stałe w Warszawie, na pewno nie uniósłbym tego czyśćca, w którym przebywam. Balansowanie między niebem i piekłem to mordercze zajęcie. Był taki moment, że mieszkając w Warszawie, przestałem sobie radzić. W ciągu roku miałem chyba dwudziestu menedżerów. Wolałbym o tym nie opowiadać, bo zbyt często wtedy robiłem z siebie durnia. To był tak zwany upadek warszawski i doświadczenia ze środkami psychoaktywnymi. Takie chwilowe nimi zauroczenie. Jeżeli ktoś jest zainteresowany szczegółami, niech zajrzy do tablicy Mendelejewa.

Antidotum na wódę?

Oczywiście. Tym bardziej że w kółko miałem nawroty choroby, alkoholowe głody, uderzenia wściekłości, bywałem otumaniony. Otaczał mnie chaos złych rzeczy. Musiałem stamtąd zwiewać. Zerwać wszystkie zazębiające się znajomości; uciec, by przeżyć. Uciec, by... się nie napić. A mało brakowało. Musiałem się oddalić od stolicy, bo ona szybko wypala takich jak ja. „Jestem nomadą, dlatego jak mi coś nie pasuje, to jadę" *(śmiech)*. Zwróćcie uwagę, że tak zwaną karierę zacząłem robić dopiero, kiedy wyjechałem do Chełma. Miasta, w którym żyję sobie jak prosię z kaszą w brzuchu. Miasta, w którym jest przestrzeń na myślenie. Po prostu wycofałem się na pozycje, z których wszystko lepiej widać. Czułem, że muszę definitywnie skończyć z tym, co wcześniej. Uwierzcie mi, że życie po zerwaniu z nałogiem jest koszmarem. Wszyscy alkoholicy są znerwicowani, mają problemy ze snem i łapią wodę w skórze, dzięki czemu wyglądają jak nadmuchane baloniki. Życie „po" nigdy nie będzie już normalnym życiem. Ale w Chełmie bywa przynajmniej prostsze i spokojniejsze. Mimo to pierwszy rok tutaj do łatwych nie należał. Gdyby nie Ewa, Wojtek i praca, która wciąż gdzieś tam czeka, na pewno bym nie przetrwał. Chełm to dla mnie miejsce zsyłki. Z fajnymi ludźmi naokoło. A nowi wciąż przyjeżdżają... Jurek Małek kupił tutaj dom. Za parę lat Chełm będzie polską stolicą jazzu *(śmiech)*.

Dlaczego wylądowałeś akurat tutaj?

Pojęcia nie mam. Po prostu zacząłem tu przyjeżdżać. Zagrałem koncert, dwa, poznałem parę osób i zrobiło się tak, że wpadałem do Chełma prawie codziennie. Ja, który nie mogę przestać palić, przyjeżdżałem busem. Niepojęte. Czułem, że to miasto ma mnie odbudować, bo byłem już skrawkiem samego siebie. Że to ostatnia szansa. Wtedy poznałem Ewę. Wszystko nabrało sensu.

Gdzie się poznaliście?

W perfumerii. Brzmi to cholernie romantycznie *(śmiech)*. Był późny listopadowy wieczór, zimno, ciemno, pochmurno. Mój kumpel, chełmski czarnoksiężnik, ksywa „Krav Maga" – miał coś kupić w markecie. Chciałem poczekać na zewnątrz i wypalić papierosa, ale zaciągnął mnie do środka, bo padało. Okazało się, że nic nie kupował, tylko przyszedł poflirtować z ekspedientką w sklepie z bielizną. Zaczął ją bajerować, a ja nie wiedziałem, co ze sobą zrobić. Wszedłem więc do perfumerii obok. Później Ewa opowiadała, że się mnie przestraszyła. Wielki, łysy facet w czarnym płaszczu, a do tego ta facjata... Pewnie się bała, że coś ukradnę. Po chwili wszedł „Krav Maga" i zagadnął do stojącej przy kasie Ewy: „Muszę ci kogoś przedstawić". Uścisnąłem jej dłoń i powiedziałem: „Marek". Ewa popatrzyła na mnie dłuższą chwilę: „*Złota ryba*? Niemożliwe...". „Możliwe". „Pan grał parę dni temu koncert w Chełmie, na który nie mogłam przyjść, bo pracuję do dwudziestej pierwszej. Bardzo żałuję". „Dzisiaj też mam koncert i panią zapraszam. Jeśli pani nie przyjdzie, nie zagram...". Tak się składa, że kumpel prowadzi w Chełmie szkołę jogi. A ja po przyjacielsku miałem zagrać dla dziewczyn ćwiczących w jego klubie. Przed występem powiedziałem wszystkim zgromadzonym, że musimy chwilę zaczekać, bo za chwilę przyjdzie kobieta, która będzie moją żoną. Jak w teleturnieju *Idź na całość (śmiech)*. Wystarczyła mi krótka chwila i wpadłem po uszy. Kiedy Ewa wreszcie dotarła, od razu zrobił się szum: „A, to ta pani... To ta dziewczyna...". Zagrałem po jednej piosence dla każdej dziewczyny. Ewie zadedykowałem *Jej portret.*

(Marek zaczyna nucić)

Naprawdę jaka jesteś, nie wie nikt
To prawda niepotrzebna wcale mi
Gdy nie po drodze będzie razem iść
Uniosę Twój zapach snu
Rysunek ust, barwę słów
Niedokończony, jasny portret twój[28]

Po występie odprowadziłem Ewę do domu. Na pożegnanie powiedziała mi: „Mam pana jedną płytę i bardzo ją lubię, ale na pierwszym miejscu jest u mnie Kazik Staszewski. Lecę, dziękuję, dobranoc". Dobrze, że nie Muniek Staszczyk *(śmiech)*. Po trzech dniach zadzwoniłem: „Jadę właśnie na koncert do Wrocławia. Bo jeśli mam panią zaprosić na kawę i ciastko, to muszę najpierw na nie zarobić". „Niech się pan z tym ciastkiem nie wygłupia, coś upiekę". „Proszę mnie słuchać jutro w radiowej »Trójce«. Przekażę pozdrowienia". I tak się stało. W trakcie wywiadu powiedziałem coś o tym, że niedługo poja-

[28] Słowa Janusz Kofta, muzyka Włodzimierz Nahorny.

wię się znowu nad Bugiem i będę dzierżył w ręku napięty łuk. Kiedy przyjechałem do Chełma, poszliśmy na pierwszą randkę. Do Galerii Flaków albo... Smaków. Jeden pies. W trzy godziny próbowałem opowiedzieć Ewie o swoim życiu – wielki chaos. Na koniec dodałem coś w stylu: „Nie wiem, jak pani to wytrzymała...".

Byliście wciąż *per* pani?

Jeszcze z miesiąc, a może i dwa. Wszyscy w Chełmie myśleli, że od dawna mamy romans, a my wciąż grzeczni – jak przed wojną. Zakochałem się jak wilk w zającu. To Ewa długo trzymała dystans. A dzisiaj mówią na nas „Piękny i Bestia" (*śmiech*).

Pasuje jak ulał.

Żebyście wiedzieli. Ewa jest drobniutka, ale to bardzo poważny przeciwnik. Rasowy bokser. Nie jest delikatną osobowością ani zwiewną dziewczynką. Kiedyś zapytałem, ile razy dziennie chciałaby mi przywalić. Odpowiedziała, że co najmniej pięćdziesiąt. Teraz jest już lepiej. Myślę, że zeszła do dziesięciu. Jakoś mnie okiełznała.

Bo ja przecież nie byłem przyzwyczajony do domowego ładu. Do codzienności i zwykłych obowiązków. Żyłem przygodą. Wędrowałem po ciemnych stronach nadrzeczywistości. Trzeba było mnie zaaklimatyzować do przebywania w mieszkaniu. Do tego, że mokry ręcznik trzeba wysuszyć, a nie rzucić na podłogę... Moja mama jest chodzącą świętością. Całe dzieciństwo wszystko za mnie robiła, bo ja od dziecka miałem umysł, który nie przyswajał prostej codzienności. Te mało istotne rzeczy, pozornie bez znaczenia – zawsze były dla mnie największym wyzwaniem.

Ewa kiedyś stwierdziła: „Czy ty wiesz, jak żyjesz, Marek? Masz rozległą wiedzę na dziwne i różne tematy. Ale nie masz wiedzy o najprostszych umiejętnościach. Nie umiesz nawet zrobić zakupów...". Święta racja. Musiałem się nauczyć, że istnieje coś takiego jak domestos. Chociaż wciąż zdarza mi się zapominać. Dzisiaj na przykład musiałem kupić podkład do malowania, maść na podrażnienia od kataru i mydło w płynie. Kosmos. Idzie mi coraz lepiej, ale nie potrafię jeszcze żyć takimi sprawami. To proces, który wciąż trwa. I dobrze. Dzięki temu jestem dla Ewy nadal wyzwaniem. Ona nie mogłaby mieć faceta, o którym wiedziałaby wszystko, urobiła na swoją modłę i niczego nie mogła się już od niego nauczyć. To nie ten charakter. Stworzyła dla nas dom, wiedząc, kim jestem i jaki jestem. Przeczytała wszystko na mój temat, porządkując dokumenty: wszystkie wypisy ze szpitali i detoksów, takie rzeczy jak tomografia szyi po powieszeniu... To ma jakiś ciężar gatunkowy. Historia partyzanta nie jest nudną opowieścią.

Sesja do albumu *Kobiety*, Warszawa, 2013 r.

W jaki sposób przeżyłeś spotkanie z rodzicami Ewy?

Nie miałem czego przeżywać. Oni wiedzą, że nie jestem pierwszy lepszy sraluch. Z teściem żyjemy na stopie przyjacielskiej. Mama Ewy mieszka za granicą. Kiedyś przyjechała i razem przyszły na mój koncert. Pewnie nie wszystkim się nasz związek podoba, ale na szczęście istnieje coś takiego jak grzeczność obywatelska i prawo. Prawo mnie chroni. No bo co może chronić partyzanta? Tylko prawo. Oby nie wojenne *(śmiech)*.

Ewa nie pali. A ty jak smok. Co cię chroni w tym przypadku?

Powietrze. Oddychamy przecież tym samym. Jestem człowiekiem z wiatru i ognia. Nie mogę nie palić.

Czy człowieka z wiatru może wywiać z takiego życia?

Może mnie wywiać ze wszystkiego. Mówiłem już, że jestem nomadą. Wywiewało mnie już wiele razy. Może mnie wywiać i z Chełma. Pewnie kiedyś wywieje. Wtedy będę wiał gdzie indziej.

A czy Ewa ma świadomość, że jesteś z wiatru?

Wiatr czasami nie wieje i występuje w postaci flauty. Jesteśmy razem ponad dwa lata. Żyjemy jak na wakacjach. Tylko czasami gram koncerty. Poza tym siedzimy w chałupie i sobie rozmawiamy, oglądamy filmy dokumentalne. Nie chce mi się nawet wyjść na spacer. Odpoczywam po życiu, w którym każdego dnia szukałem nowego noclegu. Tutaj jestem na końcu świata, a jednocześnie blisko matki. To miasto ma mnie ocalić. Jeszcze takiego nie było. Mam niecałe cztery dychy i myślę, że chyba wciąż mam prawo coś komuś obiecać.

Czujesz się młodo?

Ja młodo?! Nigdy tak się nie czułem. Nigdy. Czasami czuję się jak siedemdziesięcioletnia babcia. Od dawna jestem bardzo stary i nie wiem, co z tym robić. Moje myśli też są coraz starsze. Zaniedbałem się ostatnio. Jakiś trądzik mi wyskoczył, z bębna też nie jestem zadowolony. Już w dzieciństwie byłem grubaskiem – takim miśkiem. Całe życie coś podjadam.

Ludzie znają cię też jako szczuplaka.

Parę razy byłem chudziakiem, a parę razy grubakiem. Najszczuplejszy byłem po tym, gdy ważyłem sto dwadzieścia kilogramów. To mój rekord.

Przeszedłeś na dietę?

Moją dietą są problemy. To one mnie odchudzają. Jak się szuka domu na terenie Siuksów, będąc Apaczem, problemy są murowane. Wszelakie. Dzisiaj Apacz czuje, że coś jest nie tak, ale boi się iść na badania. Wiadomo, że od czterdziestki zaczynają się problemy zdrowotne. A koło pięćdziesiątki się kończą *(śmiech)*.

Myślisz o dzieciach?

Gdybym miał kolejne dziecko, również byłoby ładne, mądre i utalentowane. Syn – to byłaby na pewno historia. Czasami zazdroszczę świeżo upieczonym rodzicom. Oglądanie ich relacji z dziećmi to jak oglądanie Nikity Michałkowa w dobrej formie. Zostałem ojcem w bardzo młodym wieku. Być może za wcześnie. Nie byłem wtedy ukształtowany i gotowy na to wyzwanie. Paradoksalnie boję się, że dziś na drugie dziecko może być już za późno. Nie wiem, czy niepijący alkoholik, czyli tykająca bomba zegarowa, może być wystarczającym zabezpieczeniem i oparciem dla małego ludzika. To nie jest temat na tę chwilę.

Może syn trochę by cię rozruszał. Kiedyś wszędzie cię było pełno. Dziś prawie przestałeś chodzić...

Droga łącząca Natolin z resztą świata, 2009 r.

Forrest Gump też przestał. Jestem już starym, schorowanym człowiekiem, któremu się zwyczajnie nie chce. Pamiętajcie, że żeby nie pić, musiałem się stać bardzo leniwy. I do dziś pielęgnuję w sobie tę cechę.

A może zżera cię stabilizacja?

Ja i stabilizacja... Proponuję zrobić słynną Dyjakową przerwę. Chodźcie, gdzieś pójdziemy *(śmiech)*.

18

Dlaczego dopiero terapia w Parzymiechach ci pomogła?

Myślicie, że to zasługa terapii? Wydarzyła się dziwna historia. Po prostu pojawił się wewnętrzny stop. Bardzo silnie poczułem, że nie będę już pił. Żadna terapia. Zwyczajnie nie miałem siły na więcej. Nie miałem już zdrowia na picie. Tak naprawdę to Ola mnie utrzymała przy życiu. Jej codzienne wizyty. Po wyjściu z Parzymiechów jeszcze przez rok mieszkaliśmy razem w Natolinie. Razem też przechodziliśmy pierwszą rocznicę powieszenia. Pamiętam, że wtedy – jako trzeźwy człowiek – kupiłem Jankowi Słomianowi zegar i flaszkę absoluta. Takie skromne podziękowanie. Z Olą układało się nam jednak coraz gorzej. Bo ja na trzeźwo byłem gorszy niż po alkoholu. Nie do zniesienia. Aleksandra przeszła przez apogeum mojej choroby. Zniosła to osoba, która nie jest chora. W takiej sytuacji można przestać kochać każdego. Wreszcie Ola mi to powiedziała. Nie byłem zdziwiony. Rozstaliśmy się.

Myśleliście wcześniej o dzieciach?

Nie wiem, co Ola myślała. Ja nie.

Nie było tematu?

Był. Ale nie mogę o tym mówić.

To nie będziemy pytać. Jaki masz dzisiaj stosunek do związku z Olą?

Staram się o tym nie myśleć. Po wyjściu z Parzymiechów byłem człowiekiem, który miał wieczne pretensje do wszystkiego i wszystkich. Dopiero teraz powoli przestaję mieć... Sąsiedzi kiedyś dzwonili i mówili, że Ola ułożyła sobie życie z kimś innym. Bardzo mnie to cieszy.

W lecie 2009 roku, czyli dość szybko po wyjściu z Parzymiechów, nagrałeś kolejną płytę – *Jeszcze raz*.

Za szybko. Pośpiech spowodował, że ten album nie ma swojej wagi. Głosowo też byłem jeszcze bez formy. Słaby, niepewny. Myślałem, że uda się zachować powagę z *Ostatniej*, ale to nie wyszło. Śpiewałem bardzo smutno. Szukałem głębokości. Ale jedyne przekroje, jakie tam można odnaleźć, to przekroje kamieni, które się wydarzyły między mną a publicznością. Nie lubię tej płyty.

Jest na niej genialny utwór – *Ja jestem Dyjak*...

„...nawet, kiedy mnie nie ma". Słowa wymyślił Przemek Rozenek. Znamy się wiele lat. Napisał dla mnie dużo świetnych tekstów.

Nic więcej nie powiesz?

Jakoś nie mam siły. Idziemy, co? Kończymy na dzisiaj?

Nie ma takiej możliwości. Na płycie *Jeszcze raz* po raz pierwszy napisałeś muzykę do swojej piosenki. Właśnie do utworu *Ja jestem Dyjak* – jednego z naszych ulubionych.

Dziękuję, panowie. Cieszę się, że się wam podoba. Ale ja naprawdę nie mam ochoty rozmawiać o tym albumie.

Przecież to był powrót do świata żywych.

W pewnym sensie tak. Mam jednak żal do siebie, że nagrałem płytę, na którą nie byłem gotowy. Pomógł mi ją wydać przyjaciel, biznesmen Artur Szwedo. Poznaliśmy się w Poznaniu. Po koncercie Artur przyszedł pogadać. Potem wpadł jeszcze do kamienicy, w której wtedy mieszkałem. Widział, jak wymiotuję krwią. Byłem wówczas wrakiem. Artur podał mi pomocną dłoń. Facet w naszym wieku. Rocznik 1975. Załatwił mi zamknięte leczenie w Gorzycach. A potem nawet odwiedził w Parzymiechach. Żebym miał ubezpieczenie, zatrudnił mnie u siebie w hotelu Pod Różą w Wiśle jako kulturalno-oświatowego. Taki sam etat mam dzisiaj u Wojtka w restauracji Pod Strzechą. W ogóle parę razy w życiu byłem zatrudniony tu i tam, tylko po to, żeby mieć możliwość bezkarnego występowania w szpitalach. Na przykład teoretycznie byłem szatniarzem w firmie Norberta Nowickiego. Większości tych sytuacji jednak nie pamiętam. Wyrzucam je z pamięci. Robię miejsce. Bo dziś mam co innego do pamiętania. Czekając na was, powtarzałem sobie teksty piosenek, które muszę zaśpiewać za parę dni na koncercie.

Byłeś chociaż w tym hotelu w Wiśle?

Jasne. Kiedyś doszło do zabawnej sytuacji. Pielęgniarka w szpitalu pyta mnie: „Czy pan pracuje?". „No jasne. W willi Pod Różą". „A jaki tam jest adres?". „Nie pamiętam" *(śmiech)*.

Dlaczego Artur Szwedo sfinansował *Jeszcze raz*?

Prawdopodobnie chciał tym albumem wejść na rynek muzyczny, coś osiągnąć, zarobić. Nie udało się. Płyta wyszła średnia, bo ja wtedy byłem średni. W przeciwieństwie do znakomitego składu. Po raz pierwszy zagrał ze mną Jurek Małek. Do dzisiaj trzymamy się razem. Poza tym Witek Cisło na bębnach i Janusz Lewandowski na basie. Na klawiszach grał

Darek Cetner, a realizował oczywiście Andrzej Rewak. Gościnnie wystąpili Stanisława Celińska i Włodzimierz Nahorny, co było megarzeczą. Jak wiadomo, pani Stasia i pan Włodzimierz byli kiedyś zaręczeni. Na tej płycie spotkali się ponownie, po latach. Wspólnie wykonaliśmy *Śniadanie na tapczanie* Piotrka Bukartyka. Było to dla mnie bardzo wzruszające. Wiem, że ludziom się ten materiał podoba. Na koncercie promocyjnym były nawet brawa na stojąco. Jednak czułem, że Artur oczekiwał czegoś innego. Może jakiejś potańcówki? Żeby ludzie bawili się na zasadzie: zakręcę pirueta z panią Jadzią i jak będę miał szczęście, to pani Jadzia pójdzie ze mną do pokoju. Z pewnością był niesamowity kontrast między oczekiwaniami a efektem finalnym.

Może tylko tobie się tak wydawało?

Nie sądzę. Promocja tego albumu skończyła się chyba na dwóch koncertach. Czyli komuś przestało zależeć. A może to ja nie miałem serca tego ciągnąć? W każdym razie spuentowało się to źle. Podejrzewam, że głównie ze względu na sytuacje pozamuzyczne. Urwał się kontakt z Arturem. Nasze drogi się rozeszły. Mieliśmy różne zdania na różne tematy. Ale wierzę, że kiedyś się pogodzimy i wyjaśnimy wszystkie sprawy między sobą. Może, jak przeczyta książkę...

***Jeszcze raz* ma bardzo ciekawą okładkę.**

Zdjęcie zrobił Darek Gontarski, który wtedy mieszkał w Berlinie. Jechaliśmy kiedyś we dwóch do Poznania. Z auta zobaczyłem tabliczkę, na której było napisane, że w czasie kampanii wrześniowej przez okoliczną rzekę przechodzili ułani. W tym miejscu był tam bród. Niewiele się zastanawiając, zjechaliśmy na brzeg. Przeszedłem przez ten bród, cały czas grając na trąbce. Darek wszedł do wody i zrobił mi zdjęcie. Trąbiłem capstrzyk. Później sprzedałem tę trąbkę i kupiłem obrączki... A może to było wcześniej? Nie pamiętam. Pewnie dlatego, że obrączki kupowałem kilka razy. Kilka razy je też gubiłem. Na pewno któregoś razu Paramon dołożył mi parę groszy do kupna obrączek, bo poprzednią parę gdzieś podziałem. Nieważne.

Wróćmy do płyty.

Wszystko już powiedziałem. Koniec. Pytajcie, ale nie o *Jeszcze raz*. Mam dość.

Rok później wydałeś kolejny album – *Teraz*.

Bardzo lubię tę płytę. Jej mecenasem była ważna osoba w moim życiu. Ewa Bobkowska – mądra i przedsiębiorcza kobieta. Ewa jest właściwie moją siostrą. A ja jestem chrzestnym jej wnuka. Ostatnio kupiłem Talmud z 1860 roku i zawiozłem go w prezencie chrześniakowi, który mieszka na Śląsku, w Pyskowicach. Można powiedzieć, że na pewnym etapie swojego życia dołączyłem do wspaniałej rodziny Bobkowskich. Od początku czułem, że mają wobec mnie uczciwe zamiary. Maciek, syn Ewy, jest prawnikiem. Pomaga mi, prowadzi różne sprawy. A Ewa traktuje mnie jak adoptowanego brata.

Jak się zaczęła wasza przyjaźń?

Zwyczajnie. Często jestem w stanach, kiedy całego siebie mam na zewnątrz. Można wtedy czytać ze mnie jak z otwartej księgi. Jak się tylko poznaliśmy, Ewa spytała, ile kosztuje wydanie płyty. Dla niej to było normalne. Po prostu wyłożyła pieniądze na album *Teraz*. Miałem wtedy wielką potrzebę wydania czegoś nowego, żeby zatrzeć złe wrażenie po *Jeszcze raz*. Ewa wcześniej słuchała mojej muzyki i zwyczajnie chciała mnie poznać. Zadzwoniła więc i zaprosiła cały skład na koncert do Gliwic. A następnego dnia Bobkowscy zaprosili mnie do siebie do domu na śniadanie. Spędziliśmy przecudny poranek. Od razu wiedziałem, że zawsze będę miał w Ewie przyjaciela. Producentem płyty został mój serdeczny kolega Jarek Koziara, lubelski artysta, malarz, grafik i performer. Poznaliśmy się na pierwszym Przystanku Olecko w 1994 roku i szybko się zbrataliśmy. To dzięki niemu zaliczyłem swoją pierwszą przystań poza Świdnikiem. Pomieszkiwałem w jego lubelskim mieszkaniu przy Grodzkiej po wspólnych nocnych grasowaniach. Wiele razy dobrze się bawiliśmy za pomocą różnych wesołych zabaw *(śmiech)*. Grodzka nie należała wtedy do sympatycznych ulic. Na Starym Mieście nie paliło się światło, a wizytę w tych rejonach można było zakończyć z widłami w plecach. Dziś jest tam w miarę bezpiecznie. Trochę aborygenów gdzieniegdzic jeszcze zostało, ale wtedy było ich wielu i wszyscy się bali.

Ty nie?

A kogo miałem się bać? Przecież wyglądałem jak oni: szczupły, szybki, a na gębie klasyczny spuchlak białoruski. Już wtedy nie stroniłem. Bardziej pasowałem do nich niż do artysty Jarka. Koziara zawsze uważał mnie za stuprocentowego bitnika. Kiedyś nawet narysował plakat, na którym „puszczam pawia". Za tę pracę zdobył nagrodę na Międzynarodowym Biennale Plakatu w Berlinie. Moim zdaniem sztuka plakatu jest nadal bardzo ważna. Ale to komunikat nie dla kołków. Jarek Koziara to fantastyczny facet, chociaż nie grasuje już na Grodzkiej od ponad dwudziestu lat.

A ty?

Czasami tak, ale tylko w głowie. Moja przestrzeń zamyka się coraz szybciej, a kra nade mną zamarza... Jarek zrobił także okładkę do płyty *Teraz* z dopalającym się papierosem. To grafika ze zdjęcia Kasi Kifert. Płyta powstawała w czasie, kiedy znałem się z Marysią Seweryn. Marysia pomagała

Jarkowi w wyprodukowaniu *Teraz*. Wspierał nas wtedy jeszcze młody student z Wrocławia Piotrek Dawid, który chciał zrobić moją stronę internetową. Niebanalna postać. Mam wielkie szczęście do poznawania wspaniałych ludzi – co najmniej nietuzinkowych. Mając poparcie Ewy Bobkowskiej, odezwałem się do Andrzeja Rewaka i zacząłem kompletować skład. Udało się znaleźć świetnych młodych chłopaków. Na trąbce oczywiście Jurek Małek. Bas – Paweł Puszczało, bębny – Karol Domański, fortepian – Zdzisław Kalinowski. Gościnnie wystąpili także Zbyszek Krebs, Janusz Brych, Jacek Sribniak i cyista[29] Marek Tarnowski, z którym współpracuję do dziś. Bardzo ciekawy zestaw. Można powiedzieć, że to była pierwsza sesja, kiedy świadomie zaczęliśmy grać to, co czułem w sobie od dawna, czyli fado. Część piosenek z tej płyty weszła później na wydany przez Agorę w 2011 roku album *Moje fado*. Naprawdę lubię *Teraz*. Udało się wybrać na nią piękne, niebanalne utwory.

Na przykład *Wróbelka*.

On bardzo pasuje do mojego życia.
(Marek śpiewa szeptem)

Jeśli wolę masz taką, by być,
Jeśli spieszysz się, by szybko żyć
Jeśli wierzysz w tę miłość, której nigdy nie było
Jeśli serce twe wygnie, usiądź przy mnie

Jeśli wiesz, co znaczy po kres
Jeśli wierzysz we wszystko, co jest
Jeśli śnisz o bezmiarze, odzierają cię z marzeń
Jeśli chodzisz po rynnie, usiądź przy mnie
Jeśli śnisz o bezmiarze, odzierają cię z marzeń
Jeśli chodzisz po rynnie, usiądź przy mnie

---

[29] Akordeonista [przyp. red.].

Jeśli wolę masz taką, by być
Jeśli śpieszysz się, by szybko żyć
Jeśli wierzysz w tę miłość, której nigdy nie było
Jeśli serce twe wygnie, usiądź przy mnie...[30]

Wciąż jeszcze mam takie momenty, że spieszę się szybko żyć. Ale próbuję zwolnić. Bardzo próbuję. Chcę mieć w końcu trochę spokoju.

Po premierze *Teraz* zebrałeś masę komplementów.

Boję się, że na nie nie zasłużyłem. W ogóle jestem zdziwiony faktem, że doprowadzam ludzi do łez, że ich wzruszam. Ale to daje siłę do tego, żeby cały czas grać. Dzięki tej świadomości wracam wciąż do fado. Można powiedzieć, że śpiewam muzykę, w której uprawiam pornografię uczuciową.

A może dlatego nie chcesz pisać tekstów? To byłaby jeszcze większa pornografia.

Między innymi dlatego. Dawanie na scenie energii utworom innych jest i tak wystarczająco ciężkie. A co dopiero, gdybym miał śpiewać swoje teksty! Boję się odpowiedzialności, choć zawsze traktowałem siebie jak poetę, a nie muzyka. Powinienem wam teraz pokazać wiersze, których nikt jeszcze nie widział i które trzymam od lat... Adam Galas stosował prośbę i groźbę, żebym zaczął pisać. Wiele innych osób także. Ale ja nie wiem, jak oceniono by mnie w roli tekściarza. Natomiast wiem, że nie przeżyłbym krytyki. Moje próby to zwykle straszny bełkot.

W radiowej audycji Marii Peszek obiecałeś, że napiszesz dla niej tekst.

Obiecałem? Czyli powinienem się wywiązać. A podałem termin?

---

[30] Tekst i muzyka Jacek Musiatowicz.

Przerwa na papierosa między rozmowami do książki, Strzecha u Wojciecha, Chełm, 2014 r.

Byłeś na tyle sprytny, że nie.

No, to jeszcze mam czas *(śmiech)*. Marysia jest świetna. Zdecydowanie za późno ją dla siebie odkryłem. I tylko dzięki Wojtkowi, który w samochodzie siłą zmusił mnie do posłuchania płyty *Miasto mania*. Od razu się zakochałem. Widziałem potem koncert Marysi na Męskim Graniu. Zapierdoliła tak, że buty ludziom spadły. Wielki szacunek.

Podobno wtedy, na Męskim Graniu, miałeś spięcie z Moniką Brodką.

Jakie spięcie? Podeszła do mnie jakaś malutka dziewczynka i spytała, czy mam papierosa. Moja córka ma czternaście lat, a ona – taka drobniutka – właśnie na tyle mi wyglądała. I wyobraziłem sobie, jak jakiś łysy grubas daje Oldze papierosa... Powiedziałem: „Dziecko, ty masz dowód w ogóle? Jak będziesz miała, to przyjdź". Byłem niegrzeczny? Co wspólnego ma bycie grzecznym z odmówieniem dziewczynce papierosa? Zresztą, o czym my gadamy... Wczoraj na koncercie jakiś koleś krzyknął: „Śpiewaj, kurwa, *Zakręt*! Nie ma tu nikogo, kto nie jest na zakręcie!".

Często się spotykasz z takim podejściem: „Śpiewaj, kurwa!"?

Zdarza się. Ludziom się wydaje, że jestem przyjacielem wszystkich. A nie jestem. Nawet na wesela mnie zapraszają! Nikt się nie zastanawia, czym tak naprawdę jest piosenka na weselu. A ja wiem, bo brałem ślub – nawet dwa razy. Przecież tekst, który idzie na wszystkich weselach: „Już mi niosą suknię z betonu..." jest o niewolnictwie. Grają to wszędzie. „Mój piękny panie, raz zobaczony...", czyli jakieś fantasmagorie erotyczne o seksie z nieznajomym – kolejna głupota. A wszyscy tańczą. Zachwyceni i zachwycający. W ogóle jak można być zachwycającym, będąc człowiekiem? Wyglądając jak człowiek. Nie rozumiem. Wolę pokazy arabów. Konie są ładniejsze od ludzi.

Zdenerwowałeś się?

Jak cię napierdalają flaki i wiesz, że to twoja zasługa, to siłą rzeczy podkurwienie odkłada się na was.

Chcesz kończyć?

Nie. Jedźmy dalej. Przypomniało mi się przed chwilą, jak kiedyś grałem dla właściciela wszystkich Biedronek w Polsce. Panowie z cekaemami jeździli po polach na quadach. Zagrałem, ale nie wiem, jak to było przyjęte. Właściciel zapłacił podwójnie. Stać go było. Samolot prywatny, stadnina arabów – te sprawy. Konie miał przepiękne.

To był twój najdziwniejszy koncert?

Jeszcze dziwniej było w więzieniu w Słońsku. Wcześniej uczestniczyłem w plenerze malarskim *Sztuka na granicy* w Kostrzynie i stamtąd pojechałem do Słońska. To znaczy nie pamiętam, jak pojechałem, bo ocknąłem się w momencie, kiedy grałem na gitarze, a dookoła siedziało z sześciuset więźniów. A ja śpiewam o miłości, o narzeczonej, o matce... i widzę, że coś pęka, że ta masa facetów sobie z tym nie radzi. Podobnie jak ja dzisiaj z wami. Tylko że było ich tylu, że trzeba było myśleć, jak się ratować. Zmieniałem więc teksty na bardziej ordynarne, dodawałem na poczekaniu dystansujące słowa, żeby dać im odetchnąć. Pod publiczkę. Zresztą śpiewanie jest zawsze pod publiczkę.

Jak znalazłeś się w Słońsku?

Kilku więźniów pomagało przy plenerze, w ramach prac społecznych. I spytali, czybym nie zagrał w kryminale, bo podobno byłem w ich radiowęźle hitem. I nieprzytomny pojechałem. Przeżyłem to strasznie. Powietrze w więzieniu jest inne...

Ale najsmutniejsza impreza, na jakiej grałem, to stypa po chłopcu, który zadzierzgnął się na klamce od samochodu w dniu swojego ślubu. Świeżo upieczona żona zdradziła go na weselu. Nie wytrzymał. Chłopak słuchał moich piosenek, więc koledzy zrzucili się na koncert. Nie umiałem odmówić. Śpiewałem na stypie i czułem się na swoim miejscu. Ludowy refrenista. Po wszystkim podszedł jakiś elegancik i mówi: „Teściu właśnie umarł, może też byście zagrali stypę? A potem jeszcze jeden pogrzebik się szykuje...”. Może powinienem był to poważnie rozważyć?

Opowiedz dla odmiany o najweselszym koncercie w życiu.

Ach! To było przepiękne! Na świecie miał się pojawić Bruno Bobkowski razem ze swoim bratem Leonem. Działo się to jakoś w okolicach Wigilii. Wtargnąłem do szpitala z gitarą. Wyobraźcie sobie takiego gościa jak ja na porodówce. Przecież to jest żart. „Weź tu zbierz parę koleżanek” – powiedziałem do przyszłej mamy bliźniaków. Po chwili poschodziły się panie z brzuchami, w kapciach i szlafrokach. A ja na cały regulator Stachurę:

Ruszaj się, Bruno, idziemy na piwo;
Niechybnie brakuje tam nas!
Od stania w miejscu niejeden już zginął,
Niejeden zginął już kwiat!

Nie omami nas forsa
ni sławy pusty dźwięk!
Inną ścigamy postać
Realnej zjawy tren!

Ruszaj się, Bruno, idziemy na piwo;
Niechybnie brakuje tam nas!
Od stania w miejscu niejeden już zginął,
Niejeden zginął już kwiat!

19

Może odpuścimy? Łeb mnie dzisiaj dziwnie boli. Ze dwa razy coś mi w środku gruchnęło. Takie wewnętrzne strzały w skroniach. Mam nadciśnienie. Czuję swój wylew...

Hipochondryk.

Przez grzeczność nie zaprzeczę. Pięć kaw do południa i dwie paczki papierosów wykonują swoją robotę.

Mógłbyś żyć bez kofeiny?

Pewnie, że tak. Bez wszystkiego można żyć. Nawet bez wódki. Poza tym po co mi kofcina, skoro mam efedrynę? (*Śmiech*). A w ogóle, co to za dziwne czasy nastały! Powstają lokale kawowe, w których nie można jarać. A festiwale wygrywają kobiety z brodami. Żyć, nie umierać. Nie uważacie, że ta nowa fala jest z deka niebezpieczna? Fala *danger*? *Sorry*! *Gender* (*śmiech*). Wszystko jest gumowe.

Co to znaczy?

Naokoło widzę same produkty z jakiejś ropy. Dobra, nieważne... Gadajmy.

Kawa i papierosy to jedyne używki, jakie ci zostały?

To są moje jedyne luksusy, nie używki. Kawa z ekspresu, dobry papieros, a do tego drogi trzewik. Marynarka, spodnie, koszula – to wszystko z taniej odzieży. Dalej chodzę w tych samych ubraniach, w których chodziłem w czasach pijackich. Nie wydaję na głupoty, bo mam na co oszczędzać. Ludzie w Polsce myślą, że człowiek, którego czasem widać w telewizji, jest bogaty. Jasne, kurwa. Sprzedałem butelki i kupiłem sobie mieszkanie w Chełmie...

Kiedy pierwszy raz w życiu zacząłem zarabiać przyzwoite pieniądze, to akurat mam komu pomagać. Mama zachorowała. Trzeba również pomóc ciotce. Pomóc dzieciakom siostry, moim chrześniakom. Muszę opłacić mieszkanie. Zapłacić alimenty.

Wcale nie małe – co akurat mnie cieszy. Kawa i fajki to mój jedyny zbytek.

Jaki wpływ na twój głos miały wódka i papierosy?

Taki, że jak wchodzę do apteki, to każda farmaceutka słyszy, że jestem chory. Nawet jak jestem zdrowy. Aż się boję to powiedzieć, ale może być tak, że albo już, albo niedługo mogę zachorować na chorobę płuc bądź serca. Myślę, że mam miażdżycę, bo lubię tłusto zjeść. Cóż, wyborem mężczyzny jest na ogół kaszanka. Nie jestem wyjątkiem. W moich żyłach płynie smalec. Do tego na pewno wypiłem więcej wódki, niż zjadłem jedzenia. Przecież nie szamałem dwóch, trzech kilogramów mięsa każdego dnia.

Wczoraj faktycznie byłeś w lepszej formie.

Ale już nie jestem. Czasy są takie, że raz się jest takim, a raz innym. Tylko Tadeusz Konwicki brzmi i wygląda tak, jak ja się czuję. Poza tym spieszy mi się, bo chcę jeszcze zaliczyć jakąś tanią odzież. Nie mam w czym w Opolu wystąpić. Teraz noszę zwykłą czerń, a potrzebuję niezwykłej, czyli nowej. To znaczy starej, z używki... (*śmiech*). Dawajcie te swoje pytania.

Próbowaliśmy zrozumieć treść twoich tatuaży...

A po co? Nawet ja mam z tym problem. Może olejmy temat, skoro nikt go nie rozumie?

Zagłębiliśmy się w znaczenia symboli: przewoźnik, słońce wpisane w księżyc...

Nie ma się w co zagłębiać. Symbol nocy, symbol dnia i zakaz zatrzymywania. Zacznijcie się wgłębiać w tatuaże więzienne, może tam znajdziecie odpowiedzi. W moich tatuażach ich nie ma. Nie noszę zegarka, obrączki i korali, bo wkurwia mnie wszystko, co mnie opasuje. Z biżuterii mogłem wybrać tylko dziary *(śmiech)*. Całe życie walczę z przeciwnościami losu. Tatuaż to coś w rodzaju „nie poddawaj się". Oznaczenie siebie niczym młodego Maorysa. Nie opierałem się na znanej wszystkim symbolice, tylko na swojej własnej. O tatuaże popytajcie kolesiów, którzy robią je sobie z soli, pieprzu i chińskich zupek. A potem mają na ramionach sajgonki po syczuańsku. To jest dopiero symbolika.

Podobają ci się tatuaże ozdobne?

Proszę was o odrobinę szacunku. Tatuaż musi trochę szpecić – tylko wtedy ma prawdziwe, często ukryte, znaczenie dla obdarowanego. To rodzaj jakiejś przynależności, naznaczenia się, przystąpienia do jednoosobowej grupy. Gdybym miał dziś tatuaż z logiem Iron Maiden albo AC/DC, nie czułbym się komfortowo, mówiąc najdelikatniej. O Thorgalu z komiksu nie wspomnę.

Poznałeś ludzi, którzy wytatuowali sobie Dyjaka?

Nie, ale spotkałem takich, którzy po poznaniu mnie wydziargali sobie tatuaż zakazu zatrzymywania. Identyczny jak mój. Jako znak przyjaźni. Jest też jeden chłopak z tatuażem Złotej Ryby. Ale to już chyba mówiłem.

A co z twoimi pagonami?

Z jakimi pagonami?

W internecie można przeczytać, że masz wytatuowane pagony pułkownika.

No tak! Jeszcze czego! A na końcu tej książki dopiszcie zdanie: „A to wszystko działo się pod celą". Jestem człowiekiem niekaranym. Wybijcie sobie z głowy jakieś pagony!

Planujesz nowe tatuaże?

Na razie nie. Nie wiem, co mnie czeka. Opowiedz o swoich planach Bogu, to go rozśmieszysz. O czym my rozmawiamy?! Nie macie żadnych poważnych pytań?

Mamy. Ale twierdzisz, że masz dzisiaj słabszą formę. Jedziemy więc rozrywkowo.

Ładna mi rozrywka. Fajki, wóda, kaszanka i pagony. Może jeszcze o wojsko mnie zapytacie?

Byłeś?

Partyzant nie nadaje się do życia zgodnego z jakimkolwiek regulaminem. Nigdy nie chciałem być w armii. Sami wiecie, czym było wojsko w naszych czasach. Można się tam było nauczyć kraść, pić spirytus rakietowy i trzepać konia. Każdy rozsądny facet unikał kamaszy jak ognia. Chociaż znałem kolesiów, którzy bardzo chcieli iść, ale się nie dostali. Mnie z wojska „zwolnili" psychiatrzy. A was?

To nie jest książka o nas.

A szkoda. Założę się, że też macie niezłe papiery. Ja do tej pory posiadam dokument, który stwierdza mniej więcej tyle, że tatuaż ramienia lewego dyskwalifikuje moje myślenie. Ale samo to im nie wystarczyło. Musiałem jeszcze zaśpiewać na Festiwalu Piosenki Żołnierskiej w Kołobrzegu.

Robi się ciekawie...

Już dwa tygodnie przed występem dostałem drugą nagrodę. Na pierwszą była przewidziana Shazza *(śmiech)*. Pamiętam, że zameldowała się na miejscu, podjeżdżając wypasionym polonezem caro. Cała impreza szła oczywiście z playbacku – takie były wymogi. Dodatkowo siano zapłacili z góry, więc nawet nie miałem tremy. Za honorarium kupiłem sobie oryginalne lewisy i szary sweter szetland... Występowałem wtedy w rasowej wytartej skórze. Dziś nosi ją Janek Seweryn. Dałem mu w prezencie.

Co „śpiewałeś" w Kołobrzegu?

Dwa utwory napisane przez Janka Kondraka specjalnie na tę okoliczność: *Pieśń rezerwisty* oraz *Żołnierzyka i laleczkę*. Janek po prostu żałował, że nigdy nie był żołnierzem *(śmiech)*. Stąd ten smutny patos:

Do ciebie śpiewam, nad biednym krajem
imienia twego wierszem nie sławię
tylko z tego, jak cię pragnę
zdaję sprawę, sprawę zdaję
słowem trywialnym spod koca na pryczy
głosem od szczerości może niezbyt czystym
pieśnią, co świeżo spuszczona ze smyczy
pieśnią w gorączce, pieśnią rezerwisty

Drugą nagrodę *ex aequo* dostali Piotrek Bukartyk i Paweł Kukiz. Pewnie też załatwiali sobie wojsko. Piotrek śpiewał chyba *Nie wierzę Wierze*. Leciało to mniej więcej tak:

Wiera, wzór oficera,
jedną ręką cię rozbiera,
drugą grzebie ci w papierach.

Wierzyć nie wolno Wierze,
bo choć w łóżku jest jak zwierzę,
wiedz, że robisz to z żołnierzem.

Utwór dotyczył głośnego wówczas skandalu obyczajowego z jakimś politykiem w roli głównej. Trzecie miejsce zajął elegancko ubrany młody chłopak – porucznik z kwatermistrzostwa w Poznaniu. Wybaczcie, ale nie pamiętam, co śpiewał. Reżyserem tego wiekopomnego spektaklu był Jerzy Hoffman. Od tamtego czasu jestem w rezerwie. Kategoria „D".

Skoczny numer *Żołnierzyk i laleczka* do dziś bardzo podoba się twoim fanom.

Nie mam z tym nic wspólnego. Odcinam się. Nagrałem, zaśpiewałem i nie chcę pamiętać o tej piosence. Jest tylko jedna ciekawostka z nią związana. W teledysku wystąpiła moja ówczesna narzeczona...

W teledysku?!

Niestety. A co? Nie można nigdzie znaleźć? Bardzo dobrze.

Na szczęście nie zaginęły teledyski nagrane w 1995 roku przy okazji przedstawienia muzycznego, które dla TVP realizował Dariusz Goczał.

Kilku artystów zaśpiewało tam kompozycje nieżyjących już wykonawców. Mnie w udziale przypadły: *Sam pan wie* Andrzeja Zauchy i *Dziesięć w skali Beauforta* Krzysztofa Klenczona. Prowadzącym był Janek Wołek, czyli kolejna ważna postać w moim życiu. Facet z wyższych sfer. Tak go zawsze postrzegałem. Filozof, malarz, tekściarz, muzyk. Człowiek wielu talentów. Bardzo mi pomógł na samym początku. Był ustatkowany, majętny i nie pił już wódki, co było szczególnie ważne w moim kontekście. Imponował mi. Całkiem niedawno, po moim koncercie w Warszawie, podszedł i wypowiedział bardzo miłe słowa: „Przyglądałem się tobie uważnie i wiem jedno – to nie wódka w tobie śpiewała i nadal śpiewa, ale prawdziwy Dyjak". Wtedy, w 1995 roku, te wszystkie pseudoteledyski były nagrywane w starej tramwajowej zajezdni na Kazimierzu, w Krakowie. Były dymy, byli statyści, były i rekwizyty. Abstrakcja. Kompletnie nie wiadomo, o co w tym chodzi. Pamiętam, że Janek przed nagraniami zaprosił mnie do Ariela. Nigdy tego nie zapomnę. To był jeden z najpyszniejszych obiadów, jakie zjadłem w życiu. Filozofom się nie śniło, co wtedy tam serwowali. Prawie wybuchłem. Opierdoliłem pyszną jagnięcinę niczym monstrancję.

Co myślisz, jak patrzysz na siebie w tym przedstawieniu?

Nic nie myślę, bo nie lubię na siebie patrzeć. Nie widziałem tego z piętnaście lat. Mnie się zasadniczo nie podobają rzeczy, które kiedyś zrobiłem. Szczególnie te wesołkowate. Było, minęło. Trzeba myśleć dalej.

Próbowano ulepić z ciebie piosenkarza popowego.

Ale mnie nie da się ulepić. Jestem z innej gliny. Wtedy jeszcze niewiele wiedziałem i poddawałem się starszym, mądrzejszym. Zresztą w swoim życiu często zajmowałem się wszystkim naraz, czyli niczym. Na szansonistę jednak nigdy nie miałem papierów. Czy ja wyglądam jak Enrico Palazzo?[31] Ewentualnie trochę pudru i byłby ze mnie niezły Rudi Schuberth *(śmiech)*.

Z nim akurat nigdy nie występowałeś. Ale w swoim dorobku masz kilka egzotycznych duetów. Na przykład ten z Andrzejem Donarskim[32]. Wasz wspólny *Kawałek podłogi* to majstersztyk.

Donara poznałem przez akordeonistę Dzidzię i gitarzystę Śledzia. Mieszkałem wtedy w Koszalinie, a Donar pracował

[31] Postać z filmu *Naga broń*.

[32] Były wokalista Mr. Zoob, obecnie śpiewający w zespole MISTER z U.B.

w tamtejszej fabryce, w której łączył kable i jeździł na wózku widłowym. Od razu się polubiliśmy. Po trzech dniach picia ustaliliśmy, że trzeba coś razem nagrać. Dwa dni później wystąpiliśmy w teatrze i zaśpiewaliśmy *Mój jest ten kawałek podłogi*. Oczywiście za darmo. Donar jest piękną postacią. Uwielbiam go. Facet ma cudowne gardło – dużo „wyższe" od mojego.

W ogóle lubię ciekawe duety. Zawsze powstaje wtedy jakaś nowa wartość. Wczoraj zadzwoniła Stasia Celińska. Nagrywa właśnie płytę i chce zaśpiewać ze mną *Atramentową rumbę*. To kompozycja, którą zaśpiewała ona, potem ja, a teraz jest plan, żebyśmy połączyli swoje siły. Powiedziała: „Tak se zaśpiewamy we dwóch, jak takie stare alkoholiki". Nigdy niczego nie odmówię pani Stanisławie. Jest dla mnie święta.

Spotkanie z fanami, Łódź, kwiecień 2014 r.

To miłe, bo często odmawiasz.

Bez przesady. Odmawiam, jak coś nie ma sensu. Na przykład jakiś czas temu Andrzej Adamiak z Rezerwatu zaproponował, żebym zaśpiewał ich piosenkę *Zaopiekuj się mną*. To tak jakby Bohdanowi Smoleniowi zaproponować wykonanie *Bogurodzicy*. Kiedy kobieta zaczyna się opiekować facetem, to robi się do bani – i w związku, i w życiu. Dzięki temu dziś wyglądam, jak wyglądam. Kobiety są surrealistyczne, jeżeli chodzi o wybór mężczyzny ich życia. Nie wydaje się wam, że nasza rozmowa robi się coraz bardziej trywialna? Zróbmy przerwę.

Jeszcze chwila. Byliśmy przy duetach. Wiemy, że dobijają się do ciebie hiphopowcy.

To dla mnie niebezpieczny, grząski grunt. Z reguły chłopaki chcą, żebym wszedł w ich freestyle. Nie potrafię, więc na razie odmawiam, ale myślę, że to mogłaby być ciekawa zabawa. Jeżeli któryś z hiphopowców zafunduje mi wymianę wszystkich zębów, mogę z nim nawet porapować *(śmiech)*. Ich środowisko jest hermetyczne, ale jak widać, coraz częściej otwiera się na świat – to znaczy na Dyjaka *(śmiech)*. Poznałem paru z nich, w porządku ziomale. Na Męskim Graniu podśpiewywałem „wilkiem” z Molestą Ewenementem. Z Peją mieszkaliśmy w Poznaniu przy Staszica, pod jednym numerem. Zresztą na *Slums Attack* nawet o mnie trochę ponawijał...[33]

Choć tylko Dyjak naprawdę śmierć zrobił w chuja i wrócił,
Bo przeznaczenie oszukał, oto przykład dla ludzi,
Że można w końcu się zbudzić i zrzucić jarzmo, zajarzyć,
By się odważyć tak żyć, jak marzył niejeden z braci[34]

[33] W utworze *Reprezentujemy hip-hop*.

[34] Słowa Ryszard Andrzejewski, muzyka Dariusz Działek.

Na Męskim Graniu ryczałem też *Misiów puszystych* Siekiery. Ciekawa rzecz. A jeśli mowa o duetach, to podobno mam być w jakiejś telefonicznej aplikacji z muzyką Smolika. Razem z Kaśką Nosowską, Skubasem i Zalewem. Nie rozumiem tego – tych telefonów, aplikacji. Ale trzeba iść do przodu. Niedługo będę pewnie głosem w nawigacji samochodowej. To byłby hit. „Uważaj, kurwa! Gdzie jedziesz?!!!". *(Śmiech)*.

Metalowcy się do ciebie zgłaszają, żebyś wsparł ich swoim piekielnym głosem?

Nergul? Kargul? Jak tam mówią na niego?

Nergal.

Na razie się nie zgłosił... Panowie, rozmawiamy dzisiaj o jakichś pierdołach. Kończmy.

Teraz będzie bardzo poważnie. Dlaczego twoja współpraca ze śpiewaczką operową i wieloletnią dyrektorką teatralną Urszulą Trawińską-Moroz zakończyła się niepowodzeniem?

Mieszkałem wtedy w Józefowie pod Warszawą. Któregoś dnia dostałem wiadomość, żebym się pojawił na próbie do spektaklu *Dzwonnik z Notre Dame*. Musicalowi patronowała profesor Trawińska, która wzięła mnie pod skrzydła. Przygotowano podkład dźwiękowy nagrany przez orkiestrę. I ja wcześniej – do tego podkładu – zawyłem jako Quasimodo jeden utwór u Sebastiana Olki w studiu. Profesor podobno się zachwyciła.

Nic dziwnego. Na twoje szczęście nagranie przetrwało. *Esmeralda* jest powalająca. Ciarki idą.

Dziękuję. Ale i tak nic z tego nie mogło wyjść. Profesor powiedziała, że próby są codziennie i że absolutnie nie

Podczas wspólnego występu na Męskim Graniu z Łąki Łanem, Kraków 2012 r.

mogę pić. Nawet się zaszyłem. Ale byłem wtedy w najpiękniejszej fazie alkoholizmu. Poza tym zorientowałem się, że po wykonaniu czterominutowego utworu operowego człowiek się czuje, jakby sam rozładował naczepę tira. Bardzo ciężka robota. A dodatkowo towarzystwo kompletnie nie z mojej parafii – ideologicznie niepewne. Pierdolące między sobą jakieś bajki. Chuj to na zewnątrz kogokolwiek obchodzi. Wyglądałbym wśród nich jak Pudzianowski w *Tańcu z gwiazdami*: połączenie Calineczki i Mikrobiego. Praca w teatrze muzycznym jest dla mnie nie do przełknięcia. Po trzech dniach zacząłem pić. Po raz kolejny zgubiła mnie rutyna. To dla mnie typowe – najpierw coś rozkręcałem, a potem tego nie skręcałem. Całe moje życie tak wygląda.

Musical upadł.

Nie znaleźli nikogo na moje miejsce. Był ponoć Piotrek Cugowski i dobrze mu szło, ale nie miał dołu. Ja w sumie nie miałem góry, która była wydyszana i ledwo żywa. Też się nie nadawałem. Poruszam się nisko. Bo tak lubię. Oczywiście mógłbym się nauczyć śpiewać wysoko. Ale po co? To trudne, czasochłonne i niepotrzebne. Ile jeszcze macie czasu?

Tyle, ile trzeba.

To chodźmy zapalić. I na kawkę!

Z Molesta Ewenement na Męskim Graniu, Warszawa 2014 r.

20

Od wczoraj mam mieszkanie. Podpisałem umowę kredytową. Wreszcie jestem w waszym gronie, czyli ubezwłasnowolnionych.

Jak się z tym czujesz?

Teraz wiem, że jeśli moja córka będzie chciała dowiedzieć się, jak żyłem – to będzie miała się gdzie zatrzymać. W Chełmie jest teraz mieszkanie, w którym Olga może mieć swój pokój. W Warszawie na takie miejsce już nie będzie mnie stać. Przynajmniej w tym życiu. Mam nadzieję, że moja córka przeczyta tę książkę. A jak już dopadnie ją ta kula dziwnych nazwisk i zdarzeń, to może będzie chciała jakoś to wszystko sobie uporządkować. I wtedy znajdzie w Chełmie swoje miejsce.

Masz świadomość, że ta lektura może ją przytłoczyć?

A niby dlaczego nie mówię wam wszystkiego? Do tego będę jeszcze wykreślał! Są w moim życiu zdarzenia tak dziwne i tak bardzo wymykające się rozumowaniu młodego człowieka... To może wyglądać jak tuman kurzu, z którego tylko czerpałem przyjemność. I jedynie w wyniku wewnętrznej walki z moją podłą naturą czasem działo się coś dobrego.

Czyli w tej książce mamy kłamać?

Uważam się za króla łgarzy, ale publiczności nie da się oszukać. Nigdy! Bardzo mi zależy na tym, żeby ta książka, poza opisem przygód i zdarzeń, była czymś bardzo prawdziwym i choć trochę ponadczasowym.

Ale jak będziesz skreślał, to wyjdzie na to, że masz życiorys polityka. Czysty jak łza.

„Cały życiorys do skreślenia". Dajcie taki tytuł *(śmiech)*. Z niesmakiem odkrywam przed sobą siebie. Dlaczego? Bo nie smakuję! Czasem się śmiejemy i wszystko jest niby OK. Ale wewnątrz, w moim środku, tak nie jest.

Pod parkiem Yellowstone czyha wulkan, który może rozpierdolić kulę ziemską. Dzisiaj oglądamy tam grizzly, a jutro możemy zobaczyć apokalipsę w temperaturze, której się nie da zobaczyć.

Jestem tylko kolejnym materiałem, który stanie się węglem. Jak każdy. Ktoś dołoży mnie do swojego komina. Myślę o tym codziennie... I na pewno nie wykreślę tego, co powiedziałem przed chwilą.

Dzisiaj najważniejszym recenzentem i przyjacielem jest dla mnie Wojtek. On też będzie to czytał. I pomoże ocenić. Wojtek ma do mnie podejście jak do dziecka. Nieustannie stawia przede mną wyzwania. Mówię na niego „Wojtyła", bo często zachowuje się jak nasz papież. Nawet jest do niego podobny. Ja jestem u niego kaowcem w Pod Strzechą, a on jest moim menedżerem. Kiedy czasami daję ciała, to „Wojtyła" musi wszystko prostować – przepraszać w moim imieniu, ściemniać i się wić. Są to dla niego sytuacje niekomfortowe. Bardzo mi z tego powodu głupio. Ale będzie jeszcze głupiej. Wojtek musi znosić też fakt, że dzwonię do niego czterdzieści pięć razy dziennie. Przez ostatnie pół roku wydzwaniałem do tego gościa częściej niż jego żona przez całe ich małżeństwo. Mija sześć lat, od kiedy przestałem pić, i nie potrafię sobie wyobrazić życia bez Strzechy. Bar jest moim środowiskiem. Jestem tam codziennie. Piję z Wojtkiem kawę za kawą. O takiej postaci jak „Wojtyła" trzeba by napisać cały rozdział. O kilku innych też.

Wspomniałeś o „kuli nazwisk"...

Bo życie to tysiące znajomości. Tysiące przyjaciół, którzy pomagali. Najczęściej bezinteresownie.

Ludzie się do ciebie garną?

Chyba każdy tak ma. W nowym miejscu od razu zdobywasz nowych przyjaciół. No, nie jest tak?

Nie.

A u mnie tak. Zaprzyjaźniasz się z kimś, a on zapoznaje cię ze swoimi przyjaciółmi. I z niektórymi z nich też się zaprzyjaźniasz. Kiedy poznałem Marysię Seweryn, zacząłem spotykać postacie związane z Och-Teatrem. Na przykład Mariana Opanię. Od razu przypadliśmy sobie do gustu. To arcykról. Che Guevara polskiego aktorstwa. Byliśmy nawet razem na rybach. Mówimy do siebie: „Bracie"...

Do Marysi mówiłeś: „Siostro"?

Nie. Sióstr miałem sporo, ale braci więcej. W ogóle Marysia również powinna być oddzielnym tematem, osobnym rozdziałem: „weekendem z Marysią". Tej dziewczyny nie powinno spotkać to, co ją spotkało. Jest to jedna z najwybitniejszych, najlepszych i najporządniejszych osób, jakie poznałem w życiu. Jej rodzaj klasy i mądrości – nie wiem, czy wyniesiony z domu, czy nabyty – jest po prostu wielki. Nigdy nie przestanę jej cenić. Zawsze będzie dla mnie wzorem wielu cnót i najlepszych obyczajów. To osobnik o pięćsetprocentowych cechach rycerskich. Z pewnością nie jest to zwyczajny człowiek. Marysia poświęciła mi dużo energii. Jej pomoc była nieoceniona. Nasza przyjaźń z dnia na dzień stawała się czymś więcej. Nie byłem na to gotowy. Dostałem od niej piękną walizkę, którą wcześniej podarował jej ojczym. Często go wspominała jako wspaniałego człowieka. Kiedy zdecydowałem się wyjechać z Warszawy, spakowałem tę walizkę i wsiadłem do autobusu. Nie powiedziałem nikomu ani słowa. Nie pożegnałem się. Nigdy nikomu z niczego się nie tłumaczę – bywa to przyczyną wielu niesnasek.

Jak się wam dzisiaj układa?

Świetnie. Wszystko zostało wyczyszczone. Nikt do nikogo nie ma żalu. Od tamtego czasu grałem w Och-Teatrze dwa koncerty. Marysia jest dla mnie wyjątkowym człowiekiem i nic tego nie zmieni. Szkoda tylko, że nasza przyjaźń stała się mniej intensywna. Dziś jestem w związku i odizolowałem się od innych kobiet, sióstr i przyjaciółek. Tak już mam. Tak jestem skonstruowany. Mam nadzieję, że Marysia to rozumie. I wybacza, że tak dużo wziąłem, a tak mało ofiarowałem.

Są tacy, na których ci bardzo zależy, a wiesz, że ci nie przebaczyli?

Do dzisiaj głupio mi wobec Adama Nowaka z Raz, Dwa, Trzy. Kiedyś zaprosili mnie na swój koncert. Miałem gościnnie zaśpiewać ich piosenkę. Był to dla mnie zły czas. Wracałem akurat z pogrzebu teścia... Nic mnie jednak nie tłumaczy. Zrobiłem z siebie durnia przed całą halą ludzi. Zapomniałem tekstu. Idiota grał na trąbce, zamiast śpiewać zwrotki. Nie widziałem się od tamtej pory z Adamem, ale cały czas wysyłam mu sygnały, że jest mi głupio i nie mogę się z tym pogodzić.

W całym życiu zawaliłem tak dwa, góra trzy koncerty. Raz nie dojechałem na występ do Zielonej Góry. Nie miałem na bilet, ale też zwyczajnie brakowało mi sił, żeby wsiąść do pociągu... Człowiekiem, który do dziś, być może, mi nie wybaczył, jest Adam Galas. Za tamtą akcję W Oparach Absurdu. Bardzo mnie to boli. Nie znałem wielu ludzi, którzy byli ze mną blisko, a dodatkowo byli dla mnie autorytetami. On był i go zawiodłem. Zawaliłem. Wierzę jednak, że sprawy między nami się jeszcze naprawią. Że mi wybaczy. Z drugiej strony są ludzie, którym i mnie ciężko wybaczyć. Nie będę się mścił, ale nie chciałbym ich spotkać na swojej drodze.

Jakie rodzaje krzywd ci wyrządzili?

Różne. Upokorzenie to najgorsza krzywda. Koszmarnie boli. Dobrze o tym wiecie. Jesteśmy w tym samym wieku.

W porównaniu z nami przeżyłeś kilka żyć więcej.

Ale teraz płyniemy wspólnie w jednym kajaku. Szkoda, że wiosłujący czasem traci parę... Ja naprawdę myślałem, że ta opowieść będzie mnie leczyła. Ale okazało się, że leczenie to również zrywanie plastrów na strupach, obmywanie spirytusem miejsc, które bolą.

Są tacy, którzy bardzo by chcieli opowiadać o swoim życiu. Chcieliby być na twoim miejscu.

Przecież to miejsce jest puste. Zróbmy przerwę, żebym nie popadł do reszty w depresję...

(Po przerwie)

Zauważyliście, że mam tendencję do wychodzenia? Non stop się kręcę. Niektórych to doprowadza do szału.

Każde nasze spotkanie to średnio od siedmiu do dwudziestu papierosów. Co trzeci jest pretekstem do przerwy.

Nawet w czasie koncertów robię przerwę na papierosa. Chłopaki mają wtedy czas, żeby się wyżyć. A ja odpoczywam.

Duszę w sobie lęk. Zagrałem w życiu pięć tysięcy koncertów, ale wciąż się boję. Żyję w lęku, który uwydatnia się w różnych momentach. Czasem zupełnie bez powodu. Dlatego nie dziwcie się, że ciągle wychodzę. Stany lękowe są normalną rzeczą dla organizmu, który przeszedł takie zatrucia jak ja.

Bierzesz coś na lęk?

Dziś jeszcze nie brałem. Zęby mnie bolały, więc łyknąłem apap. Dlatego jestem zdenerwowany. Apap jest w porządku, ale... nie dla mnie. Chcecie przeczytać ulotkę? Mój ulubiony akapit to „możliwe skutki uboczne". Czytasz dwa zdania i wystarczy.

(*Marek czyta ulotkę*)

„Senność, uczucie zmęczenia, bóle i zawroty głowy, osłabienie, nudności, suchość błon śluzowych jamy ustnej. Sporadycznie: bezsenność, brak apetytu, wymioty, zaparcia lub biegunka, nieznaczne obniżenie liczby leukocytów, obniżenie ciśnienia, zmniejszenie koncentracji, splątanie, wysypka skórna. Lek może upośledzać zdolność prowadzenia pojazdów i obsługi urządzeń mechanicznych".

To się powinno brać regularnie, co do minuty. Ale Dyjak i regularność to jak Filemon i Bonifacy. Muszę robić w dawkowaniu przerwy, bo inaczej dostaję szału... Wiem, że cały czas narzekam. Ale mnie naprawdę non stop coś boli. Zawsze istnieje rzecz, która męczy. Gardło, duszność, głowa, zęby... Wymyśliłem niedawno, że wyleczę całą szczękę pod narkozą. Dojdzie do współpracy dentysty z anestezjologiem. Zresztą ze mną nie da się inaczej, bo bardzo nie lubię, jak ktoś zbliża się do mojej twarzy. Fryzjerzy i dentyści mają naprawdę przesrane. A wiecie, co w tym jest najgorsze? Myśl, że przeszedłem wszystkie zasieki, przeżyłem własną śmierć, a teraz mogę umrzeć u dentysty. I to będąc nieprzytomnym. Lepiej umierać z bólu.

Aż tak się boisz?

No przecież, kurwa, nie zapewniają tego, co śni się w trakcie!

Powiedzieć, że jesteś oryginał, to nic nie powiedzieć.

Zawsze czułem się osobny. Oddzielny od wszystkich. I nieszczęśliwy. Nawet zanim miałem do tego powody. Przez całe życie szukałem autorytetów. I znajdowałem. Nawet za dużo. Rafał Wojaczek. Bruno Milczewski. Obaj zginęli tragicznie. Ja miałem więcej szczęścia. Wielokrotnie los mnie ustrzegł. A największym cudem jest to, że przeżyłem kilkanaście lat w kompletnym otępieniu alkoholowym, a nie to, że przeżyłem powieszenie. Dzisiaj już nie szukam autorytetów. Autorytet jest jeden. Bóg.

Sięgasz jeszcze do Wojaczka?

Czasami zaglądam, ale rzadko. W ogóle ostatnio mało czytam, bo mam strasznie słaby wzrok. Biorę książkę do ręki, otwieram i dłużej się zastanawiam nad tym, co tam jest napisane, niż o czym. Testowałem już różne okulary, ale nic w nich nie widzę. Chciałbym mieć takie, żebym chociaż jednym okiem coś normalnie widział. Próbowałem, ale nie ma takich. To znaczy są, ale musiałbym się do nich przyzwyczaić. Łatwiej jest nie czytać... Zauważyliście, że nasze rozmowy tracą ciężar gatunkowy?

Czekamy na dobry moment. Zostały prawie same ciężkie tematy.

Takie krokodylowe?

Chcemy wrócić do twojego dzieciństwa.

Co jeszcze chcecie wiedzieć? Ile ważyłem w dniu urodzin? Pięć i pół kilograma. Mama odchorowała narodziny takiego byczka. Utyła, potraciła zęby, przerzedziły się jej włosy. Kobietom w tamtych czasach żyło się ciężko. Młode atrakcyjne dziewczyny po porodzie często przeobrażały się w sterane życiem, zaniedbane matrony. Niewiele kobiet dbało o siebie, traktując swoją urodę jak kapitał.

Nie byłeś pierwszym dzieckiem swoich rodziców.

(Chwila milczenia) Cztery lata przede mną mama urodziła Maćka. Przyszedł na świat z wadą serca – miał przewód Botalla. Nie domykały mu się przegrody. Dziś to nie problem – po operacji dzieci wracają do zdrowia. Wtedy nie wracały. Maciek żył parę miesięcy. Śmierć pierwszego dziecka była ogromnym przeżyciem dla mojej matki. Myślę, że bardzo zmieniła mojego ojca. Na pewno mocno liczył na pierworodnego syna. Nigdy nie miałem z ojcem przyjacielskiego przelotu, ale kto wie, jak by to wyglądało, gdyby żył Maciek. Taki przelot byłby wtedy prawdopodobny. Tak mi się wydaje. O Maćku myślę bardzo często. Zastanawiam się, czy ja przypadkiem nie żyję za siebie i za niego równocześnie. Lubię sobie wyobrażać, że lepsza część mnie to on.

Może być też odwrotnie.

W rzeczy samej. Nie zaprzeczę. Jestem człowiekiem, który ma różne oblicza. Tak czy inaczej Maciek to dla mnie ważna postać. Często go odwiedzam przy Unickiej w Lublinie. Piętnaście metrów dalej jest grób mojego serdecznego koleżki, poety Marcina „Obławy" Różyckiego, z którym chodziłem do zawodówki. Leżą sobie razem i odpoczywają. O „Obławie" też powinniśmy pogadać.

Pogadamy, ale zostańmy jeszcze przy twojej rodzinie.

Mama ma pretensje, że publicznie opisuję nasze życie w złym świetle. Bo ona widzi przeszłość kompletnie inaczej. Wciąż powtarza: „Przecież niczego nam nie brakowało". Taka jest jej perspektywa. Ale w naszym domu bywało tragicznie. Gdyby było inaczej, mama nie musiałaby całe życie jeździć po świecie i dorabiać handelkami lakierów do paznokci, pończoch i innych gówien. Ze trzy razy nawet jej pomagałem. Mama twierdzi, że byłem grzeczny, ale ja mam inne zdanie na ten temat. Byłem raczej takim przeszkadzającym Belfegorem.

Pamiętam Albenę, Warnę i Sofię w Bułgarii. A także Węgry zimową porą. Było wtedy z minus trzydzieści, dzięki czemu sprzedający nie zobaczyli kupujących. Widziałem też wstrząsającą Rumunię. Nigdy nie zapomnę żebrzących dzieci... Z drugiej strony nad Morzem Czarnym zobaczyłem pierwsze w życiu gołe cycki. Leżały sobie spokojnie na plaży, w hurtowych ilościach. To było, kurwa, śliczne...

Potem matka jeździła do Niemiec, aż w końcu wylądowała na Sycylii. Całe życie harowała i nigdy nie narzekała. Dla niej wszystko było w porządku. Mimo że przecież nie było. Ale nie chcę jej tego uświadamiać. Po co? Dla niej jestem jakimś ultrakrólem, ukochanym dzieckiem, syneczkiem mamusi. Pewnie dlatego, że to właśnie ze mną się najwięcej namęczyła.

Nie byłem łatwy w obsłudze. Prawdopodobnie miałem ADHD, ale wtedy w Świdniku nikt takich rzeczy nie diagnozował. Żeby jakoś dać radę, mama faszerowała mnie przed szkołą neospasminą. Jeśli mi jej nie dała, to chodziłem po klasie, przeszkadzałem, gadałem, nie skupiałem się na lekcjach – wszędzie było mnie pełno. Śmiało mogę powiedzieć, że od dziewiątego roku życia jestem na lekach. W końcu amfetamina ma zapach, który zna każde dziecko *(śmiech)*.

Czy mama jest twoją najwierniejszą fanką?

Odpowiem anegdotą. Kiedyś przyszła z sąsiadkami na moją próbę. Posłuchała i powiedziała: „Synku, to nie jest dobra muzyka. Nie podoba mi się. Jakieś to dziwne. Kiedy byłeś ministrantem w kościele, to śpiewałeś ładniej".

Byłeś ministrantem!?

W kościele Najświętszej Maryi Panny Matki Kościoła w Świdniku. W tak zwanym okrąglaku. Dupa blada. Nie ma o czym gadać. Zero koloru, faktury i barwy. Służyłem pewnie ze dwa lata. Wszystko robiłem źle. Nawet nie wiedziałem, kiedy uruchomić klakson Jokera, żeby wierni wstali. Parę razy dzwoniłem na rympał. Jedni się podnosili, inni klękali. Wszystko im się myliło. Takie były moje debiutanckie występy. To tam pierwszy raz poczułem siłę sceny *(śmiech)*.

Wycofałem się po śmierci dziadka Franza. Zobaczyłem, jak wygląda pogrzeb, pojąłem nieprzyjemne mechanizmy kościelne i zacząłem szukać Boga gdzie indziej. Na przykład w lesie i na polach. Droga do Boga nie musi prowadzić przez kościół. Zawsze w Niego wierzyłem, ale dopiero po samobójstwie mam pewność, że istnieje. Mama wychowywała mnie w duchu katolickim, ale bez ortodoksji. Miałem jednak okres, jakoś przed zawodówką, że do kościoła chodziłem codziennie. Na bierzmowaniu wybrałem sobie imię Mojżesz. Nie zgodzili się, skreślili Mojżesza i wpisali Mateusza. Bez sensu. Do dziś mam tę książeczkę. W ten sposób stałem się Markiem Janem Mateuszem Dyjakiem.

Tak naprawdę katolicyzm zawsze przegrywał z miłością do mojej mamy, która była dla mnie jedynym dekalogiem. Bliżej mi do mojej matki niż do Matki Boskiej.

Mama nigdy nie pochwaliła twojej twórczości?

Raz dała mi do zrozumienia, że podoba jej się *Człowiek (Złota ryba)*. Ale raczej chciała mi zrobić przyjemność. Nic więcej. Mama czasami potrzebuje paru moich płyt, żeby rozdać je lekarzom. Tak to działa.

A ojciec?

Nie sądzę, żeby kiedykolwiek był na moim koncercie. Jan Dyjak miał umysł ścisły. Jedyna rzecz, która nas łączyła, to niestety wóda. No i głos. Bo ten mam po ojcu. Tata mówił bardzo nisko. Wiele osób myliło nasze głosy.

Słyszałeś kiedyś, jak śpiewał? Na przykład kolędy?

Jakie kolędy? Oszaleliście? To tak jakbyście spytali, czy strażnik w więzieniu śpiewa kołysanki *(śmiech)*. Ojciec tylko raz w życiu skomentował to, czym się zajmuję. Byłem wtedy w Świdniku przelotem. Matka posmarowała mi spirytusem szyję i obwiązała szalikiem, żebym się wygrzał, bo miałem zapalenie gardła. Ojciec akurat siedział w domu. Zadzwonił Adek Drabiński. Stary pozwolił sobie wtedy na jeden jedyny żart w moim kierunku. Podniósł słuchawkę, otworzył drzwi i krzyknął: „Ty, Kiepura! Telefon do ciebie". A ja w tym szaliku... *(śmiech)*. Ojciec siedział kiedyś w Zakładzie Karnym w Uhercach. Między innymi za niepłacenie alimentów. Opowiadał, że chłopaki mnie tam słuchali. Być może dzięki temu dali mu spokój albo załatwili parę paczek papierosów. Taki miał pożytek z syna.

A siostry? Kibicują ci?

Nigdy nie interesowały się tym, to co robię. Starsza o dwa lata Ewa na drzwiach do swojego pokoju miała napis składający się z dwóch liter: „D" i „M" oraz różyczki. Zawsze myślałem, że tak bardzo ceni swojego młodszego brata – Dyjaka Marka *(śmiech)*. Niestety chodziło o Depeche Mode. Ale czasy *I Feel You* Depeszów już się skończyły. „Feel", czyli Collins, też odszedł w niepamięć. Dziś rządzi niestety inny Feel – nieco niedożywiony *(śmiech)*...

Ewa chciała być choreografką, ale w końcu udała się na wycieczkę zwaną macierzyństwem. Trochę ją to przerosło. Dziś wychowuje trójkę dzieci we Franciszkowie pod Świdnikiem. Ma ciężkie życie. Problemy finansowe robią swoje. Staram się pomagać, jak tylko mogę. Jestem ojcem chrzestnym jednego z dwóch chłopaków z jej pierwszego małżeństwa. Ewa codziennie wykonuje wspaniałą pracę – odwiedza naszą mamę. Opiekuje się nią. Ja bywam w Świdniku średnio raz na tydzień. Nie daję rady częściej. Dlaczego? Nie wiem. Jak tam jestem, to zaczynam cierpieć, chudnąć, kurczyć się, telepać. Kombinuję tylko, jak uciec. Nie wytrzymuję emocjonalnie. Odwiedzam ją też w szpitalu, w którym niestety często ląduje. Daję na łapówki dla tych dziwnych współczesnych lekarzy.

Moja mama zawsze się zapala, kiedy wchodzę. Jest niczym krzew płonący... Staram się zajmować wszelkimi ruchami finansowymi. Dziewięćset złotych emerytury nie starcza mamie na wiele.

Zawsze tak pomagałeś?

Czasami wręcz przeciwnie – osłabiałem rodzinę swoim widokiem. Nawet jak nie byłem pijany, to wyglądałem jak trup. Poza tym w Świdniku mówiło się o mnie dużo złych rzeczy. Na pewno nie było to miłe i wpływało na całe życie mamy i sióstr. Młodsza ode mnie o sześć lat Ania studiowała chemię i technologię żywienia na UMCS-ie. Pomagała Ewce w wychowywaniu dzieci. Potem skończyła studia, wyjechała do Anglii i mieszka tam do dziś. Jest jedyną osobą z całej naszej rodziny, która stąpa twardo po ziemi. Taką normalną i całkowicie przystosowaną. Rezolutną, pracowitą i punktualną. To godne podziwu, ale kompletnie nie w moim stylu. Kocham obie swoje siostry. Ania miała to szczęście, że najtrudniejsze czasy ją ominęły. Z biegiem lat ojca było w domu coraz mniej. Nie miała go w takim natężeniu i mocy jak ja i Ewa. Pewnie dlatego jest z nas najnormalniejsza. Choć na pewno pamięta, jak spał na ławce pod domem... Z czasem ojciec przestał się pojawiać niemal całkowicie. Byliśmy pewni, że rodzice wzięli rozwód. Dowiedziałem się, że było inaczej, dopiero niedawno – w okolicach pogrzebu. A może do samego końca tliło się między nimi jakieś uczucie? Problem był taki, że ojciec nawet jak coś zrobił dobrze, to od razu podlewał to wódą. A wtedy zawsze zaczynało się dziać gorzej.

Jak wyglądały jego ostatnie lata?

Smutno. Pogorszenie nastąpiło, kiedy skończył sześćdziesiąt pięć lat i zaczął dostawać emeryturę. Połowę mu zabierali, bo nigdy nie płacił alimentów. Resztę przepijał – było go wreszcie stać. Ostatnie swoje dni spędził w ośrodku pomocy społecznej. Zbierał puszki po śmietnikach, być może demonstrując w ten sposób swój smutek i żal do naszej rodziny. Wcześniej Ewa wzięła go do siebie do domu. Był nawet moment, że przestał pić. 24 czerwca zeszłego roku, w swoje imieniny, widziany był w paru miejscach, jak leży pijany. Następnego dnia znaleźli go martwego. Pod drzewem, w centrum Świdnika.

Miałem żal do rodziny, że nikt mi nie powiedział, że on znowu pije. Chcieli mi oszczędzić złych informacji. Gdybym wiedział... Może bym go uratował? To chyba nie byłoby takie trudne. Nie wiem sam. Nie zdążyłem. Zaniedbałem. Nie wiem, jak z tym żyć... Ostatnie lata ojca to była męczarnia, czyściec na ziemi. Powiedzcie mi, co ja mam myśleć o Świdniku po takich historiach? Właśnie dlatego nazwałem to miejsce sobie wrogim. Kondrak często mnie pytał: „Co ci ten Świdnik zrobił?". Co mi zrobił? Stały się tu rzeczy, które mają w sobie nieskończony smutek i ból.

Jak zapamiętałeś pogrzeb taty?

Nie wiem, czy mam siłę, żeby o tym opowiadać. Był słoneczny dzień. Dojechałem tam ze swojego koncertu, na którym się popłakałem. Na pogrzebie zabrakło tylko Ani, która nie przyleciała z Anglii. Mama, mimo że bardzo słaba, oczywiście była. Wtedy jeszcze mogła chodzić...

Najbardziej mnie boli, że nie zdążyłem się z ojcem pogodzić. Tym mocniej pożałowałem wszystkiego, co mu kiedyś zarzucałem. Powiem wam, że nie ma nic smutniejszego niż upalny dzień czerwcowy w dniu pogrzebu ojca. A do tego ksiądz rozpalił mnie do białości. Obraził ojca. Tacy są księża w Świdniku – zwykłe gnoje. Całe kazanie opierało się na krytyce. Ani jednego dobrego zdania, ani jednego słowa współczucia. Nikt nie zasługuje na takie traktowanie w dniu swojego pogrzebu. Wstydziłem się, że kiedyś byłem chrześcijaninem, a nawet jeszcze gorzej – katolikiem. Przecież nie możesz, klęcząc nad trumną ojca, myśleć o tym, żeby dać księdzu w pysk. A należało się. Jak nikomu. Żeby się zastanowił. Żeby go oświeciło. Dla mnie nie byłoby problemu. Ale jest jeszcze matka. Są wszyscy sąsiedzi. Przyszło wiele osób. Nie mogłem im tego zrobić. Podejrzewam, że ojciec by się zaśmiał, Bóg ucieszył, ale matka... Matka by tego nie przeżyła.

21

Wspomniałeś wczoraj o Marcinie Różyckim.

Największy przyjaciel z lat młodości. Jedyny człowiek, który był większym wariatem ode mnie. Potrafił po pijaku rzucać się pod jadące samochody. W ten sposób łapał stopa (*śmiech*). Marcin był prawdziwym nygusem z Lublina, a dokładnie z Gospodarczej na Tatarach. Chłopak ulicy. Kozak niemiłosierny. Lubił prowokować. Inna barwa życia, ale podobny do mnie w wielu rzeczach. Prawdziwy kosmita. Ktoś całkowicie oddzielny. Odszczepieniec – jak ja. Z zawodu cieśla. Kiedy pojawił się w mojej zawodówce, miał bujną, długą brodę i był już ojcem. Ksywa „Obława". Ludzie z lubelskich Bronowic tak na niego mówili. Był znany z tego, że gra tam ballady na gitarze. Śpiewał między innymi *Obławę* Kaczmarskiego. Co zabawne, na samym początku nie bardzo wiedział, kim jest Kaczmarski...

Wyglądaliście jak bracia.

Bo tak samo spuchnięci? (*Śmiech*). Kondrak dbał, żeby nie dochodziło do naszych spotkań, które często kończyły się absolutną demolką, jakimiś kwasami i spalonymi ustami. Byliśmy nadzwyczajnie wesołą i rozrywkową parą. Z Marcinem często graliśmy w Chełmie. Zawsze w kawiarni Zacisze u Wieśka Mielniczuka – kolejnej wielokolorowej osobowości. Siechu to artysta murarz. Artysta kominiarz. Postać tak pięknie nieokrzesana, że powoduje czasami zachwyt, a czasami oburzenie. Do dzisiaj mamy kontakt. Pamiętam, że u Wieśka graliśmy z Marcinem za chleb i wódkę. Przy okazji śpiewania można się było napić, a jak się pije, to można i zaśpiewać. Łącząc przyjemne z pożytecznym, z chęcią demolowaliśmy siebie i publiczność. Wspaniałe czasy. Opowiadałem wam, jak się skończyła nasza wyprawa renault kangurem? Jechaliśmy akurat obok Krasnego Jorku[35]. Na skrzyżowaniu „Obława" zagapił się na fajne dziewczyny – zresztą dla niego nie było niefajnych – i zakurwił w rudą nexię. A ponieważ wieźliśmy cały bagażnik mosiężnych klamek, dosłownie zmiażdżyliśmy to daewoo. Ze środka wyszła wiejska baba i jej mąż w skórce typu cerata. Dla nich to był koniec świata. Baba płakała, facet się awanturował. Byli przerażeni. Kompletnie tego nie kumam. Po co się pałować o jakiegoś grata? Oglądam filmy o obozach koncentracyjnych, egzekucjach, konfliktach zbrojnych – to są prawdziwe problemy i tragedie. A nie jakiś zapyziały koreańczyk na czterech kwadratowych kołach. W każdym razie nic z tej nexii nie zostało. „Obława" pracował wtedy u teścia, który miał odlewnię. Klamki wieźliśmy do klienta albo do hurtowni. Ale dla nas to było bez znaczenia. Jechaliśmy jak frywolne baranki. Kto by myślał o jakiejś tam pracy. Zawsze mieliśmy problem z załapaniem faktu, że coś takiego jak praca w ogóle istnieje. Klasyczny duet *enfants terribles*. Jak byliśmy razem, zawsze się coś działo. Pijaństwo, muzyka, zadymy. Tym razem był dzwon. Kiedy dziś na to patrzę, to dochodzi do mnie, że nawet motylek cytrynek mógł spowodować tę stłuczkę. Interesowało nas wszystko, tylko nie droga. A już na pewno nie jakaś praca. Miałem wtedy na koncie dwadzieścia dolarów. Sprzedałem je i czekając na policję, piliśmy kawę i jaraliśmy

[35] Krasnystaw.

szlugi. Wkrótce pojawiła się pierwsza żona Marcina. Lubiła mnie tak, jak się lubi oset. Okazało się, że samochód Różyckiego był najważniejszy na świecie. To była dla niej tragedia.

Jak się to wszystko spuentowało?

Piosenką Marcina *Krasnystaw*.

(*Marek cytuje*)

Wracam do domu, trzy gramy złomu za serce mnie ściska,
Czy mnie po pysku w formie ukłonu czy też kopsnie mi pyska,
Samego siebie w tej szorstkiej chwili raczej nie jestem pewien,
Takie powroty są niewygodne, bo działają jak narkotyk.

Po prostu nędza tak tylko mruczę, że mnie życie nie oszczędza,
żadnych kolorów, a bez kolorów to niewiele do wyboru,
Nie jestem winien, że mnie kolesie rozbujali na melinie
Nie na zabawie, ale przy bardzo gorzkiej kawie
w Krasnymstawie.

Jestem wstawiony, więc już od furtki dla mej żony ślę ukłony.
Nieważny skutek, ważne, by nocą chociaż otrzeć się o sutek.
Jak każdy facet, nim jej wyjaśnię, to wzorowo się rozpłaczę.
Musi zrozumieć, przecież inaczej nie umie.

Marcin był dobrym poetą. Bardzo muzykalnym. Śpiewał chrypą jak ja, ale inną, bardziej rockandrollową, wyższą. Zmarł trzy lata temu. Zjadł go rak. Dosłownie. „Obława" zawsze był kawał chłopa, ale choroba wysuszyła go na wiór. Ledwo chodził. To wielka strata. Bardzo lubię jego piosenki. Kiedyś na pewno zaśpiewam coś z repertuaru Marcina.

Wtedy wszyscy zapomną o wykonaniu Różyckiego. Przecież ty kradniesz piosenki na wieczność.

Co wy pierdolicie? O co wam chodzi?!

Wystarczy, że zaśpiewasz jakiś utwór, i on jest już twój. A do tego zmieniasz teksty.

No bo weź i nie zmień! Kompletnie nie rozumiem, dlaczego Robert Kasprzycki wykonuje *Na krawędzi dnia* tak wstrzemięźliwie. Jak tylko usłyszałem tę piosenkę, wiedziałem, że to jest *Na krawędzi szkła*, a nie dnia. Jedyne, co wtedy trzymałem, to było szkło. Dni przelatywały. Czasem jeden dzień trwał trzy dni – wieczorek z piątku na wtorek. Wykonałem więc ten utwór po swojemu. A że wstrzemięźliwość nie jest moją mocną stroną, to *Na krawędzi szkła* z płyty *Ostatnia* jest szczytem mojej rozpaczy. I to czuć.

Zmiany oryginalnych tekstów to twoja cecha rozpoznawcza. Jak reagują autorzy?

Myślę, że często są wkurwieni. Tak już mam, że w różnych miejscach pasują mi inne słowa, inne rytmy, rymy, nastroje. Do literatury podchodzę jak do muzyki, której przecież nie gra się zawsze tak samo. Są różne tonacje, tempa. Nie mogę śpiewać jak Kondrak, bo nim nie jestem. Dlatego, żebym mógł wykonać jego wiersz, muszę go najpierw trochę zmienić. Dopiero wtedy tekst staje się bardziej mój. Ale i tak śpiewając cudze kompozycje, wywróżyłem swój własny los. Wiele piosenek wykonuję ostatecznie. Dobieram je pod kątem swoich doświadczeń. Nieprzypadkowo żyję głównie z bólu, który odczuwam na scenie. Wierzę wierszom, nie poetom.

I talentem kradniesz im piosenki.

Bez przesady. Talent do śpiewania mam raczej przeciętny, ale kiedyś Jan Maria Kłoczowski powiedział, że jestem polizany przez Boga. Dobrze, że nie ugryziony *(śmiech)*. Siedzieliśmy wtedy nad Zalewem Sulejowskim z Kaziem Filem

– szklarzem i filozofem lubelskim, kumplem Kazimierza Grześkowiaka, i popijaliśmy za pieniądze Janka.

Dobry tytuł.

Jaki?

Polizany przez Boga.

E tam. Mam lepszy: *Czarna skrzynka – zapis katastrofy*... To co, przerwa? Odpocznijmy trochę.

(Marek wychodzi i wraca po minucie)

Nie jestem wokalistą. Ani żadnym śpiewakiem. Chciałbym, żebyście to zrozumieli. Ja tylko wykorzystuję swoją barwę, żeby muzycznie interpretować wiersze. Każdy ma jakąś barwę, jakiś głos. Nie jestem wyjątkowy.

Jesteś. Choćby dlatego, że nie lubisz komplementów.

Bo przyzwyczaiłem się do obelg. Poniżano mnie często i w różnych sytuacjach. Komplementy nie są w stanie zmienić mojego myślenia o wydzieraniu się. Sam dobrzc wicm, kiedy śpiewam gorzej, a kiedy lepiej. Niestety, tych gorszych wykonań jest więcej. Często mój czysty głos brzmi jak zalegający na dnie szafy krochmal.

Elżbieta Zapendowska powiedziała o tym krochmalu: „Najbardziej prawdziwy głos na polskim rynku muzycznym". To nic nie znaczy?

Bardzo ją cenię. Elżbieta jest wyjątkowym i wybitnym krytykiem, który zna się na głosach jak mało kto. Komplement z jej ust naprawdę coś znaczy. Jej słowa padły w momencie, kiedy bardzo komplementów potrzebowałem – tuż po moim wyjściu ze szpitala. Dało mi to sporo energii i siły, choć na pewno Rzym dzięki temu się lepiej nie poczuł. Pani Elżbieta jest jedyna w swoim rodzaju. Większość nauczycieli śpiewu kończy w zupełnej ciszy, słuchając tylko dźwięków nienaoliwionego łańcucha rowerowego. Może i wychowują wokalistów, ale na pewno nie artystów.

Chodzi ci o postacie typu Céline Dion? Śpiewają świetnie, ale repertuar mają koszmarny...

Takich przykładów jest o wiele więcej. Ale po co o nich gadać? Ja na przykład śpiewam koszmarnie, za to repertuar mam świetny *(śmiech)*. Wykorzystuję proste rzeczy jak smutek i żal, które przydarzają się każdemu.

Najczęściej śpiewasz w pozycji zamkniętej, z rękami ułożonymi przed sobą. Jakbyś specjalnie dusił w sobie głos, tłumił jego rezonans.

Przyzwyczajenie. Zawsze tak stoję. A nawet jak siedzę przed mikrofonem, to też tak stoję *(śmiech)*. Tylko raz w życiu „się otworzyłem". W Opolu. Śpiewałem *Rebekę* i coś puściło mnie w środku. Piosenka rozłożyła mi łopatki. A za łopatkami łapki. Naprawdę było to dziwne. Czasami dzieją się ze mną rzeczy, których nie rozumiem. Dzisiaj na przykład jedno oko samo mi się zamyka. I też nie wiem czemu. Wtedy w Opolu kumple mieli polew, że wreszcie dodałem do swojego występu fantastyczny ruch sceniczny i wirtuozerską choreografię.

Wyglądało to, jakbyś chciał objąć ramionami publiczność.

To jest piosenka, którą powinno się śpiewać w taki sposób. Ona mnie zawsze wzrusza. I pewnie dlatego niespecjalnie się przy niej pilnuję. Każdy ma swoją *Rebekę*.

Na scenie w Opolu przypominałeś Pavarottiego.

Prawdziwy czarny papież *(śmiech)*.

Dla młodzieży na pewno. Wyłowiłeś już z otchłani następcę?

Nowych Dyjaków jest od zajebania. Jeden z nich – Kamil Studnicki – wygrał w zeszłym roku Przegląd Piosenki Aktorskiej, śpiewając fajnie i bardzo neurotycznie *Dziwną okolicę*. Stary Dyjak nie jest jednak związany ze środowiskiem i nie bierze udziału w konkursach i festiwalach. Już dawno opuściłem te rewiry. Nie należę do żadnego środowiska. Sam jestem swoim środowiskiem. A wyławiać wolę ryby.

Dostajesz zagraniczne propozycje koncertowe?

Tak, ale na szczęście nie dochodzą do skutku. Ja przynależę tutaj. Czuję się tutaj. Dyjaka nie sposób wyeksportować. Choć niektórzy próbują. Porównują mnie na przykład do Toma Waitsa, co jest ewidentną bzdurą. On muzycznie jest przygotowany genialnie, ale nigdy nie stosował wódki, tylko ją gra. Ale zdarzają się jeszcze gorsze porównania – na przykład do jakiegoś Sugar Mana. Pani z „Pani" mnie tak nazwała. Przecież ja nie mam z nim nic wspólnego. Dobrze, że nie zobaczyła we mnie Whitney Houston *(śmiech)*.

Z drugiej strony wiem, że czasem moje płyty funkcjonują w dziwnych miejscach. Na przykład na Saharze. Znajomy spotkał tam dwóch Arabów, którzy słuchali w samochodzie mojej piosenki – *Po tamtej stronie*. Z wrażenia zrobił na miejscu fiflaka. Pewnie jacyś turyści z Polski zostawili im moją płytę. *Dyjaka od wschodu* albo *Ostatnią*. Ale raczej *Ostatnią*, bo... *od wschodu* mało kto ma. To był nieduży nakład. Album na szybko. Nagrany na raz.

Podobnie jak płyta *Publicznie* z 2011 roku. To twoja jedyna koncertówka.

Nagranie powstało za pieniądze Ewy Bobkowskiej. To był mój najgorszy okres życia w Warszawie. Często przyłaziłem wtedy do klubu Chłodna 25. Nie miałem daleko, bo mieszkałem w kawalerce na Muranowie, na rogu Nowolipek i Smoczej. Zapoznałem się z Grześkiem Lewandowskim, właścicielem Chłodnej, i czasem tam grywałem. Któregoś razu zrobiliśmy rejestrację. Jurek Małek zagrał na trąbce, Zdzisiek Kalinowski na pianinie, a Leszek Szczerba na saksofonie. Ten koncert obnażył ciężki stan psychiczny, w którym się znajdowałem. Kompletne rozdygotanie. Śpiewam tam rozpaczliwie. Na scenie pojawiłem się parę godzin po swojej sprawie rozwodowej...

Ojciec zawsze drwił z mojego niepicia, bo wiedział, że taki stan jest nieosiągalny. Jak każdy alkoholik miał żal do całego świata. Ja także, ale zawsze starałem się przerabiać to na stany twórcze. Rozstanie z Aleksandrą – płyta *Teraz*. Rozwód – płyta *Publicznie*. Wszystko jest zapisane. Tydzień po nagraniu płyta była już wyklepana.

Lubisz ją?

Wiecie przecież, że nie słucham swoich albumów. Bardzo rzadko podoba mi się coś, co sam zrobiłem. Dlatego nie wiem, czy lubię tę płytę. Nie mam zdania. Chyba nie jest taka zła, jak się wydaje. Dużo więcej wam nie powiem. To był zbyt bolesny czas, żeby pamiętać szczegóły.

Jak wtedy wyglądało twoje życie?

Głównie pożyczałem pieniądze. Jak mogłem, to oddawałem. A jak nie mogłem, to nie oddawałem. Nie robiłem nic istotnego. Codziennie byłem na rybach nad moją ukochaną Wisłą. Spędzałem tam trzydzieści procent dnia i sześćdziesiąt procent nocy. Najpierw łaziłem w okolice mostu Gdańskiego, potem Śląsko-Dąbrowskiego, a na końcu Poniatowskiego – na dole przy barkach. Świetne miejsca. Dzięki temu, że już wszystko padło w tym kraju, w tym fabryki zanieczyszczające Wisłę, rzeka jest pełna ryb. Skaczą i fruwają, na nasz program zapraszają. Kiedyś siedziałem o świcie po aryjskiej stronie i widziałem prezydenta głośno rozmawiającego przez telefon. Z przodu jeden facet, z tyłu drugi. To było niedługo przed katastrofą smoleńską. Innym razem odwiedził mnie nad rzeką Tadeusz Zielniewicz, dyrektor warszawskich Łazienek. Fajny, starszy kolega. Poznaliśmy się na urodzinach Janusza Palikota. Tadeusz to człowiek roztaczający wokół siebie specyficzną aurę dobroci. Przyniósł kawę i kanapki. Padał deszcz, a w nurcie rzeki można było sobie pooglądać ścieki. Upolowałem majtki, prezerwatywy i trochę papieru toaletowego. Cały czas miałem branie *(śmiech)*. Zdarzało się, że o trzeciej rano, przy minus dwudziestu stopniach i sypiącym śniegu, jechałem dwa kilometry taksówką, żeby na krze zasadzić się na sandacza. Taksówkarze się dziwili: „Panie, niech mi pan powie, kto za to płaci? Czego pan tam pilnuje? Psa z budy bym na taki mróz nie wypuścił". Poza tym szlajałem się bez sensu po całej Warszawie. Przesiadywałem w barku w Och-Teatrze. Dzięki temu poznałem Piotrka Machalicę, z którym po pewnym czasie występowałem we Wrocławiu i na Śląsku z programem *Używane piosenki na dwa głosy męskie*. Podsumowując, taplałem się w chaosie. Dlatego musiałem uciec. Los, niczym kostka świętej pamięci Ryszarda Winiarskiego, potrafi zatrzymać się i odsłonić liczbę, której się najmniej spodziewamy[36]. Po czasie bywa to nawet zabawne.

Jakie miałeś relacje z teściem?

Mówiłem do niego „tato". I tak czułem. Tęsknię za tym człowiekiem. Byliśmy zaprzyjaźnieni. To jedna z absolutnie przewspaniałych postaci w moim życiu. Zaczarowany anioł. Tak jak ja był nawiedzony. Przeszedł lwowskie getto. Przeżył okupację ukryty w zakonie. Miał bardzo trudne i ciekawe

[36] O kształcie prac Ryszarda Winiarskiego decydowały dokładne matematyczne obliczenia lub oparty na przypadku rzut kostką do gry.

życie. Poznaliśmy się, jak był już chory. Odwiedzałem go w domu opieki w Józefowie pod Warszawą. Przywoziłem mu cygarko, a sobie ćwiarteczkę. Siedziałem przy nim trzy godziny, a on trzymał mnie za rękę. Szukałem w nim autorytetu.

Może moim największym problemem było to, że nie szukałem autorytetu we własnym ojcu? Ale kiedy jesteś pod kloszem matki, to jej się tłumaczysz, do niej idziesz, jak czegoś potrzebujesz, jej opowiadasz o miłości i każesz się odpieprzyć, jak ma pretensje, że palisz. A palisz, bo masz osiemnaście lat. Jarasz cztery paczki. Nie rozmawiasz o tym z ojcem...

Któregoś razu spotkałem Olę. Na Pradze, przed katedrą. Byliśmy wtedy w separacji. Jakiś koleżka doniósł mi, że w domu opieki, w którym jest mój teść, źle się traktuje pacjentów. Była obawa, że go przywiązują i szarpią. Ola nie chciała mi wierzyć. Okazała dużo niechęci. Potem jednak pojechaliśmy razem do Józefowa. Niestety, miałem rację. Trzeba było interweniować. Ale nie mówmy o tym. Wszystkie smutne rzeczy związane z teściem i z Olą niech zostaną ciszą. Kończmy. Mam problem ze skupieniem się. Brak mi sił.

Chcieliśmy jeszcze porozmawiać o kolejnej twojej płycie, która wyszła w tym samym roku co *Publicznie*.

Moje fado to składanka. Niektórzy twierdzą, że *Greatest Hits (śmiech)*. Do kilku utworów z *Ostatniej* i *Teraz* w studiu Andrzeja Rewaka dograliśmy dwa numery: *Z ruchu moich ust* i *Piosenkę w samą porę*. Fotografię na okładce zrobił mi Grzegorz Press, podobnie jak do poprzedniego albumu. Na pomysł wydania tej płyty wpadł Robert Kijak z Agory. Dzięki niemu po raz pierwszy w życiu odbyła się jakakolwiek promocja mojej twórczości. Można powiedzieć, że dopiero po wydaniu *Mojego fado* zauważyła mnie szersza publiczność. Płyta chyba sprzedała się nie najgorzej. Ale pewien nie jestem. Nigdy mnie takie sprawy nie interesowały... Czuję, że nie mam dziś formy. Przywołaliście trudne wspomnienia. Skończmy, co?

Nie wiemy, w jakiej formie będziesz jutro.

Jak zawsze w doskonałej *(śmiech)*.

22

Mam dziś dużo energii. Za dużo. Roznosi mnie podejrzanie.

Właśnie się dziwimy. Nigdy nie widzieliśmy cię w takiej formie.

To dlatego, że bolą mnie kły. Zacząłem je myć i bolą. Jak nie myłem, miałem spokój *(śmiech)*. Wreszcie muszę zrobić porządek z tymi zębowymi Powązkami, naprawić szczenę, bo czasem w trakcie śpiewania ucieka mi język. Powietrze spierdala bokiem i mocno seplenię. Okazuje się, że brak zębów potrafi być problemem dla refrenisty. Rozpocząłem więc okres rwania.

Wstaw sobie implanty.

Jak będzie mnie stać na implanty, to będzie mnie stać również na nieśpiewanie *(śmiech)*. Najgorsze jest to, że po wyrwaniu zęba śpiewa się fatalnie. Panowie, o czym tu gadać, moje zielone kły są tak zaniedbane, że twarz Dyjaka w środku wygląda jeszcze gorzej niż na zewnątrz.

Wszystkie blizny zawdzięczasz alkoholowi?

Różnie. Miałem ich więcej niż teraz, ale poznikały, schowały się w zmarszczkach. Łeb mam pokancerowany, bo kto przez życie idzie pełnią, ten popełnia błędy i ponosi ich konsekwencje. Ale przynajmniej coś z tego zawsze wynika. Ludzie, którzy nie działają, tylko zapierdalają w szynach i co niedziela chodzą do kościoła, nic nie wymyślą, znikną bez śladu. Nie pozostawią po sobie nic uniwersalnego. Ich rytm życia jest wymyślony po to, żeby nic nie wymyślali. To najgorsza forma egzystencji. Dlatego trzeba działać – za wszelką cenę. Ja, trzymając się tej zasady, przez całe życie popadałem w konflikty *(śmiech)*.

Dzisiaj nie wiem, czy jako nastolatek miałbym odwagę ruszyć w świat. Ale wtedy gnało mnie. Jakimś cudem przetrwałem. Na szczęście w naszym wieku nikt już się nie bije i nie wyjaśnia spraw poprzez wybijanie zębów. Nie chcę się już nigdy bić. Boję się tego. Gdybym jednak znalazł się w takiej sytuacji, to żeby skrócić tę mękę, zachowałbym się na pewno tak, aby jak najszybciej i jak najmocniej kogoś uszkodzić. Żadnych zasad. Mówiłem już, że nie cierpię sportu. Dlatego dzisiaj jestem potencjalnie bardziej niebezpieczny niż kiedyś. Co prawda przy mojej wadze mogę tańczyć jak kulawy niedźwiedź, ale i takiego lepiej nie drażnić.

Jak na misia masz zaskakująco delikatne ręce.

To prawda. Ręce dziecka. Albo złodzieja.

Drugim na pewno nie jesteś.

Kompletnie się nie nadaję. Jestem bojuchem. I do tego bogobojnym, bo modlę się codziennie. To, że tyle przeżyłem, zawdzięczam wierze w Boga. Teraz wiem, że On jest. Wcześniej tylko przeczuwałem. Taki anioł stróż. Może to mój zmarły brat Maciuś? A może przyjaciele pochowani w smutkach i cierpieniach? Ja wciąż żyję i mam parę. Wojtek, który mnie już dobrze zna, mówi, że mój anioł stróż musi być komandosem. Inaczej nie przeżyłbym tego wszystkiego...

Miałem kiedyś kumpla, który siedzi teraz w więzieniu. Lubił się zwierzać. Zawieszał mi wtedy na ramieniu swoją rączkę, która ważyła tyle, co moja noga, i opowiadał. A ja musiałem go słuchać do drugiej, trzeciej w nocy. Instynkt przetrwania mi kazał. Zawsze mogłem mu powiedzieć: „Ale jesteś nudny" – głupio jednak umierać z takimi słowami na ustach. Nie pomyliłem się. Niedługo potem dwie osoby nie żyły...

Wielu znałeś kozaków?

Moje przygody z kozakami niestety nie nadają się do książki. Ale znałem. Takich i innych. Prawdziwych nygusów i statecznych gangsterów. To są osoby, których się nie wspomina z imienia i nazwiska. Niektórzy z nich to fajni ludzie. Ale nie będziemy mówić o relacjach, jakie nas łączyły. Bo wszystko jest nie do końca zgodne z obyczajowością, którą mamy w Polsce. Najwięcej mocnych ludzi poznałem w Łodzi. To zabawne, bo właśnie pewien kozak w Łodzi Kaliskiej wypalił do mnie: „Chuj z ciebie, nie pijak. Jakbyś poznał Dyjaka, tobyś zobaczył, jak wygląda prawdziwy pijak"... Znam też kozaków warszawskich, poznańskich, szczecińskich, zielonogórskich, nowosolskich. Oni są wszędzie.

Przyciągam różne osobowości. Śpiewak jest jak adapter: postawisz go w rogu sali, ale i tak ludzie się przy nim skupią. Brałem kiedyś udział w pewnej Wigilii, na którą zjechało się bardzo wielu kozaków z całej Polski. Wschód, zachód, północ, południe. Setka mocnych ludzi, a ja z gitarą śpiewam *Tę ostatnią niedzielę*, czyli największy protest song tej ziemi. Byłem świetnie przyjęty. W ogóle od tej grupy społecznej dostałem masę pomocy. Zawsze traktowali mnie jak swego, mimo że nie byłem ich. Zawsze byłem niczyj.

Utrzymujesz kontakty?

Czasami tak. Mnie łatwo namierzyć. Śpiewam twarzą do ludzi. Mnie nikt nie ma prawa szukać. Zawsze jestem. Od czasu kiedy w marcu 1992 roku w Zielonej Górze wziąłem pierwszy raz w życiu bilon za robotę na scenie – wciąż jestem. O dziwo.

Zawsze bilon?

Często chcieli mi płacić na konto, ale zawsze mówiłem, że nie wyjdę, dopóki nie dostanę gotówki. Pijak i konto? Bez sensu. „Prześlemy panu pieniążki w ciągu dwóch tygodni. Proszę tylko podać swoje dane". „Droga pani, czy ja zagrałem dla was koncert dwadzieścia minut temu, czy mam zagrać za dwa tygodnie?". „No, zagrał pan przed chwilą". „Poproszę więc bilon". Musiałem przecież mieć w kieszeni kasę na wódkę i papierosy. Dzięki takiemu postępowaniu do paru miejsc nie mam już wjazdu jako wykonawca.

Ponad dwadzieścia dwa lata pracy artystycznej...

Dajcie spokój! Ile razy mam powtarzać? Nie jestem żadnym artystą. Artystami to są malarze. Na przykład Darek Miliński. Kiedyś, w nocy, na rynku w Jeleniej Górze brałem udział w jego przedstawieniu. Jako siepacz. Przez parę minut rozwalałem wielki ekran zrobiony z dwustu albo i trzystu telewizorów. Miałem ogromny, ciężki młot na trzymetrowym trzonku, pasiaste czarne spodnie i czarną marynarkę. Gębę też miałem pomalowaną na czarno. Wyglądałem jak koleś z teledysków Prodigy. A tak naprawdę byłem chyba małym mścicielem – dzieckiem mediów *(śmiech)*. Po tym męczącym występie musiałem wydłubywać z siebie odłamki szkła z kineskopów...

Ja i artysta!! A kim w takim razie jest Andrzej Osiecki, czyli „Osioł"? Pochodzący ze Świdnika słynny wielokolorowy krawiec i szwacz. Totalny świr o wyglądzie człowieka z kosmosu, który często współpracuje z Jarkiem Koziarą. Kiedyś uszył na maszynie puławski most na Wiśle. Wspólnie z Koziarą rozwiesili tego arrasa między drzewami i ktoś po nim przeszedł. Poza tym szyje scenografie na WOŚP. Poznałem go, jak miałem osiemnaście lat. Kiedyś ściągnąłem go nawet na swoje miejsce w szpitalu, z którego właśnie wyszedłem. Ten facet pochodzi z innej niż ziemia planety. Niekoniecznie smutnej. Przez całe życie nigdy z nikim nie łączyłem się w nie wiadomo jakie pary, ale na pewno „Osioł" jest jednym z moich wafli. Wafli artystów.

Czyli w muzyce nie ma artystów?

Coltrane nie uważał się za artystę. Wykonywał pracę, do której stworzył go Bóg. Mnie Bóg stworzył do Wielkiej Pardubickiej *(śmiech)*. Już nie biegnę w czołówce stawki, ale tak naprawdę nie wiadomo, gdzie jest czołówka. Pierwsi będą ostatnimi. Wiecie przecież, że przed wojną artystów nie wpuszczało się do porządnych domów. „Wszyscy artyści to prostytutki", jak śpiewał Kazik. I miał rację. Chociaż akurat w oparach lepszych fajek i w oparach wódki tak naprawdę wszyscy to kurwy i prostytutki... Kazika bardzo cenię. A piosenki jego taty są takie trochę moje. Jego ojciec chwilami był meserszmitem, jak ja. I tak samo biegał w Wielkiej Pardubickiej. Trzeba być nie lada dżokejem, żeby startować w tej gonitwie *(śmiech)*.

Ty akurat na dżokeja nie wyglądasz.

Ale tu się nie liczy waga w kilogramach, tylko waga posiadania. Ja nie potrzebuję niczego. Dzięki temu jestem lekki jak piórko. Tylko z wędek nie mógłbym zrezygnować... Ale o czym ja gadam? Przecież i tak większość rozdałem. Inne rzeczy też rozdaję. O pieniądzach nie wspomnę. To wszystko nie ma żadnego znaczenia. Wiecie, jak jest w życiu. Czasem decyduje chwila. Lecisz samolotem, pyk i twoje dziecko nie ma ojca. Nawet droga w górę jest drogą w dół. Prędzej czy później rzeczywistość i tak cię dopadnie.

To samo można powiedzieć o pieniądzach, a właściwie ich braku.

Niestety, macie rację. Umiem przeżywać wiersze, czuć muzykę całą duszą, zachwycać się drzewami nad brzegiem rzeki, ale do życia, do miłości potrzebna jest kiełbasa. I strasznie mnie to wkurwia. To, że trzeba umieć tę kiełbasę zdobyć. A potem wsadzić do lodówki napędzanej na prąd. Niekończący się świat zależności niezbędnych współczesnemu facetowi. Cała masa obowiązków i przedmiotów.

Niektórzy patrzą na mnie krzywo: „Co ty? Nie masz prawa jazdy?". A prawo jazdy to dla mnie rzecz tak banalna, że chciałbym odpowiedzieć: „A po chuj mi? Żeby być kolejną telewizyjną gwiazdą na jeden dzień? Kolesiem, który wjechał w rodzinę na przystanku?". Długo żyłem bez ważnego dowodu. Po co mi było takie coś? Co to, kurwa, w ogóle za wynalazek! Jakiś świstek wymyślony po to, żeby policzyć wszystkich ludzi. Żeby na nich nakładać podatki. Samo zło. Pamiętam, że kiedy w 2004 roku dostawałem pieniądze z ZAiKS-u za *Mistrza i Małgorzatę*, to w kasie pokazałem stary, papierowy, zielony dowód. Babkom oczy wyskoczyły ze zdumienia. Powiedziałem, że się stamtąd nie ruszę, dopóki nie dostanę kasy do ręki. Po jakichś dwóch godzinach aktualny dowód okazał się niepotrzebny *(śmiech)*.

Dzisiaj masz dowód?

Mam. Obywatel zameldowany w Świdniku. Jestem Lubelakiem jak każdy. Tutaj urodzony, tutaj pochowany. Ze Świdnika wyszedłem i być może do Świdnika wrócę. Będę leżał tam, gdzie ojciec, matka i kumple. Ale na razie się nie wybieram, bo mam do zrobienia parę rzeczy, których nikt za mnie nie zrobi. Wiem jedno: na nagrobku będzie napis – cytat z utworu *Melanż*: „Tu leży fatalny przykład dla młodzieży".

Jaka muzyka powinna grać na twoim pogrzebie?

Jakiś temat Coltrane'a. Ale nie wiem, czy jak umrę, to będą pieniądze na muzyków. Może mnie po prostu wrzucą do jakiegoś rowu z wapnem. Albo zwyczajnie sczeznę w zagonie po kapuście. Niedługo stuknie mi czterdziestka...

Twoje urodziny w tym roku przypadają w Wielki Piątek.

(Chwila milczenia) Śmierć Jezusa w słusznej sprawie – za nasze grzechy. W ogóle tego nie rozumiem. Co to znaczy: „za nasze grzechy"? Czy on umarł za moje grzechy? Wczoraj widziałem się z moim kumplem, księdzem Tomkiem. Agent Tomek nie, ale ksiądz Tomek – tak *(śmiech)*. Chciałem go o to zapytać. Weź mi, kurwa, wytłumacz, bracie, dlaczego ktoś za mnie umarł dwa tysiące lat temu. Czy właśnie dlatego każdego dnia mam w gardle ukrzyżowany głos? Chciałem, ale nie zapytałem. Nie wiem dlaczego.

Ksiądz Tomek jest w porządku. Ale taki złoty człowiek w tym środowisku trafia się jeden na tysiąc. Znam mentalność księży. Jest co najmniej nietypowa. Oni nie panują nad swoim kapłaństwem. Nie rozumieją tego posłania. Zwykle to osoby bardzo niepewne w życiu, które liczą, że system kościelny zdecyduje za nich, co robić. To w większości ludzie, którzy uciekają przed sobą. Nie mam nic przeciwko nim, ale powinni uciekać na Antarktydę, żeby nie mieć wpływu na innych. Niestety, dzieje się inaczej. W rezultacie przewodnikami wspólnot chrześcijańskich są faceci, którzy się kompletnie na pasterzy nie nadają. Stąd tyle wynaturzeń.

Żeby być świadomym kapłanem, trzeba rozumieć, że chrześcijanie to jedni z największych morderców, jacy chodzili po ziemi. Wyprawy krzyżowe, inkwizycja, misjonarze w koloniach... Kościół ma na koncie tak dużo, że gdyby chciał zapłacić za przelaną krew, musiałby zbankrutować i pójść w zapomnienie. Pod moim domem jest piękny, zabytkowy budynek synagogi. Wiecie, co jest w środku? Knajpa o idiotycznej nazwie

McKenzie. Wyobrażacie sobie, że w Polsce ktoś otwiera knajpę w katolickim kościele? Oczy by mu wydłubali żywcem... Zróbmy przerwę. Albo skończmy. Gram dzisiaj koncert w Łodzi. Czekają na mnie koledzy. Jak zaraz nie przystopujemy, to wyciągniecie ze mnie całą energię. I zaśpiewam połowę tego, co zaplanowałem.

Nie ma znaczenia, jak długo będziemy rozmawiać. Ty i tak kończysz koncerty, kiedy chcesz.

Jak niedoczytaną książkę... Czasem po czterdziestu pięciu minutach jestem kompletnie wyczerpany i muszę zejść ze sceny. Innym razem mija półtorej godziny, a my dalej gramy bisy.

Byliśmy na koncercie, na którym bisowałeś sześć razy.

To do rekordu jeszcze daleko *(śmiech)*.

Wśród publiczności większość stanowiły kobiety. Musimy przyznać, że masz nietuzinkowe *groupies*.

Jak każdy facet, który śpiewa o miłości. Ale nie robiłbym z tego zagadnienia, bo jestem bardzo ortodoksyjny. Kiedy żyję w związku, to trzymam się z dala od innych kobiet. Wszystkie relacje są na *per* pani. Moja publiczność to przeważnie kobiety. Widocznie czują, że płynie we mnie dużo kobiecej krwi. To dobrze. Uważam, że zdrowym napędem jakiegokolwiek pozytywnego działania jest tylko kobiecość. Na moje koncerty przychodzą kobiety i mężczyźni zaproszeni przez te kobiety. Ewentualnie mężczyźni tacy jak ja – okaleczeni i pokiereszowani. W Polsce jest parę smutnych bandów. Ja jednak należę do czołówki...

(Chwila milczenia)

Co to znaczy: „rapsodyczny"?! Powiedzcie mi. Nagle mi to przyszło do głowy. Przed sekundą. Wiele zdarzeń w moim

Sesja zdjęciowa do albumu *Kobiety*, Lublin 2013 r.

życiu było jak rapsodie zaśpiewane przed blokiem do samego siebie. Piękne, intensywne, krótkie i z niczym niezwiązane. Podobne do relacji z kobietami. Szczególnie w młodości, kiedy byłem zlepkiem nerwów i kompleksów.

Pamiętasz swoją pierwszą dziewczynę?

W pewnym sensie każda dziewczyna była pierwsza i zwykle źle się to kończyło. Pytacie mnie o intymne sprawy. Są tajemnice, o których się nie rozmawia. Nie uprawiajmy pornografii.

O nią też chcieliśmy zapytać. Każdy młody chłopak oglądał „świerszczyki"...

To jakaś ohydna sytuacja niemająca żadnego związku z *Damą kameliową*. Wychowałem się w domu z dwiema siostrami i matką, bez ojca. Dlatego od dziecka szanowałem kobiety. To jest moja odpowiedź na wasze głupie pytanie. Zamykam temat. To nie *Przesłuchanie*, a ja nie jestem Jandą. Niech ta rozmowa ma jakiś poziom, bo więcej już się nie spotkamy! Nie skończymy tego dzieła. Chwilami gada się nam zajebiście, ale czasami mocno mnie wkurwiacie...

Tę książkę ma czytać moja córka! Czy to wam nie daje do myślenia?

Ciekawe, co byście powiedzieli, jakbym zapytał was o konkrety z waszego życia intymnego z 1992 roku? Bąknęlibyście najwyżej trzy zdania na łebka. Nie zmuszajcie bliźniego do tego samego. Ta książka i tak jest pewną formą pornografii. Wydaje mi się, że wywewnętrzniam się całkiem uczciwie. Chwilami nawet za uczciwie. Kończmy już!

Nie możemy cię zostawić obrażonego.

Sesja do albumu *Kobiety*, Warszawa, 2013 r.

Przestańcie. Nie jestem lalusiem z telewizji. Myślę, że każdy z nas obrażanie ma za sobą. Złe wrażenie zatrzemy po przerwie.
(Po 20 minutach)

Kiedy się tak denerwujesz, przypominasz nam pewną postać.

Oby nie Dyjaka *(śmiech)*.

Wilka z radzieckiej kreskówki *Wilk i zając*.

Ach! To moja ulubiona bajka! *Nu, zajac, skaži ty mnie, kakije ty chotiesz zuby? Może byt' zołotyje. Nie nada. Nu kakije? Sieriebranyje. Tože nie nada. Nu kakije? Džinsowyje!* Naprawdę nim jestem. W każdym odcinku swojego życia dostawałem wpierdol. W każdym porcie zaliczałem wtopę *(śmiech)*. Jego losy to moje losy. Ja to wilk! Wydziargany, nałogowy palacz z chrypą jak statek parowy.

Pogadajmy o twoich wilczych zachowaniach. Kiedyś powiedziałeś, że sam rzuciłeś się na zgraję kibiców...

Pojechałem z Markiem Grzelką, poetą i dziennikarzem z Nowej Soli, na mecz jakiejś „Żet" klasy. Marek miał napisać sprawozdanie z tego spotkania. No i wiecie... *(śmiech)*. Uległem tej aurze i prowokowałem. Totalny odlot. W takich sytuacjach jestem nieobliczalny. Stałem się kibolem razy trzy. Tylko że miałem odwrócony wektor. Zacząłem wyzywać szalikowców od Poznańskich Słowików. Momentalnie zrobiło się gorąco. Na szczęście zabrał nas pierwszy taksówkarz. Dzięki niemu nie byliśmy rozmazani na kratach wokół stadionu.

Czasem szukałem takich sytuacji. Albo one szukały mnie. Żeby się zmierzyć z czymś silniejszym od siebie. Na przykład z tłumem. A jak pociąg wjeżdżał na peron, pojawiała się myśl, co by było, gdybym zrobił krok. Kiedy widzę przepaść, od razu czuję, że lecę. Taka osobowość. Ulubiony przedmiot – nóż.

Zrobiłeś komuś poważną krzywdę?

Bóg mnie ustrzegł. Anioł stróż zawsze czuwał. Zdarzały się pobicia, ale nigdy nic bardzo poważnego. Pamiętam, że moja mama miewała różnych adoratorów. Brak ojca w domu powodował galopy wilków z obcych watah *(śmiech)*. Szybko się z nimi liczyłem. Pilnowałem obejścia.

Jak miałem osiem lat, przyszedł jakiś facet i dostał ode mnie w oko gwoździem. Zapierdoliłem mu gumowym odbijakiem od drzwi ze śrubą w środku. Jakbym miał nożyczki albo młotek, to postąpiłbym podobnie. W ten sposób broniłem praw ojca. Byłem jedynym mężczyzną w domu i starałem się szczelnie wypełniać przestrzeń uczuciową mojej matki.

Ale jedną z najgorszych sytuacji w moim życiu był moment, kiedy Paweł Brzeziński z pierwszej klatki naszego bloku dostał ode mnie strzała kolanem w twarz. Pękła mu kość policzkowa. Przestraszyłem się tak, że uciekłem do lasu. I nie wracałem do późnej nocy. Na szczęście z czasem wszystko się rozeszło. Potem z Pawłem była sztama. Spotykamy się do dzisiaj. Utrzymujemy kontakt. Ale wtedy powinienem dostać za niego regularny wpierdol. W przyrodzie jest jednak równowaga. Jak nie za Pawła, to za niewinność. Niedługo potem zebrałem tęgie baty od policji, bo pomyliła mnie z kolesiem, który malował na murach. Długo nie mogłem się z tego lania wylizać. To był mój największy łomot za małolata.

Potem były większe. Dwa piętra pode mną mieszkała dziewczyna, do której przychodzili różni kolesie i wystawali pod klatką. Pewnego razu dla zabawy mnie stłukli. Bardzo mocno. Dwa tygodnie nie wychodziłem z domu. Łomot bez powodu, całkowicie bezinteresowny. Żaden z sąsiadów nie wyszedł mi na pomoc. A przecież słyszeli. Nie jestem mściwy, ale minęło kilka lat i wszyscy ci, którzy mnie wtedy bili, dostali, co im się należało. Niektórzy pewnie do dziś noszą ślady...

Biłem i jednocześnie zaczytywałem się w *Damie kameliowej*. Rozwarstwienie. Dwie postacie Dyjaka w Dyjaku. Osobowość dwumnoga.

Byłem facetem, w którym kłóciły się te dwa stany. Nie byłem ani pacyfistą hipisem, ani gościem, który czuł potrzebę wchodzenia do czyjegoś domu i zabierania telewizora. W młodości żyje się inaczej, szybciej. Dzisiaj też mógłbym się zderzyć z jakimś facetem i wymienić strzałami. Ale kondycja nie pozwoliłaby się zmierzyć z jego kolegą. W naszym wieku złożysz się na góra pięć strzałów, które może nawet i są miażdżące, ale młodzi je przyjmą, a na końcu jeszcze ci wpierdolą. Bo takie są prawa młodości. I starości. Po trzydziestce przestałem brać udział w tego typu starciach.

Nie uwierzymy, że na Ząbkowskiej nic się nie wydarzyło.

W Oparach bitki się zdarzały. Taka uroda miejsca *(śmiech)*. Ale ja rzadko uczestniczyłem. Czasem tylko wstawałem, jak było trzeba kogoś za ucho wyprowadzić. Zwykle jednak nie miałem siły na takie interwencje. Tylko raz poszedłem na całość. Dobrze pamiętam tamtą akcję, bo to była jatka. Facet uderzył w twarz stojącą obok niego kobietę. Wielki chłop, a ja bez instynktu samozachowawczego. Ruszyłem, jak stałem, w obronie czci kobiecej i dostałem takiego strzała, że zobaczyłem kwiatuszki. Na szczęście adrenalina wywołuje moment natychmiastowego otrzeźwienia. Zerwałem się na nogi i dawaj! Po sekundzie bitwa stała się mielonką. Okazało się, że facet przyszedł z kolegami. Po chwili zjawili się moi przyjaciele z sąsiedztwa. I jeśli chodzi o litość, to ten pierwiastek nie występował. Kumple pogonili tamtych aż pod Teatr Powszechny. Kawał drogi. Dopiero tam ostatecznie wbili ich w chodnik. Ja starałem się nie ganiać. Jak wiecie, sportu nie lubię. Poza tym W Oparach byłem muzykiem i grałem w barze. Nie wypadało *(śmiech)*.

Noże poszły w ruch?

Nóż to wspaniały przedmiot, ale nie powinien mężczyźnie służyć do dźgania. Nóż to narzędzie, które staje się bronią tylko w czasie niepokoju. Przepiękny kształt. Przedłużenie ręki. Czasem rzecz najważniejsza w życiu, bo ratująca życie. Ludzie dbają o samochody. A ja dbam o buty i noże. Lubię dawać noże w prezencie. Marysi Seweryn dałem, Ewie Bobkowskiej dałem, Kasi Nosowskiej...

Czyli noże dajesz tylko kobietom?

Mężczyznom również. Marszałkowi pewnego województwa, posłowi PO, Wojtkowi. Różnym ludziom. Nóż to znak przyjaźni... Koniec na dzisiaj! Muszę spierdalać, panowie. Za dwie godziny gram sztukę.

23

Graliśmy wczoraj koncert w Łodzi przy Łąkowej. Publiczność cudowna, wszyscy świetnie usposobieni. A ja nagle dostałem strasznych bóli w głowie. Skronie, uszy, zatoki, gardło – wszystko. Kumpel podał mi przed koncertem lek sterydowy na katar. I zadziałał tak, że cały spuchłem. Nie mogłem oddychać...

A ludzie tacy zachwyceni, że nie chcieli cię wypuścić.

Niestety, musiałem przerwać ten koncert, żeby się nie przewrócić. Wiele razy już tak bywało.

Pamiętasz w ogóle jakiś koncert, który mógłbyś określić jako lekki?

Nie ma czegoś takiego. Koncert to podróż, potem przyjazd, oczekiwanie, spotykanie się z ludźmi, próba. I cały czas myśli, które powodują w tobie niepewność, strach, wyczerpanie. U mnie jakakolwiek odpowiedzialność wiąże się z automatycznym zmęczeniem. Miałem umrzeć. Ale skoro zdecydowałem się żyć, to los mnie teraz męczy. Fatum. Fado.

Zaśpiewałeś wczoraj jakiś utwór z płyty *Kobiety*?

Nie. Rzadko śpiewam te piosenki. Niektóre zaśpiewałem tylko raz – w czasie nagrywania.

Szkoda. To twój najbardziej kasowy album. Duży sukces.

Wiecie, jakie ja mam podejście do kasy... Sukces? Dzięki niemu w kółko jestem totalnie zmęczony. Wczoraj grałem koncert, dzisiaj gram koncert, pojutrze gram koncert – to konsekwencje tej płyty. Cały czas tylko odpowiedzialność. Gdybym jeszcze w trakcie występu śpiewał utwory z *Kobiet*, to by tylko zwielokrotniło te emocje. Od ponad dwudziestu lat interpretuję czyjeś teksty i muzykę poprzez swoją rozedrganą osobowość. Ale nigdy nie bałem się tak bardzo jak przed tym konkretnym materiałem.

„Ta płyta nie jest lekka, bo materiał kobiety jest ciężki...". To twoje słowa, które otwierają ten album.

Konfrontacja z wrażliwością kobiecego świata musi przerażać kogoś takiego jak ja. Ale z drugiej strony, skoro każda energia powstaje na granicy przeciwstawnych potencjałów, to warto z tego skorzystać. Dlatego bardzo chciałem nagrać płytę tylko z utworami kobiet. Czułem, że estetyka żeńskiego piękna w zderzeniu z chropowatą powierzchnią duszy osobnika Dyjaka da mieszankę wybuchową. Nie wiedziałem tylko, kogo ta eksplozja wysadzi wcześniej w powietrze – mnie czy publiczność. Niestety, *Kobiety* to praca, która się nie udała. Moje wykonania miażdżą kobiecą delikatność. Słyszałem takie recenzje...

Chyba sam je wymyśliłeś. Recenzje były świetne.

Nie czytałem.

Co zmieniło się w twoim życiu po tej płycie?

Wszystko. Poszła przecież duża promocja. Związałem się z poważną firmą – z Kayaxem. I nagle wiele rzeczy się pozmieniało. Pojawiłem się nawet w programach rozrywkowych. Wcześniej nikt mnie nie zapraszał. No bo jak? O bywanie w takich programach trzeba zabiegać. A ja nigdy o to nie dbałem. Mało tego, nie dbam do tej pory. Ale dba mój wydawca. Każą mi iść, to idę.

Wszystkie te programy ciężko odchorowałem. Wszędzie pytają mnie o tę samą historię. Naprawdę nie wiem, czy są ludzie, którym imponuje taki los jak mój – odwyki i nagrywanie płyt pomiędzy. Wydaje mi się, że to nudne. Ale pytania są wciąż takie same. Przede wszystkim o picie. Więc i ja mówię to samo. Trudny czas. Jakoś musiałem przez to przebrnąć. Ponoć ludziom podobał się program u Wojewódzkiego. To dobrze. Tam przynajmniej wszystko było w miarę jasne. A nie tak jak w *Pytaniu na śniadanie*: przyszedł chłopek roztropek do studia – czyli ja – siadł sobie z boku i czeka. W pewnym momencie dosiadają się oni. Chwilę gadamy. I nagle oni mówią, że to już koniec. Nawet nie wiedziałem, że są włączone kamery. Myślałem, że tak sobie rozmawiamy przed nagraniem. To kompletnie nie mój świat. Tylko w TVP Kultura była normalna rozmowa. Miała jakiś poziom, jakość. Na szczęście w telewizji oglądam same filmy dokumentalne, a czytelnikiem prasy nie jestem, chyba że wędkarskiej. Jest tego z pięć czy sześć gazet.

Jak doszło do nagrania płyty *Kobiety*?

Od uknucia pomysłu do realizacji minął rok z groszami. Od dawna czułem, że cała moja dotychczasowa twórczość była próbą wyrażenia emocji, jakie rodzą się tylko przy zderzeniu osobowości kobiecej i męskiej. Przecież jestem facetem, który śpiewa o miłości. Głównie tej niespełnionej. Dlatego *Kobiety* metaforycznie podsumowują dwadzieścia lat mojego wycia. Ta płyta by w ogóle nie powstała, gdyby nie odwaga i zaangażowanie dwóch świetnych facetów: Arka Stolarskiego, który organizuje Męskie Granie, i Marcina Macuka, który *Kobiety* wyprodukował.

Arka poznałem, kiedy był liderem muzycznej grupy poetyckiej Paru. Śpiewał wtedy między innymi teksty Przemka Rozenka. Potem zagubiliśmy się na kilka lat. Po pewnym czasie zagrałem dla Arka koncert, który on współorganizował, i dałem na nim ciała. Nachlałem się i narobiłem wiochy. W końcu odwiedziłem go w Gdańsku, żeby wyprostować sprawy między nami, a przy okazji przedstawić pomysł na płytę *Kobiety*. Koncepcja mu się spodobała. Załatwił pieniądze i w ten sposób stał się ojcem chrzestnym nowego Dyjaka.

Produkcję wziął na siebie świetny kompozytor i multiinstrumentalista Marcin Macuk. Szczerze wam powiem, że bez niego nie dałbym rady. Cały czas we mnie wierzył i motywował. Dużo mu zawdzięczam.

Pierwszy raz w życiu stanąłem przed prawdziwą zawodową górą do zdobycia. Do tej pory płyty nagrywałem przez góra dwa, trzy dni. Na żywioł. Tutaj już się tak nie dało. W sesji wzięło udział kilkunastu wybitnych muzyków – w moim przypadku to rekord. Nie wymienię teraz wszystkich z imienia i nazwiska, bo boję się, że kogoś pominę. Dziękuję im wszystkim z całego serca. Nagrywaliśmy partiami. Poszczególne instrumenty były dogrywane w różnym czasie. To dla mnie kompletna nowość. A zarazem stres, który niestety różnie się objawiał. Nie będę tu lukrował. Dawałem chłopakom popalić. Na pewno mieli mnie dość. Chwała im, że dali radę. W trakcie pracy przeżywałem makabryczne napady strachu. Myślałem: „W co ty się wpierdoliłeś, chłopie?". Byłem przekonany, że tym razem się wreszcie doigrałem. Na pytanie, o czym marzę, które zadał mi filmowiec Paweł Bogocz, odpowiedziałem, że gdybym miał pieniądze, rozdałbym je wszystkim zaangażowanym w projekt *Kobiety* i jak najszybciej zapomniał o temacie. Fragmenty naszej rozmowy dodałem później do poszczególnych utworów.

Z Korą podczas Salonu Poezji *Ginsberg kontra Bukowski* w Och-Teatrze w Warszawie, 2012 r.

Podobno osobiście zgłaszałeś się do artystek z prośbą o pozwolenie na wykonanie ich utworów.

Do pani Krysi Jandy napisałem list. I dostałem list zwrotny. Brzmiał dokładnie tak: „Niech pan śpiewa. K. Janda" *(śmiech)*. Bardzo mi się spodobała ta lakoniczność. Do Magdy Umer i Stasi Celińskiej dzwoniłem. Do Edyty Bartosiewicz również wysłałem list. Pisałem go, siedząc obok Kasi Nosowskiej.

Wszystkie piosenki na tej płycie mają dla mnie wielką osobistą wartość i ukryte znaczenie. Z każdą czuję się związany. A *Sen* Edyty jest ważny szczególnie. Dlatego otwiera całą płytę. To była pierwsza piosenka, jaką usłyszałem po powrocie do Polski. Siedziałem w jakimś zapyziałym barze pod granicą z Niemcami, patrzyły na mnie przez okno ogrodowe krasnale stojące przy drodze, a ja jadłem golonkę z chlebem i płakałem. Z radia leciała muzyka. Edyta przepięknie śpiewała: „Nie ma nic, nie ma mnie/Niby bezpiecznie/Ale wcale nie jest dobrze w moim śnie...". Nie mogłem powstrzymać łez. Czułem się jak Słowacki: „Niechaj mnie Zośka o wiersze nie prosi,/ Bo kiedy Zośka do ojczyzny wróci,/ To każdy kwiatek powie wiersze Zosi,/ Każda jej gwiazdka piosenkę zanuci"[37]. Przed wyjazdem byłem naładowany poezją, z którą mój zagraniczny pobyt nie miał nic wspólnego. W Polsce wreszcie ją znowu poczułem. Zobaczyłem nasze cmentarne krajobrazy i wszystko gwałtownie wróciło do normy.

Skąd wracałeś?

Z Holandii. Pracowałem tam parę miesięcy w szklarni. Zbierałem ogórki, pomidory i bakłażany. Przez dwa tygodnie robiłem też przy jointach. Obrabiałem całe pole marihuany pod szkłem. Byłem jeszcze gnojkiem i bardzo potrzebowałem pieniędzy, więc pojechałem. Mieszkałem w Hadze, na Beklanie – takiej czarnej, biednej dzielnicy – razem z dwoma Polakami, którzy nawiali z paki. Starszy z nich, grypsujący kozak, załatwił robotę przy zielsku. Oczywiście nielegalną. Dzień w dzień, przez dwanaście godzin, siedziałem po pas w marihuanie i obcinałem zwykłymi fryzjerskimi nożyczkami listki na wierzchołkach krzaków. Palce miałem całe w bąblach. Nie powiem, kasę zarobiłem całkiem niezłą. Ale w sumie na chuj biednemu kwiat paproci? *(Śmiech)*.

Byłeś na haju od samego wdychania?

Moim zdaniem każdy facet, który ma niecałe dwadzieścia lat, jest na permanentnym haju. Bez wdychania. Non stop napinka. W tamtej dzielnicy to się akurat przydawało, bo nocami bywało ostro. Trzeba się było czasem bronić. Ze dwa pobicia się zdarzyły. A że byłem wtedy ludzką sprężyną...

---

[37] *W pamiętniku Zofii Bobrówny.*

Do Polski wróciłeś bogatszy?

Wewnętrznie na pewno *(śmiech)*. Tak naprawdę to nie potrafiłem tam żyć. Jestem stąd, moje śpiewanie ma korzeń w ludziach z Lubelszczyzny. Nie nadaję się na emigranta. Poza tym mam awersję do języków obcych, szczególnie do niemieckiego i jemu pokrewnych. Nawet nie miałem świadomości, jak bardzo mi brakowało Polski.

Bo tak zwana Polonia z polskością nie ma nic wspólnego. Ci, których tam spotkałem, byli durniami, burakami, bandytami i kurwami. Nie gadajmy o nich. Szkoda czasu. Wracajmy do muzyki.

Czy któraś z pań, których utwory śpiewasz na płycie *Kobiety*, wyraziła otwarcie dezaprobatę?

Kaśka Groniec zasugerowała, że jej się nie podoba. Ale tylko na początku. Potem chyba zmieniła zdanie. Pani Krystyna była zachwycona. A może jest na tyle dobrą aktorką, że byłem przekonany, że naprawdę mnie chwaliła – z serca. Nawet wielka Ewa Demarczyk powiedziała, że moje wykonanie jej piosenki jest lepsze niż inne próby, które słyszała. Stasia Celińska prawie się popłakała przy *Tomaszowie*. Chociaż nie wiem, czy wypada o tym mówić.

Wiemy, że *Tomaszów* to dla ciebie najbardziej osobisty utwór na całej płycie. Dlaczego?

Nie mogę o tym opowiadać. Rozkleję się. Zresztą nie chcę. Zostawmy ten temat. *Tomaszów* był dla mnie ciężki ze względów emocjonalnych, ale także i wykonawczych. Najbardziej bałem się śpiewać piosenkę Hanki Ordonówny. Mierzenie się z taką legendą to największy rodzaj wyzwania. Dzięki pomocy muzyków i tę górę udało się, o dziwo, zdobyć.

W jaki sposób skontaktowałeś się z siostrami Przybysz?

W żaden. Nie zgłosiłem się. Nie zapytałem. Teraz przepraszam. Postanowiłem zaśpiewać, a właściwie powiedzieć, wyrecytować ten tekst, bo wydaje mi się bardzo ciekawy. Wiecie, że odpowiedzialność śpiewania tych piosenek dotarła do mnie w pełni dopiero po nagraniu płyty? Przecież wszyscy znają te utwory. Cała Polska! I nagle rozdygotany Dyjak ma się z nimi zmierzyć. Taka *Sutra* na przykład... W ogóle jej nie wykonuję. Nawet na koncercie promującym płytę się nie odważyłem. Były naciski, żebym zaśpiewał wszystkie utwory. Nie zgodziłem się. Odnoszę wrażenie, że nie we wszystkich piosenkach sprawdzam się na scenie. Nie wyobrażam sobie tej płyty bez *Sutry*, ale nie zmienia to faktu, że nigdy nie wykonałem tej piosenki poza studiem.

To błąd. Kiedy na końcu przestajesz recytować, a zaczynasz śpiewać, to ciarki przechodzą.

No, wyję tam coś...

Ty wyjesz, a ludzie po termometry sięgają, żeby sprawdzić, czy nie mają gorączki.

Albo czy ja nie mam *(śmiech)*.

Jak ważna jest dla ciebie ta piosenka?

„Jeżeli jutra nie ma, ja nie przestaję śpiewać...". Tak dosłownie. Namacalnie. Wiele razy byłem w takim stanie. Nawet już nie pijąc, bałem się, że jutra nie ma. A chciałem coś jeszcze powiedzieć. O tym właśnie jest *Sutra*: lepiej niech będzie dobrze, jak ma być źle.

Dwa teksty na płycie napisała Agnieszka Osiecka. Miałeś okazję ją poznać?

Dzięki pani Agnieszce od dwudziestu lat mam taką fryzurę, jaką mam. Czyli brak fryzury. Po wygranej FAM-ie bawiłem się jeszcze w Świnoujściu przez dwa tygodnie. Czyli piłem. Któregoś razu szedłem ulicą i zobaczyłem, że w kawiarni przy metalowym stoliku siedzą pani Osiecka i pani Umer. Niewiele myśląc, podszedłem. Prowokowałem wtedy takie sytuacje. Dosiadałem się do ludzi, żeby się zbratać, zbliźnić. Żeby coś się działo. To cud, że mnie wtedy nie spuściły razem z krą. Kawiarnia w Świnoujściu, przy stoliku dwie legendy i płaczący gnojek. Prawdopodobnie wypaplałem im od razu wszystko. Jak mamie. A to, że nieszczęśliwa miłość do jednej ze śpiewających dziewczyn – sto lat starszej ode mnie. A to, że źle ulokowane uczucia. A to, że ciężko żyć.

Nie umiałem wtedy inaczej. Miłość postrzegałem tylko w takiej kategorii – musiała być nieszczęśliwa. Wszystko wynikało z wierszy. Stachura pisał: „A kiedy ona cię kochać przestanie:/ Zobaczysz!/ Zobaczysz noc w środku dnia,/ Czarne niebo zamiast gwiazd; Zobaczysz wszystko to samo,/ Co ja”. I tak dalej... Panie oczywiście mnie obśmiały. Bo to była jakaś farsa.

Pani Agnieszka powiedziała, żebym ściął włosy, kupił dżinsy i ogólnie się wyluzował. Zaraz potem wszedłem do Wranglera i kupiłem sobie pierwsze dżinsy w życiu. Następnie ściąłem włosy. Wydawało mi się, że to symbol niezależności. Szkoda, że z luzem nie do końca mi wyszło *(śmiech)*.

Wtedy wszyscy zapuszczali długie włosy jako symbol niezależności.

Bo wtedy metal był jeszcze ważny, na równi z punkiem. A ja reprezentowałem polskich bitników biłgorajskich i wszelkich nierobów. Wojaczków i innych Hłaskowerów. Byłem dwadzieścia lat za modą. Czyli tak naprawdę drugie dwadzieścia przed. Wtedy sama kontestacja była dla mnie poezją. Nie wiedziałem, że za kolejne dwadzieścia lat wszyscy będą się golić na zero.

Przygotowujesz już nową płytę?

Na razie ją wymyślam. To będzie powrót do fado i rozwinięcie tego tematu. Nie jestem gościem od spełniania czyichś oczekiwań. Zawsze będę robił swoje. Wszyscy mnie namawiają, żebym napisał własne teksty – Wojtek, szef Kajaxu – Tomik Grewiński, ludzie z Agory. Ale ja nie mam zaufania do swojego pisania. Niech poeci piszą, a pieśniarze śpiewają. W końcu wielki Grzesiuk jak ja śpiewał piosenki, których nie pisał. Chciałbym, żeby nowa płyta była w brzmieniu granatowa. Lub bordowa.

Ostatnio pojawił się na horyzoncie jeszcze inny pomysł: album w duecie z Wojtkiem Waglewskim. To byłaby dla mnie duża rzecz. Bardzo go cenię. Nic więcej nie powiem, bo to na razie cholerna tajemnica.

Jak nazwiesz tę płytę?

O tym zdecyduje czas, w którym będę ją nagrywał. Dopiero wtedy zastanowię się, w jakim jestem stanie psychicznym. Bo od zawsze mam potrzebę osadzania się w czasie. Zobaczenia, jak wyglądam i kim jestem w danej chwili. Tak było z większością tytułów: *W samą porę*, *Ostatnia*, *Jeszcze raz*, *Teraz*. To wszystko są rzeczy w czasie. Mają odniesienie do konkretnych wydarzeń z życia. Nowa płyta powinna się nazywać *Dzisiaj*. To byłby najlepszy tytuł. Jeżeli takie ma być dzisiaj, to jutra może nie być.

Epilog

Nie widzieliśmy się kilka miesięcy.

I wiele się zmieniło. Kiedy rozmawialiśmy, moja mama jeszcze żyła. Właśnie minęły cztery miesiące od jej śmierci. Widzę dzisiaj wyraźnie, że lata, które biegną, mają za zadanie wygaszać w człowieku światła. Światła innych ludzi. Matka była dla mnie światłem niezwykłym. Od jej śmierci żyję w świecie półcienia. To był mój największy przyjaciel. Osoba, która kochała mnie najbardziej i najprawdziwiej. Czułem to bez słów i gestów. Zawsze była dla mnie święta. I wciąż jest święta, bo nie pogodziłem się z jej śmiercią. Gdybym przyjął, że mama umarła, tobym oszalał z rozpaczy. Moje życie przestałoby mieć sens. Wciąż mam kartę kredytową, którą jej wyrobiłem do mojego konta. Ulubione drewniane koraliki i inne pamiątki. Stworzyłem w domu coś w rodzaju ołtarza po mamie.

W telefonie mam też cały czas jej numer. Raz nawet zadzwoniła... Wyobraźcie to sobie! Zerwałem się na nogi, oblał mnie zimny pot. Okazało się, że mój chrześniak przejął numer po babci. I bardzo dobrze. Dzięki temu mama trochę też żyje w tym chłopcu. Dzisiaj czuję się sierotą. Dopiero teraz zrozumiałem, jak trudne, ciężkie i wymagające potrafi być życie, a przy tym piękne. Bardzo żałuję, że mama nie zobaczy tej książki. Że jej nie przeczyta. Że nie zobaczy filmu *Sąsiady*, który powstawał w czasie, gdy ona powoli umierała... Ciężko mi o tym mówić. Podejrzewam, że jak tu siedzimy, mamy taką samą matkę. Bo matka to jest obraz, który wiecznie w nas żyje. Nie ma słów, którymi można wyrazić świętość, jaką matka zawsze będzie dla swoich dzieci. Najwspanialsza poezja zamyka się w milczeniu.

Spotkałeś się z córką po śmierci jej babci?

Niestety zabrakło mi odwagi. Gdybym nie nosił w sobie tak bardzo głębokiego poczucia winy wobec Olgi, to już dawno zobaczyłbym się z własnym dzieckiem. Uwierzcie mi. *Wypłakałem oczy niebieskie* – jest taki wiersz Stachury.

(Marek recytuje)

Wypłakałem za tobą
Oczy niebieskie, królewskie i pieskie;
Wypłakałem za tobą
Morze ogromne, lubowne, żeglowne:

Po tym morzu ty płyniesz,
Do mnie ty płyniesz,
Do mnie!

Niech cię dobre bogi!
Niech cię dobre wiatry
I obłoki białe, dobre!
Wszystko dobre, piękne, modre!
Na wybrzeżu ja tu stoję,
Słyszysz, modlę się i modlę!

Bardzo bym chciał, żeby moja córka przeczytała to, co wam opowiadałem. Olga... całą winę biorę na siebie. Jak na ojca przystało. Ta spowiedź jest dla ciebie.

Czułeś, że ta rozmowa była spowiedzią?

Tak jak moje śpiewanie. Odkąd śpiewam, to się spowiadam. Wolę śpiewać, niż rozmawiać. Rozmowa to rodzaj spowiedzi, który przypomina szpitalne grupy odwykowe. Nerwy, płacze, zgrzytanie zębami. Nasze spotkania były jak operacje na żywym organizmie. Sekcja i wiwisekcja w jednym. Wejście w obszar „Dyjak" i poszukiwanie błędów, które wydają się dziś żartami, ale kiedyś były okupione ciężkimi bólami. A ja jestem nadwrażliwy. Intuicja podpowiada mi jednak, że tylko moja nadwrażliwość może to wszystko, co wam powiedziałem, wytłumaczyć. Może nawet i to, że jestem coraz wolniejszy, starszy i grubszy. Dopóki nie zacznę – jak wszyscy – biegać i jeździć na rowerze, nie przyspieszę.

Rower byłby dla ciebie idealnym środkiem lokomocji.

W Chełmie?! Oszaleliście, kurwa? Przecież to miasto stoi na górce. Ja i rower to dwie inne postawy życiowe. Nie zaprzątam sobie nim głowy. Wolę coraz tęskniejszym wzrokiem spoglądać na gitarę, która od ponad roku stoi nieużywana. Kupiłem już struny i kabel. Chcę wrócić do bardowskiego grania – siermiężnego, wilkowo-zającowego, szczerego do szpiku. Będę grał na gitarze trans. Jak Wysocki *(śmiech)*.

Ale najpierw, zaraz po wydaniu książki, zaczynam pracę nad płytą z Wojtkiem Waglewskim. Będzie nietuzinkowo. To pewne. Mam już prawie gotowy mój pierwszy tekst – *Kołysankę dla mojej matki...*

Odebrało nam głos.

Mogę was wyręczyć. Chciałbym jeszcze wspomnieć o wielu wspaniałych postaciach, osobach niesłusznie przeze mnie pominiętych. Tak naprawdę w tej książce brakuje całego morza ludzi. Na przykład Jacka Kleyffa i jego dobroci wobec mnie. Marka Grzelki, Daniela Stachniuka, Roberta i Edwarda Tomaszewskich, Andrzeja Sieka, Michała Bajsarowicza. Chcę też podziękować za wielkie serdeczności, które mnie spotkały ze strony chłopaków z Koszalina, Olsztyna, Warszawy, Krakowa, Łodzi, Radomia i Poznania. Nie wymienię wszystkich z nazwiska, bo boję się, że kogoś pominę. Chciałbym podziękować chłopakom z chełmskiej grupy Las i moim lekarzom z Chełma. Poza tym kochanym wychowankom z Potopu Natolin. Są dziś dorośli, ale mam nadzieję, że wciąż mnie pamiętają. Ciepło wspominam wszystkich kumpli z zamkniętych oddziałów – szczególnie z Olsztyna i Parzymiechów.

Muszę też powiedzieć o ludziach, z którymi się wychowywałem i którzy kształtowali moją wrażliwość. Dziękuję świętej pamięci Alojzowi i Leszkowi z Koszalina, świętej pamięci Piotrusiowi Pokrywce, Renacie Chyżewskiej i Marcinowi „Pająkowi" Pastuszakowi. Dziękuję pani Danusi Koronie za opiekę nad mamą. Moim siostrom: Ewie i Annie – wiele im zawdzięczam. Edwardowi Szuterowi za nasze przygody w Górach Izerskich, Poldkowi z Nowej Soli...

Przepraszamy, ale jak tak dalej pójdzie, z twoich podziękowań powstaną kolejne trzy rozdziały.

I tak by było najlepiej. Niestety, mam słabą pamięć. Dlatego z całego serca pragnę przeprosić wszystkich tych, których dzisiaj nie pamiętam. Postaci, które spotkałem na swojej drodze, jest tak wiele, że nie sposób wyrecytować wszystkie nazwiska z głowy. Szczególnie kiedy dusza jest już dziurawa jak durszlak. Na pewno muszę jeszcze podziękować moim muzykom. Szczególnie bardzo mi bliskim, czyli doktorowi Jerzemu Małkowi i Markowi Tarnowskiemu. Nie zapominam też o Januszu Lewandowskim, Darku Cetnerze, braciach Brychach, Zbyszku Kalinowskim, „Pszczole", czyli Pawle Puszczale, Krzyśku Dziedzicu, Adamie „Szabasie" Kowalewskim, Leszku Szczerbie, Arku Skoliku, Michale Jarosie, Lechu Pukosie i Witku Ciśle... Co dalej?

Nas się pytasz?

Dziękuję wszystkim ludziom z mojego otoczenia, którzy mają do mnie cierpliwość. Wiem, jak wiele wysiłku to wymaga. Dziękuję przede wszystkim Wojtkowi. Poza tym Tomikowi Grewińskiemu z Kayaxu i całej jego ekipie, a szczególnie Markowi

Gajewskiemu. Podziękowania należą się także Robertowi Kijakowi i Arkowi Stolarskiemu.

Wam też dziękuję z całego serca. Wiem, że już się nigdy nie zgubimy. Dotarliśmy się i na swój sposób was pokochałem. Wykazaliście diabelską cierpliwość.

Z drugiej strony nie jestem jakimś reaktorem atomowym. Na świecie żyją gorsi od Dyjaka. Nie da się jednak ukryć, że moja choroba nie śpi. Jest jesień i najchętniej poszedłbym przed siebie w jakąś żółtą aleję i zatracił się w niej zupełnie. Zatracił się w alkoholu. Ale przecież są jeszcze osoby, którym jestem potrzebny. Żyjące i nieżyjące. Przecież nikogo nie ma w nigdzie. Napiszcie to, proszę: nikogo nie ma w nigdzie. Wszyscy jesteśmy. Życie trwa...

Wiecie, czego się tylko boję?

Czego?

Że te opowieści przyniosą dziwne skutki – także dla innych. Że to mogą być kamyki, które uruchomią lawinę. Ale teraz nie chcę robić z tego zagadnienia. Cieszę się, że dotarliśmy do końca i ktoś będzie mógł to przeczytać. Być może ktoś taki jak ja, bo takich jak ja jest wielu na tym świecie. Mam nadzieję, że to nie będzie zwykły wywiad. Być może będzie to coś więcej – sprawa wyższego rzędu.

Jeżeli popełniłem jakieś błędy, przeinaczyłem fakty, z góry wszystkich przepraszam. Niczego już nie wyprostuję. Z największą skruchą muszę się wszystkim Czytelnikom przyznać, że ja tej książki nie przeczytałem. Co więcej, przeczytać jej nie zamierzam. I tak naprawdę nie wiem, co tam napisaliście. Proszę was tylko o dobrą korektę. Niedługo pewnie umrę, więc lepiej pozostawić po sobie dobre wrażenie. Skończmy wreszcie. Nie róbmy już przerw...

Chełm i Warszawa, 31 stycznia – 7 października 2014 r.